상상력을 키우는
엔트리 entry

발 행 일	2018년 11월 15일 (1판 1쇄)
개 정 일	2022년 08월 01일 (1판 3쇄)
I S B N	978-89-8455-956-1 (13000)
정 가	12,000원
집 필	KIE기획연구실
진 행	김동주
본문디자인	디자인앨리스
발 행 처	㈜아카데미소프트
발 행 인	유성천
주 소	경기도 파주시 정문로 588번길 24
홈 페 이 지	www.aso.co.kr / www.asotup.co.kr

※ 이 책은 저작권법에 따라 보호를 받는 저작물이므로 무단 전재와 무단 복제를 금지하며, 이 책 내용의 전부 또는 일부를 이용하려면 반드시 ㈜아카데미소프트의 서면동의를 받아야 합니다.

이런 내용으로 구성되어 있어요!

오늘 배울 블록과 오늘 배울 순서도

1~8차시와 17~24차시는 오늘 사용하며 배울 블록들을 확인할 수 있고, 9~16차시는 오늘 배울 순서도 기호에 대해 확인할 수 있어요.

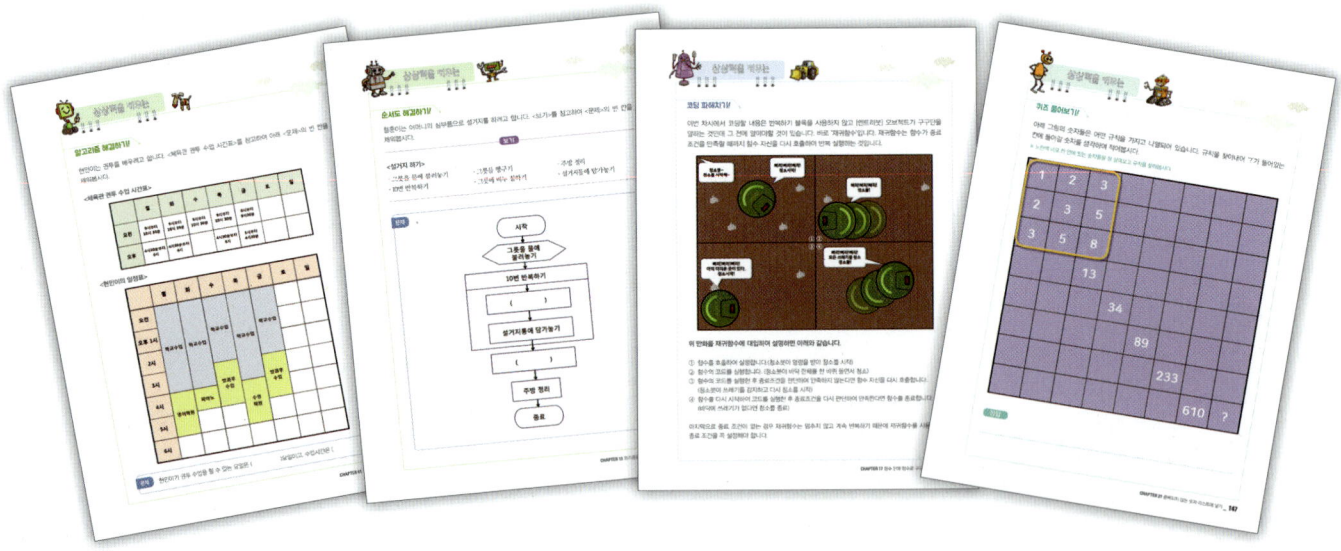

상상력을 키우는

1~8차시는 알고리즘과 컴퓨팅 사고력에 대한 문제를 직접 풀어보면서 학습할 수 있습니다.
9~16차시는 순서도 기호에 대한 기능과 순서도 구조, 순서도 그리는 방법을 학습할 수 있습니다.
17~24차시는 해당 차시에서 배울 코딩에 대하여 설명되어 있습니다.

※ 교재에서 사용하는 엔트리(Entry) 프로그램의 버전은 1.6.0입니다.

코딩 따라하기

차시마다 다양한 예제를 코딩할 수 있도록 되어 있으며, '창의력UP' 코너를 통하여 단순히 코드를 따라하지 않고 스스로 생각할 수 있도록 구성하였습니다.

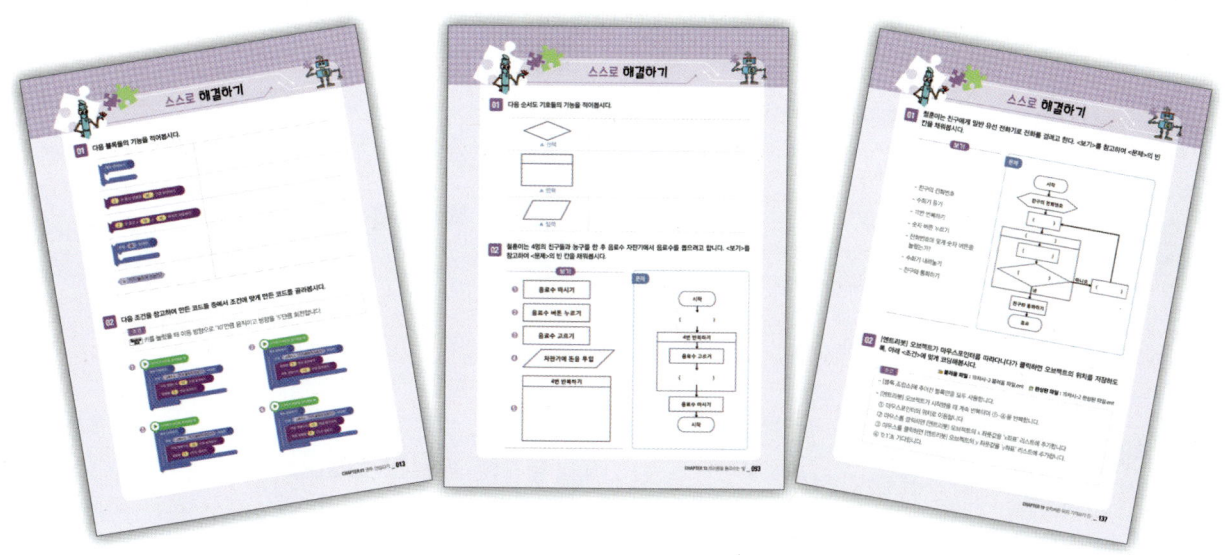

스스로 해결하기

1~8차시는 조건과 동일한 코드를 찾아낼 수 있는지와 오늘 배울 블록의 기능을 확인합니다.
9~16차시는 순서도 기호의 기능과 순서도를 이해하고 빈 곳을 채울 수 있는지 확인합니다.
17~24차시는 순서도의 빈 곳을 채우고, 조건을 참고하여 직접 코드를 조립할 수 있는지 확인합니다.

구성 **003**

목 차 CONTENTS

PART 1

01 권투 연습하기 008

02 지구의 중력에 끌려가는 사과 014

03 현재 시간을 알려주는 시계 020

04 시간이 흘러가는 시계 026

05 바람으로 돌아가는 풍력발전기 034

06 눈 내리는 풍경 만들기 040

07 왼쪽으로 이동하며 나타나는 슬라이드 만들기 046

08 지금까지 배운 내용 확인하기 054

PART 2

09 배경화면이 바뀔 때 효과 넣기 058

10 짝수, 홀수를 판단하는 엔트리봇 066

11 돌림판 만들기 072

12 컬링 스톤 발사하기 080

 **CHAPTER 13** 프리즘을 통과하는 빛 — 086

 **CHAPTER 19** 숫자버튼 위치 기억하기 ① — 130

 **CHAPTER 14** 칠교 놀이 만들기 — 094

 **CHAPTER 20** 숫자버튼 위치 기억하기 ② — 138

 **CHAPTER 15** 시장가는 엔트리봇 — 102

 **CHAPTER 21** 중복되지 않는 숫자 리스트에 넣기 — 146

 **CHAPTER 16** 지금까지 배운 내용 확인하기 — 110

 **CHAPTER 22** 화면에 가득찬 복제본을 무작위 위치로 이동시키기 ① — 154

PART 3

 **CHAPTER 23** 화면에 가득찬 복제본을 무작위 위치로 이동시키기 ② — 162

 **CHAPTER 17** 함수 안에 함수로 구구단 말하기 — 114

 **CHAPTER 18** 달리기 기록을 표시하는 리스트 보여주기 — 122

 **CHAPTER 24** 지금까지 배운 내용 확인하기 — 170

Chapter 01	권투 연습하기	008
Chapter 02	지구의 중력에 끌려가는 사과	014
Chapter 03	현재 시간을 알려주는 시계	020
Chapter 04	시간이 흘러가는 시계	026
Chapter 05	바람으로 돌아가는 풍력발전기	034
Chapter 06	눈 내리는 풍경 만들기	040
Chapter 07	왼쪽으로 이동하며 나타나는 슬라이드 만들기	046
Chapter 08	지금까지 배운 내용 확인하기	054

파트 구성

다양한 예제를 이용하여 문제 해결능력과 상상력을 키울 수 있으며, SW코딩자격시험을 대비하여 다양한 알고리즘 문제를 풀어볼 수 있도록 구성하였습니다.

CHAPTER 01 권투 연습하기

| 학습목표 |
- 엔트리를 실행한 후 예제파일을 불러와 코드를 완성할 수 있습니다.
- 특정한 키를 눌렀을 때 두 개의 코드를 동시에 실행하여 펀치를 날릴 수 있습니다.

📂 **불러올 파일** : 1차시 불러올 파일.ent   📄 **완성된 파일** : 1차시 완성된 파일.ent

※ 실행 방법 : C, Z 키를 눌러 글러브로 펀치를 날립니다.

오늘 배울 블록

블록	설명
계속 반복하기	감싸고 있는 블록들을 계속해서 반복 실행합니다.
만일 참 이라면	만일 판단이 참이면, 감싸고 있는 블록들을 실행합니다.
q 키가 눌러져 있는가?	특정한 키가 눌러져 있는 경우 '참'으로 판단합니다.
2 초 동안 방향을 90° 만큼 회전하기	오브젝트의 방향을 입력한 시간에 걸쳐 입력한 각도만큼 시계 방향으로 회전합니다. ※ 오브젝트의 중심점이 기준이 됩니다
2 초 동안 x: 10 y: 10 위치로 이동하기	오브젝트가 입력한 시간에 걸쳐 지정한 x, y좌표로 이동합니다. ※ 오브젝트의 중심점이 기준이 됩니다

알고리즘 해결하기!

현민이는 권투를 배우려고 합니다. <체육관 권투 수업 시간표>를 참고하여 아래 <문제>의 빈 칸을 채운 후 일정표를 색칠해 봅시다.

<체육관 권투 수업 시간표>

	월	화	수	목	금	토	일
오전	9시부터 10시 30분	9시부터 10시 30분	9시부터 10시 30분	9시부터 10시 30분	8시부터 9시 30분		
오후	4시30분부터 6시	4시30분부터 6시		4시30분부터 6시	3시부터 4시 30분		

<현민이의 일정표>

	월	화	수	목	금	토	일
오전							
오후 1시	학교수업	학교수업	학교수업	학교수업	학교수업		
2시							
3시			방과후 수업		방과후 수업		
4시	영어학원	피아노		수영학원			
5시							
6시							

문제 현민이가 권투 수업을 할 수 있는 요일은 (　　　)요일이고, 수업 시간은 (　　　)부터 (　　　) 입니다.

오브젝트 소개하기

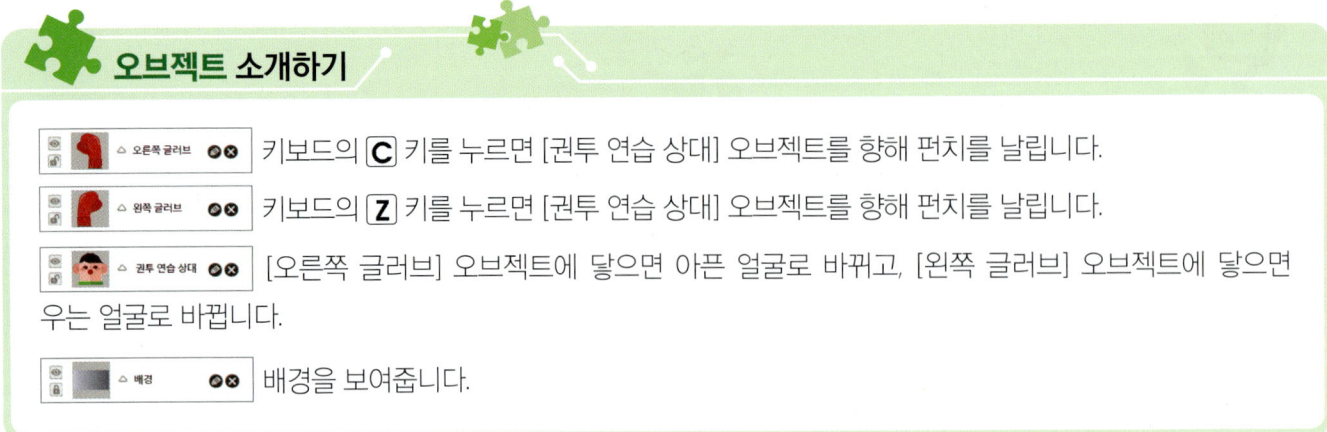

키보드의 C 키를 누르면 [권투 연습 상대] 오브젝트를 향해 펀치를 날립니다.

키보드의 Z 키를 누르면 [권투 연습 상대] 오브젝트를 향해 펀치를 날립니다.

[오른쪽 글러브] 오브젝트에 닿으면 아픈 얼굴로 바뀌고, [왼쪽 글러브] 오브젝트에 닿으면 우는 얼굴로 바뀝니다.

배경을 보여줍니다.

01 특정 키를 누르면 오브젝트가 회전하도록 코딩하기

❶ [시작]-[모든 프로그램]-[EntryLabs]-[Entry]-'**엔트리**'를 클릭하여 엔트리를 실행합니다. 이어서, [파일]-[오프라인 작품 불러오기]를 선택하여 [열기] 대화상자가 나오면 [불러올 파일]-'**1차시 불러올 파일.ent**' 파일을 선택한 후 **열기(O)** 를 클릭합니다.

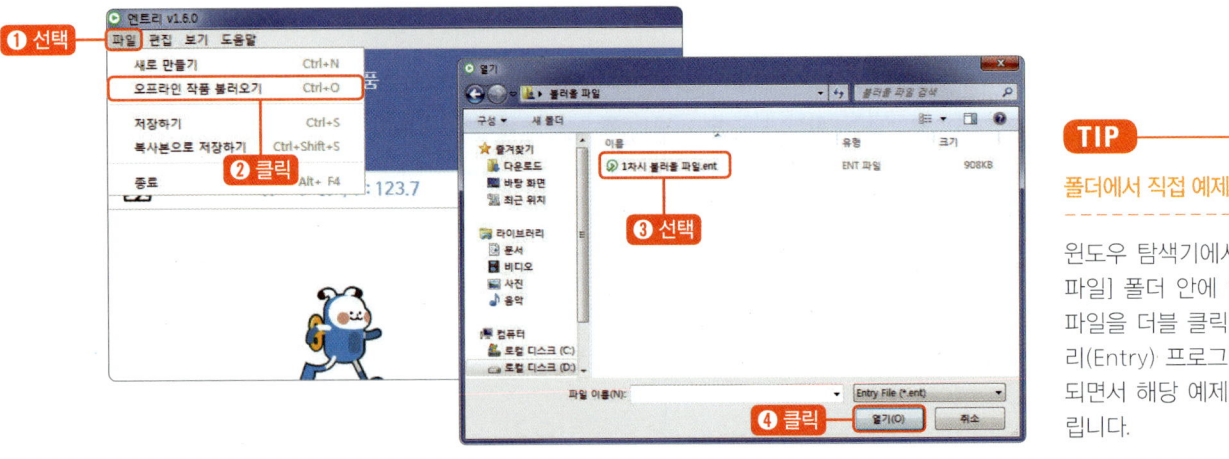

TIP

폴더에서 직접 예제파일 열기

윈도우 탐색기에서 [불러올 파일] 폴더 안에 있는 특정 파일을 더블 클릭하면 엔트리(Entry) 프로그램이 실행되면서 해당 예제파일이 열립니다.

❷ 파일이 열리면 [오브젝트 목록]에서 오브젝트가 선택되어 있는지 확인합니다. 이어서, 블록 꾸러미에서 '시작하기 버튼을 클릭했을 때'를 [블록 조립소]로 가져다 놓은 후 블록 꾸러미에서 '계속 반복하기'를 연결합니다.

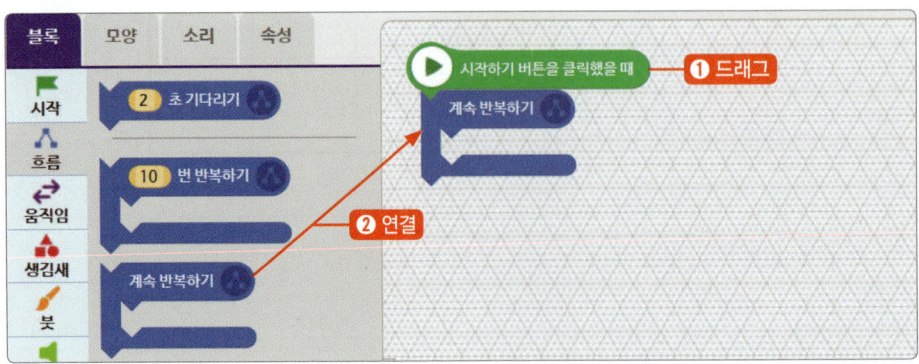

❸ 🔺 블록 꾸러미에서 [만일 참 이라면] 을 연결합니다. 이어서, ✓ 블록 꾸러미에서 <q 키가 눌러져 있는가?> 를 '참'의 위치에 끼워 넣은 후 q 를 클릭하여 키보드 모양의 이미지가 나오면 C 키를 누릅니다.

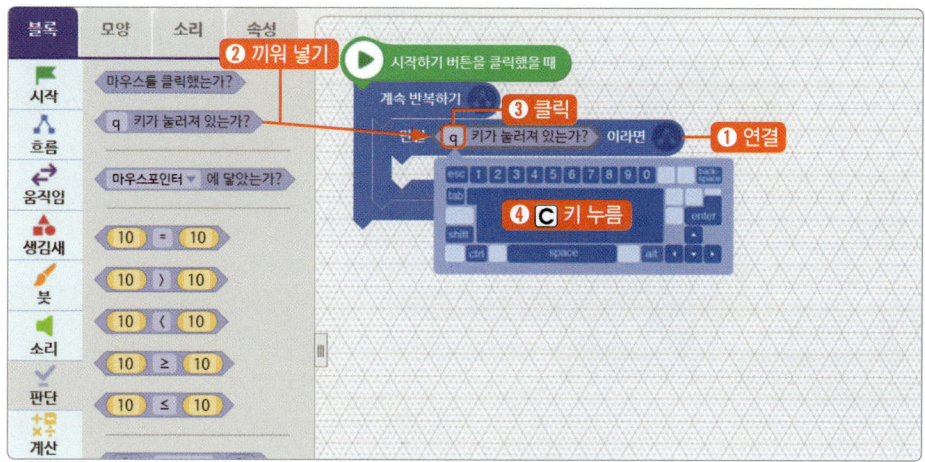

❹ ↔ 블록 꾸러미에서 [2 초 동안 방향을 90° 만큼 회전하기] 를 연결한 후 '2'를 '0.2'로, '90°'를 '-30°'으로 변경합니다.

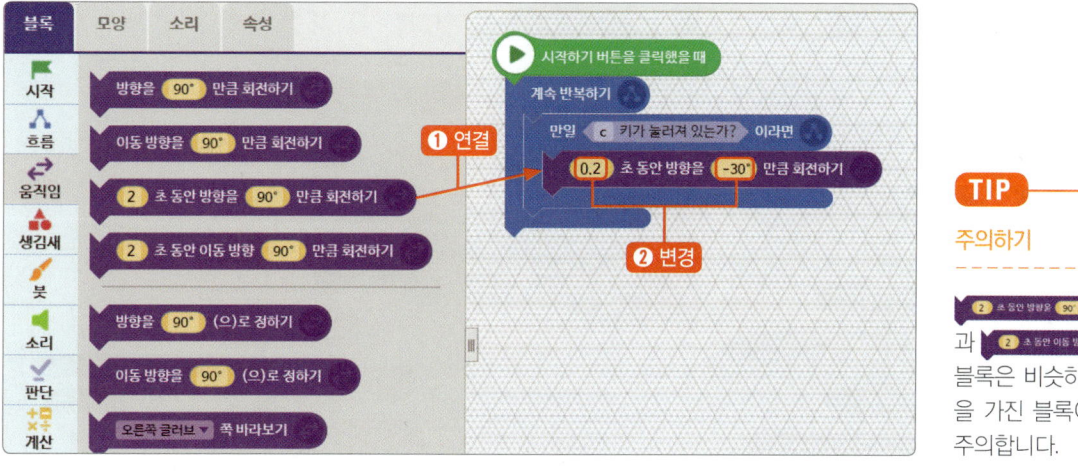

TIP

주의하기

[2 초 동안 방향을 90° 만큼 회전하기] 블록과 [2 초 동안 이동 방향 90° 만큼 회전하기] 블록은 비슷하지만 다른기능을 가진 블록이니 연결할 때 주의합니다.

❺ ↔ 블록 꾸러미에서 [2 초 동안 방향을 90° 만큼 회전하기] 를 연결한 후 '2'를 '0.2'로, '90°'를 '30°'으로 변경합니다.

코딩풀이 C 키를 눌렀을 때 '0.2'초 동안 왼쪽으로 회전한 후 다시 '0.2'초 동안 오른쪽으로 회전하여 처음의 각도로 돌아옵니다.

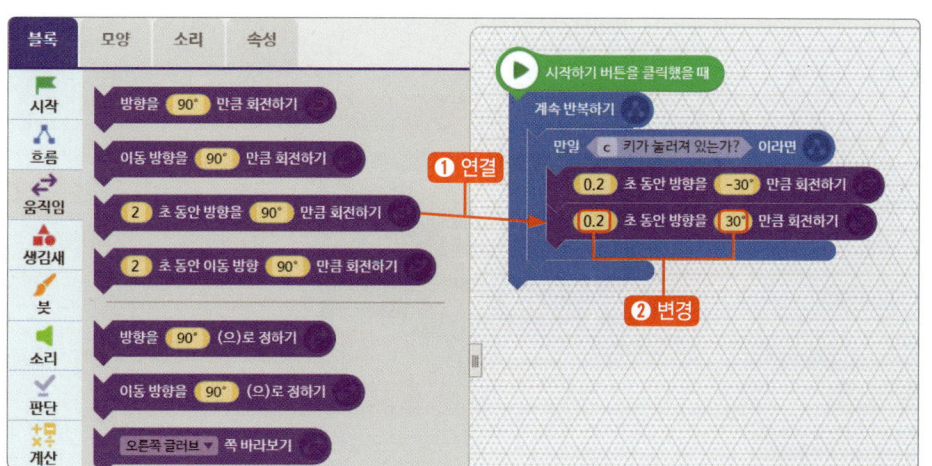

창의력 UP

회전하기 블록의 각도를 변경(-50°, 10°)한 후 오브젝트가 어떻게 움직이는지 확인해봅시다.

02 코드를 복사하여 특정 키를 누르면 오브젝트가 이동하도록 코딩하기

❶ [블록 조립소]의 `시작하기 버튼을 클릭했을 때` 위에서 마우스 오른쪽 버튼을 눌러 [코드 복사 & 붙여넣기]를 선택합니다. 이어서, 복사된 코드에서 `0.2 초 동안 방향을 -30° 만큼 회전하기` `0.2 초 동안 방향을 30° 만큼 회전하기` 블록을 오른쪽 하단의 휴지통으로 드래그하여 삭제합니다.

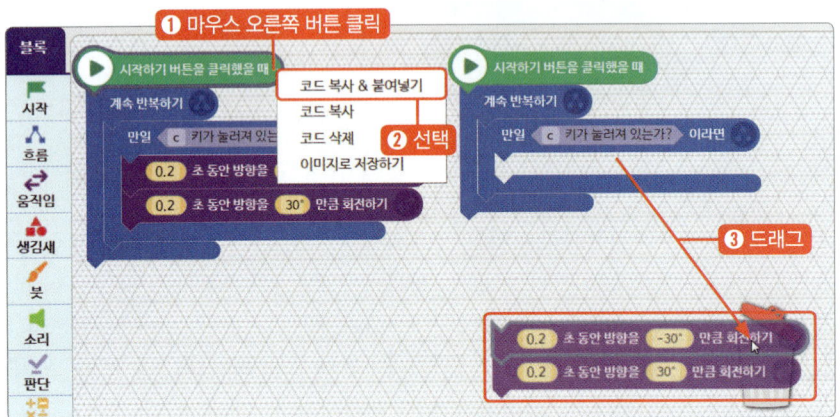

❷ `움직임` 블록 꾸러미에서 `2 초 동안 x: 10 y: 10 위치로 이동하기` 를 연결한 후 '2'를 '0.2'로, 첫 번째 '10'을 '30'으로, 두 번째 '10'을 '-10'으로 각각 변경합니다.

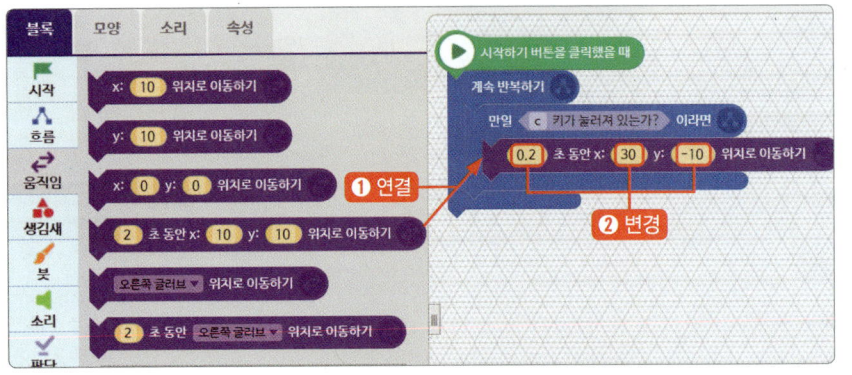

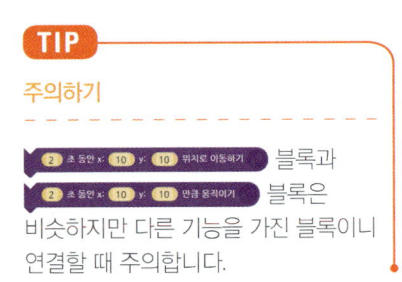

TIP

주의하기

`2 초 동안 x: 10 y: 10 위치로 이동하기` 블록과 `2 초 동안 x: 10 y: 10 만큼 움직이기` 블록은 비슷하지만 다른 기능을 가진 블록이니 연결할 때 주의합니다.

❸ `움직임` 블록 꾸러미에서 `2 초 동안 x: 10 y: 10 위치로 이동하기` 를 연결한 후 '2'를 '0.2'로, 첫 번째 '10'을 '75'로, 두 번째 '10'을 '-100'으로 각각 변경합니다. 이어서, ▶ 를 클릭한 후 C 키를 눌러 펀치를 날리는지 확인해봅시다.

코딩풀이 ▶ 이동하기 블록과 회전하기 블록을 동시에 실행하여 오브젝트가 회전하며 움직여서 펀치를 날리는 것처럼 보입니다.

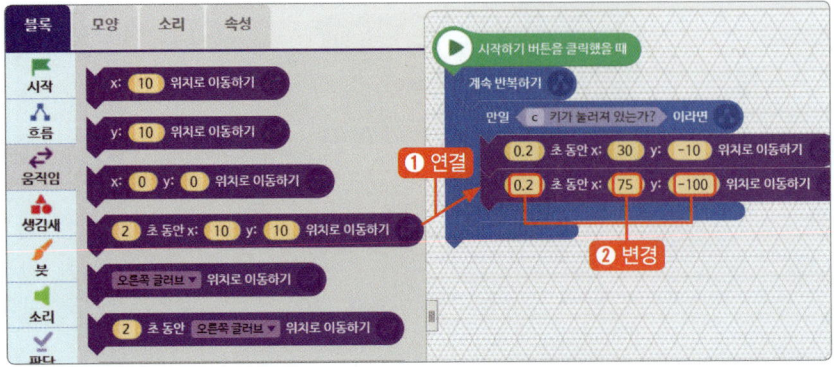

스스로 해결하기

01 다음 블록들의 기능을 적어봅시다.

블록	기능
계속 반복하기	
2초 동안 방향을 90° 만큼 회전하기	
2초 동안 x: 10 y: 10 위치로 이동하기	
만일 참 이라면	
q 키가 눌러져 있는가?	

02 다음 조건을 참고하여 만든 코드들 중에서 올바른 코드를 골라봅시다.

> **조건**
> Space Bar 키를 눌렀을 때 이동 방향으로 '10'만큼 움직이고 방향을 '5'만큼 회전합니다.

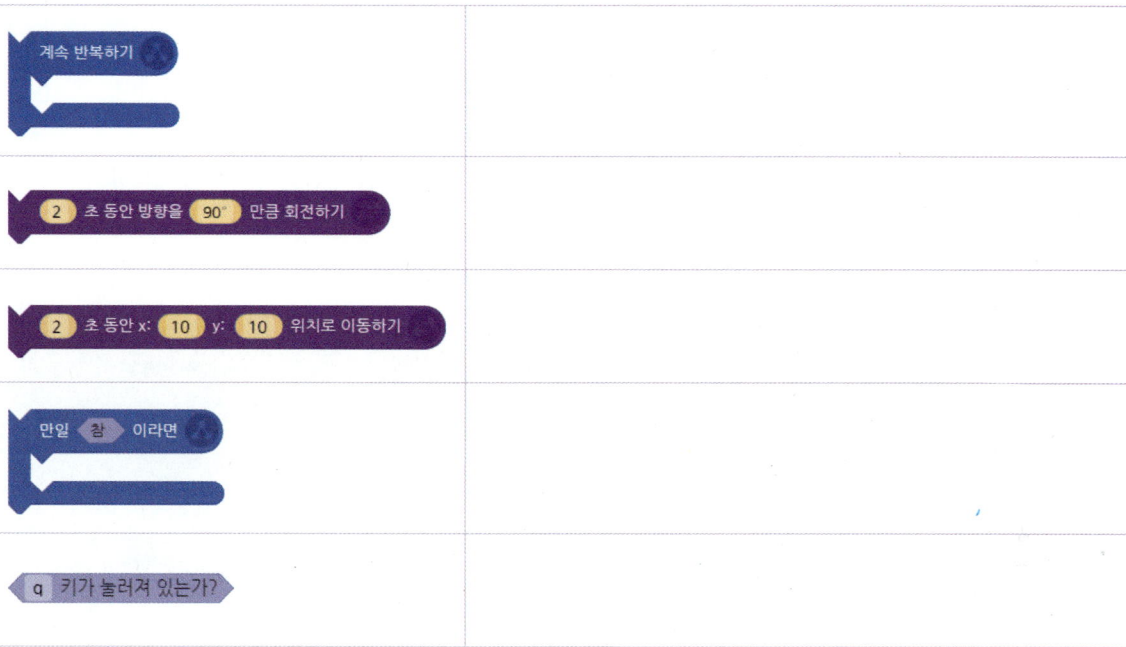

CHAPTER 02 지구의 중력에 끌려가는 사과

| 학습목표 |

- [사과] 오브젝트가 [지구] 오브젝트를 향해 움직이도록 코딩할 수 있습니다.
- 계산 블록을 사용하여 오브젝트가 서로 가까울수록 빠르게 이동할 수 있습니다.

📁 **불러올 파일** : 2차시 불러올 파일.ent   📄 **완성된 파일** : 2차시 완성된 파일.ent

※ 실행 방법 : [지구] 오브젝트가 마우스 포인터의 위치로 움직이고 [사과] 오브젝트는 [지구] 오브젝트를 향해서 거리가 멀면 느리게, 가까우면 빠르게 이동합니다.

오늘 배울 블록

블록	설명
참 이 될 때까지▼ 반복하기	판단이 참이 될 때까지 감싸고 있는 블록들을 반복 실행합니다.
마우스포인터▼ 에 닿았는가?	해당 오브젝트가 선택한 항목과 닿은 경우 '참'으로 판단합니다.
엔트리봇▼ 까지의 거리	자신과 선택한 오브젝트 또는 마우스 포인터 간의 거리 값입니다.
엔트리봇▼ 쪽 바라보기	해당 오브젝트가 다른 오브젝트 또는 마우스 포인터 쪽을 바라봅니다. 오브젝트의 이동 방향이 선택된 항목을 향하도록 오브젝트의 방향을 회전해 줍니다.

알고리즘 해결하기!

지수는 내일 학교에 가져갈 준비물을 챙기고 있습니다. 먼저 사용하는 준비물을 위쪽에, 나중에 사용하는 준비물을 아래쪽에 배치하려고 합니다. <시간표>를 참고하여 <준비물 가방>을 채워봅시다.

<시간표>

	1교시	2교시	3교시	4교시	5교시
과목	미술	영어	도덕	국어	사회
준비물	켄트지, 4B연필	영어사전	없음	독후감	신문

<준비물 가방>

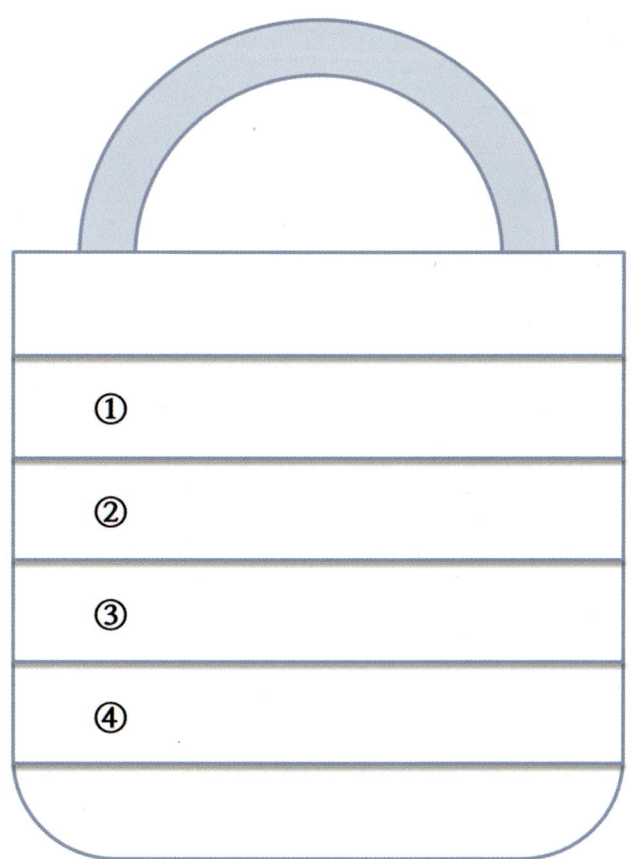

오브젝트 소개하기

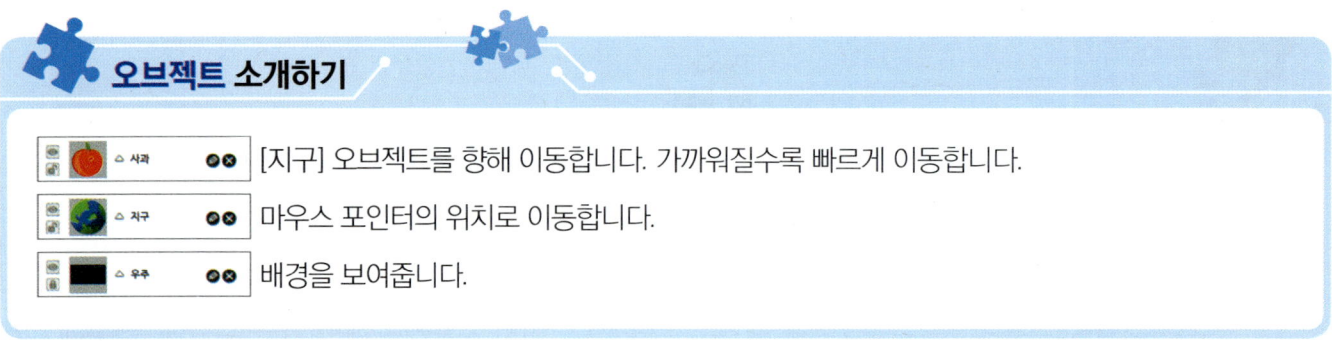

01 [사과] 오브젝트가 [지구] 오브젝트를 향해 이동하도록 코딩하기

❶ [불러올 파일]-'2차시 불러올 파일.ent' 파일을 불러옵니다. 이어서, 🍎 사과 오브젝트가 선택되어 있는지 확인한 후 🚩 시작 블록 꾸러미에서 ▶ 시작하기 버튼을 클릭했을 때 를 [블록 조립소]로 가져다 놓습니다.

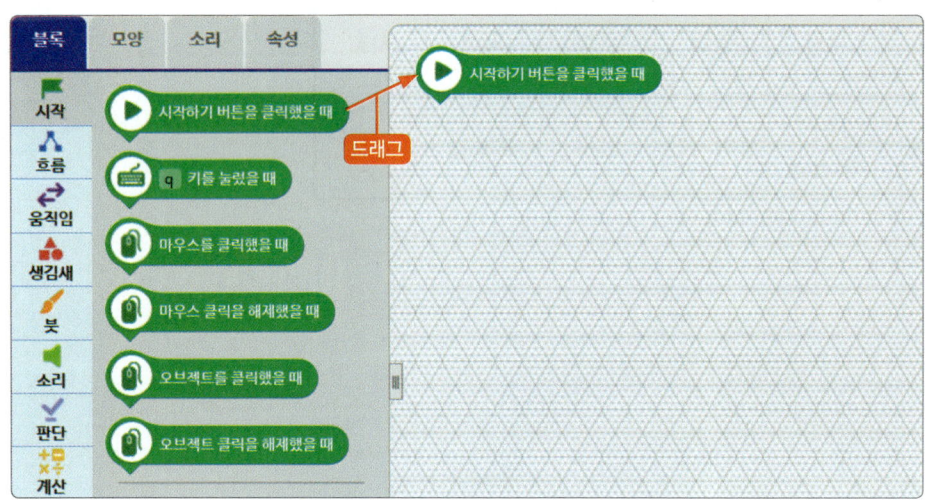

TIP
폴더에서 직접 예제파일 열기

윈도우 탐색기에서 [불러올 파일] 폴더 안에 있는 특정 파일을 더블 클릭 하면 엔트리(Entry) 프로그램이 실행되면서 해당 예제파일이 열립니다.

❷ 🔀 흐름 블록 꾸러미에서 계속 반복하기 와 참 이 될 때까지 반복하기 을 연결합니다.

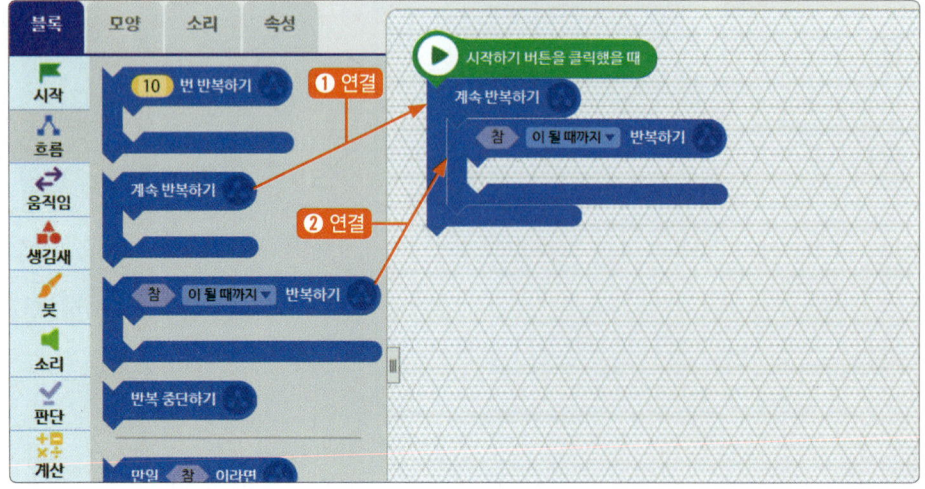

❸ 판단 블록 꾸러미에서 마우스포인터▼ 에 닿았는가? 를 '참'의 위치에 끼워 넣은 후 마우스포인터▼ 를 클릭하여 목록이 나오면 '지구'를 선택합니다.

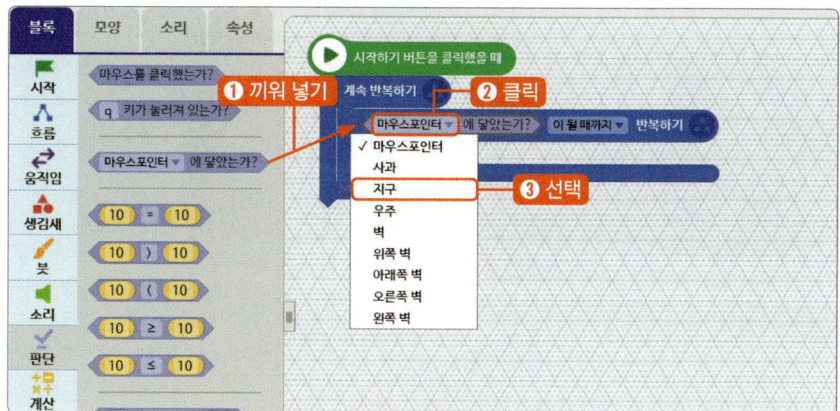

> **TIP**
> 될 때까지 반복하기
>
> 조건을 만족할 때까지 감싸고 있는 코드를 반복합니다. 이 블록을 사용하면 코드의 양을 줄이는데 도움이 됩니다.

❹ 움직임 블록 꾸러미에서 사과▼ 쪽 바라보기 를 연결한 후 사과▼ 를 클릭하여 목록이 나오면 '지구'를 선택합니다. 이어서, 이동 방향으로 10 만큼 움직이기 를 연결합니다.

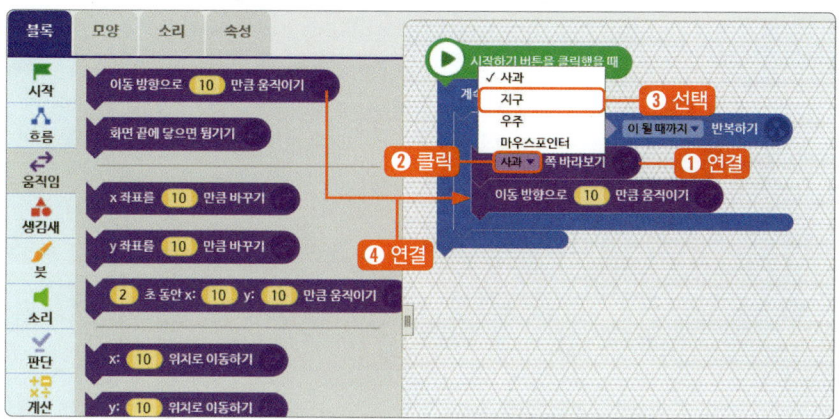

창의력 UP

다른 회전방식을 선택한 뒤 실행하여 어떻게 다른지 확인해봅시다.

02 오브젝트간의 거리가 가까울수록 이동하는 속도가 빨라지게 코딩하기

❶ 계산 블록 꾸러미에서 10 - 10 을 '10'의 위치에 끼워 넣은 후 10 - 10 블록의 첫 번째 '10'을 '11'로 변경합니다.

코딩풀이 [사과] 오브젝트는 [지구] 오브젝트를 향해 이동하다가 [지구] 오브젝트에 닿으면 더 이상 이동하지 않습니다.

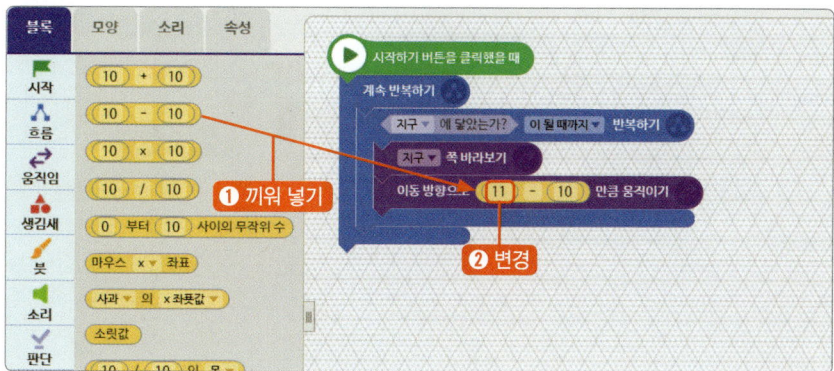

CHAPTER 02 지구의 중력에 끌려가는 사과 **017**

❷ [계산] 블록 꾸러미에서 `10 / 10` 을 '10'의 위치에 끼워 넣은 후 `10 / 10` 블록의 두 번째 '10'을 '50'로 변경합니다.

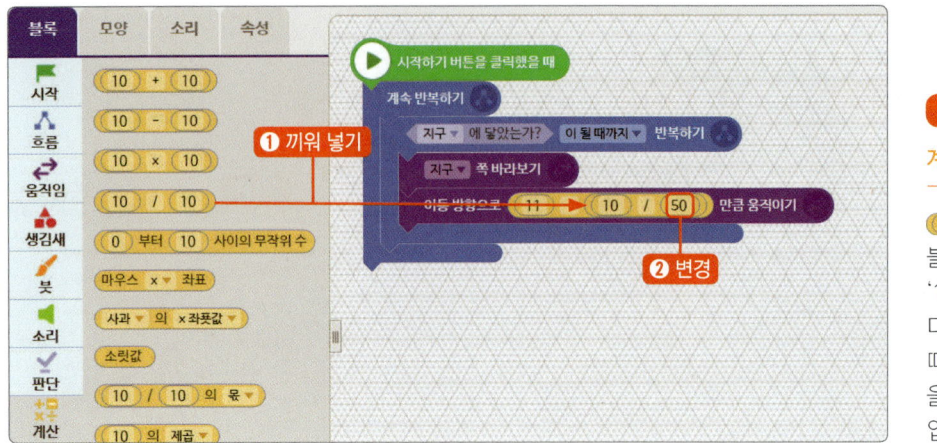

> **TIP**
> 계산 순서
>
> `(2 + 3) x 4`
>
> 블록의 답은 몇 일까요? 답은 '14'같지만, 엔트리에서는 조금 다릅니다. 엔트리에서 계산을 할 때에는 가장 짧은 블록부터 계산을 하기 때문에 블록의 답은 '20' 입니다. (2+3 → 5×4 = 20)

❸ [계산] 블록 꾸러미에서 `사과▼ 까지의 거리` 를 '10'의 위치에 끼워 넣은 후 `사과▼` 를 클릭하여 목록이 나오면 '지구'를 선택합니다.

> **코딩풀이** 최대 속도(11)에서 오브젝트간의 거리를 '50'으로 나눈 값을 빼서 거리가 멀수록 이동 속도가 느려지고, 가까울수록 빨라집니다.

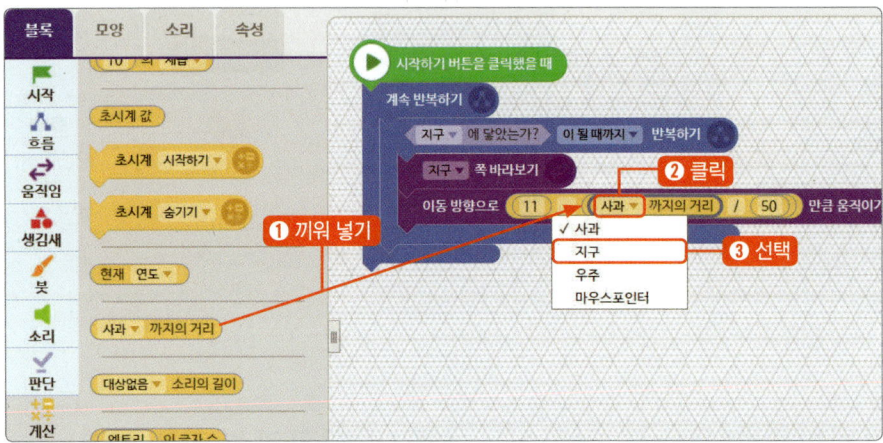

❹ [흐름] 블록 꾸러미에서 `2 초 기다리기` 를 연결합니다. 이어서, ▶ 를 클릭한 후 사과가 지구를 향해 이동하는지 확인합니다.

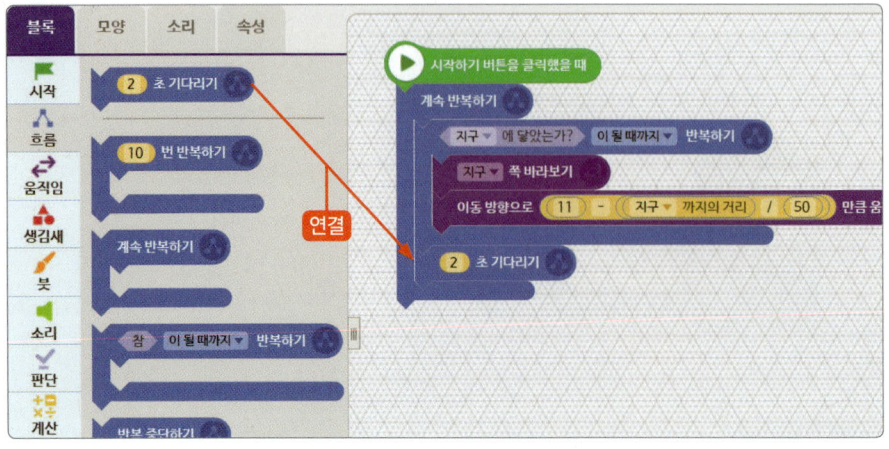

> **창의력 UP**
>
> `11 - 지구▼ 까지의 거리 / 50`
>
> 코드에서 '11'을 '5'로 변경한 후 실행하면 [사과] 오브젝트가 어떻게 움직이는지 확인해봅시다.

스스로 해결하기

01 다음 블록들의 기능을 적어봅시다.

블록	기능
참 이 될 때까지▼ 반복하기	
마우스포인터▼ 에 닿았는가?	
엔트리봇▼ 까지의 거리	
엔트리봇▼ 쪽 바라보기	

02 다음 조건을 참고하여 만든 코드들 중에서 올바른 코드를 골라봅시다.

> **조건**
> 실행하였을 때 오브젝트가 '200'이라고 말합니다.
> ※ 엔트리봇의 크기 : 100 엔트리봇의 이동방향 : 90°

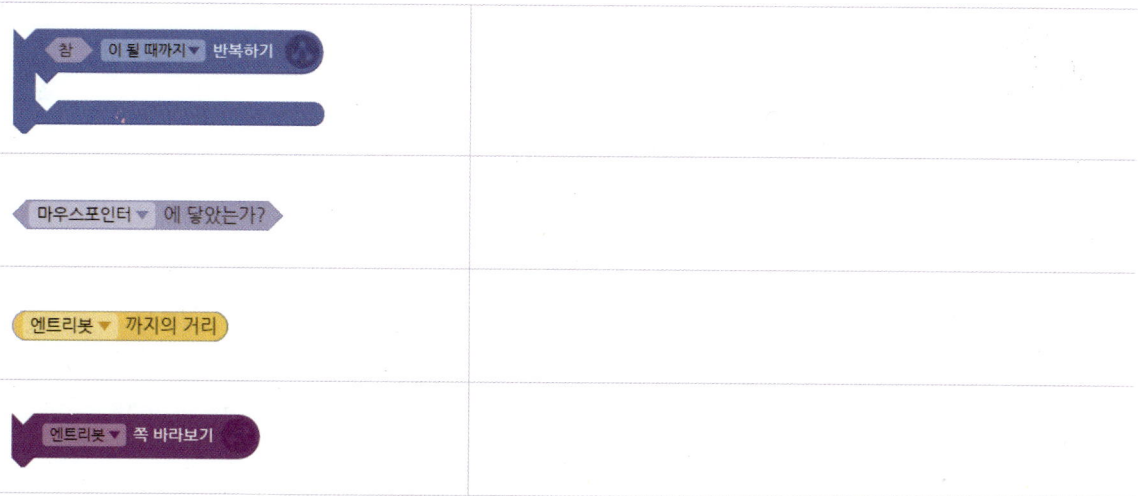

CHAPTER 02 지구의 중력에 끌려가는 사과 **019**

CHAPTER 03 현재 시간을 알려주는 시계

| 학습목표 |
- 전자시계에 현재 시간을 표시할 수 있습니다.
- 신호를 사용해 글상자 오브젝트의 글을 계속 바꿀 수 있습니다.

 **불러올 파일 :** 3차시 불러올 파일.ent　　 **완성된 파일 :** 3차시 완성된 파일.ent

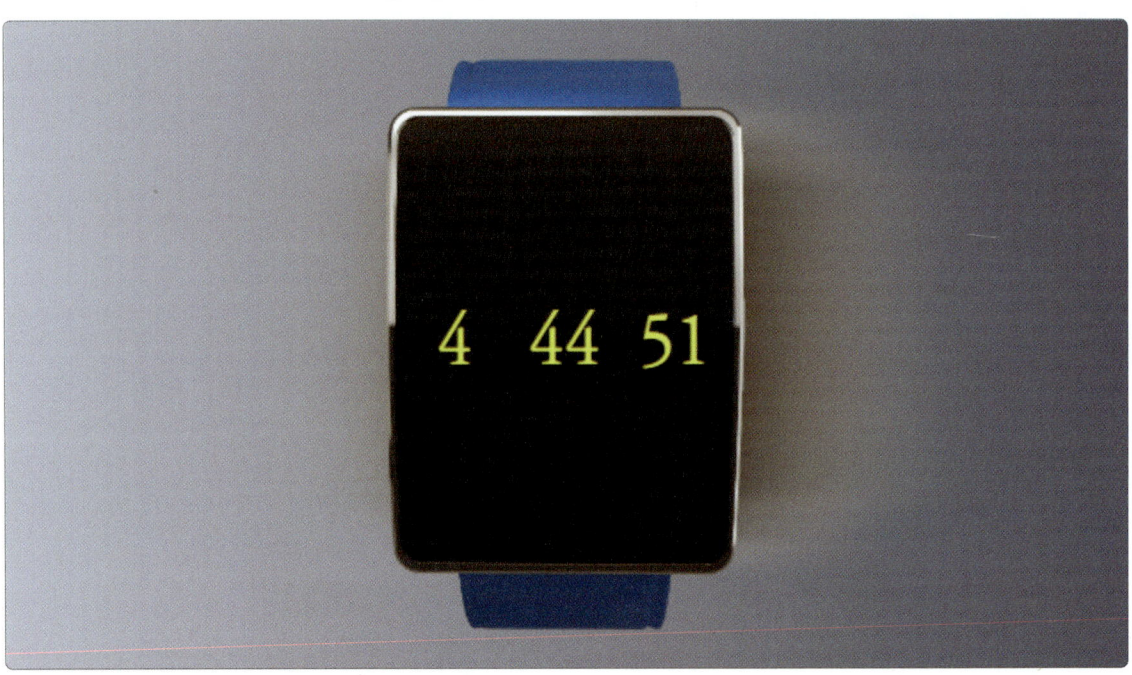

※ 실행 방법 : ▶ 버튼을 클릭하면 전자시계가 현재 시간을 알려줍니다.

오늘 배울 블록

블록	설명
대상없음 ▼ 신호를 받았을 때	해당 신호를 받으면 연결된 블록들을 실행합니다.
대상없음 ▼ 신호 보내기	목록에서 선택된 신호를 보냅니다.
현재 연도 ▼	현재 연도, 월, 일, 시각과 같이 시간에 대한 값입니다.
엔트리 라고 글쓰기	글상자의 내용을 입력한 값으로 변경합니다.

알고리즘 해결하기!

철훈이와 민희는 건강을 위해 조깅을 합니다. 다음 <조건>을 참고하여 <문제>의 빈 칸을 채워봅시다.

> **조건**
>
> 철훈이는 3분 뛰고, 1분 걷는다.
> 민희는 2분 뛰고, 1분 걷는다.

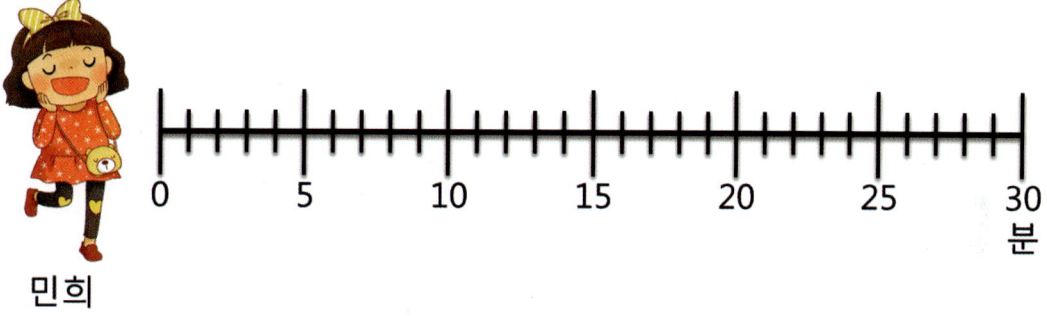

민희

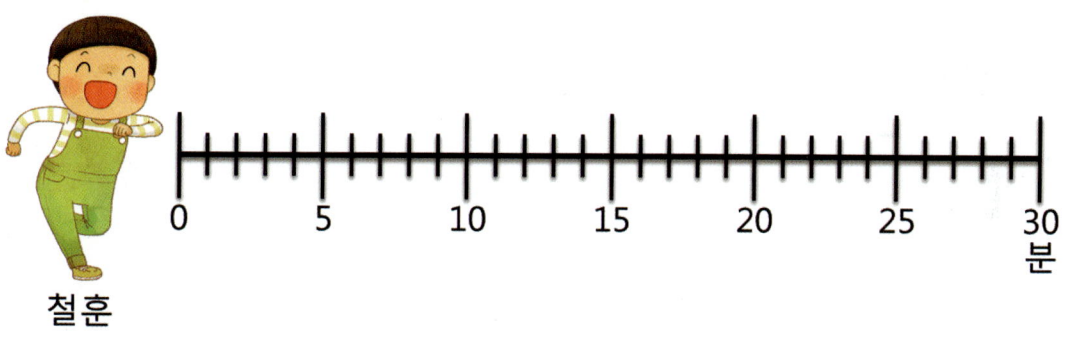

철훈

> **문제** 철훈과 민희는 (　　　　)분 과 (　　　　)분에 같이 걷습니다.

오브젝트 소개하기

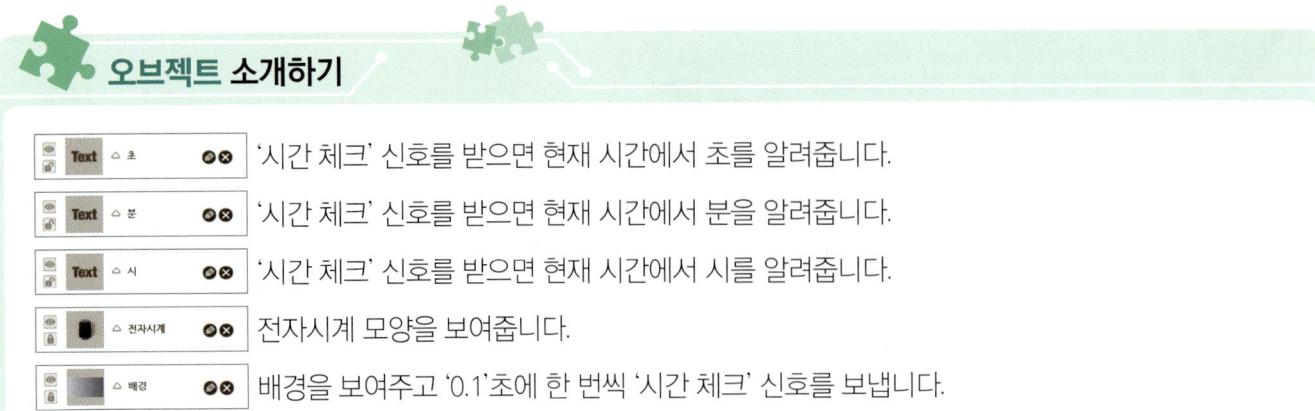

- '시간 체크' 신호를 받으면 현재 시간에서 초를 알려줍니다.
- '시간 체크' 신호를 받으면 현재 시간에서 분을 알려줍니다.
- '시간 체크' 신호를 받으면 현재 시간에서 시를 알려줍니다.
- 전자시계 모양을 보여줍니다.
- 배경을 보여주고 '0.1'초에 한 번씩 '시간 체크' 신호를 보냅니다.

01 신호를 추가한 후 '0.1'초에 한 번씩 신호를 보내도록 코딩하기

❶ [불러올 파일]-'3차시 불러올 파일.ent' 파일을 불러옵니다. 이어서, 속성 - 신호 - +신호 추가 를 클릭한 후 '신호 1'을 '시간 체크'로 변경한 후 Enter 키를 누릅니다.

TIP

신호 추가

신호는 언제든지 [속성 꾸러미]에서 추가하여 모든 오브젝트에서 사용할 수 있습니다.

❷ 신호가 추가되면 블록 을 클릭한 후 [오브젝트 목록]에서 배경 오브젝트를 선택합니다. 이어서, 시작 블록 꾸러미에서 시작하기 버튼을 클릭했을 때 를 [블록 조립소]로 가져다 놓습니다.

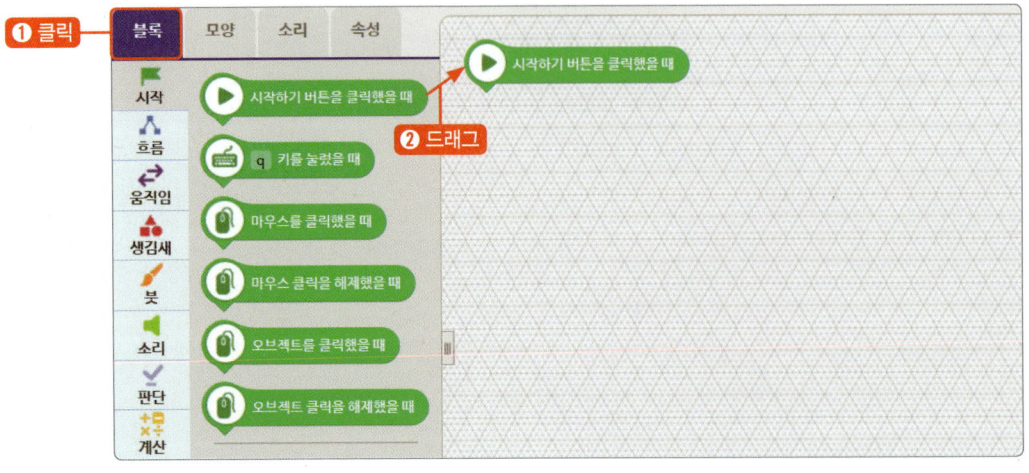

❸ `흐름` 블록 꾸러미에서 `계속 반복하기` 를 연결한 후 `시작` 블록 꾸러미에서 `시간 체크▼ 신호 보내기` 를 연결합니다. 이어서, `흐름` 블록 꾸러미에서 `2 초 기다리기` 를 연결한 후 '2'를 '0.1'로 변경합니다.

코딩풀이 시간이 바뀔 때마다 화면에 바뀌는 시간을 표시하기 위해 '시간 체크' 신호를 '0.1'초마다 보내도록 합니다.

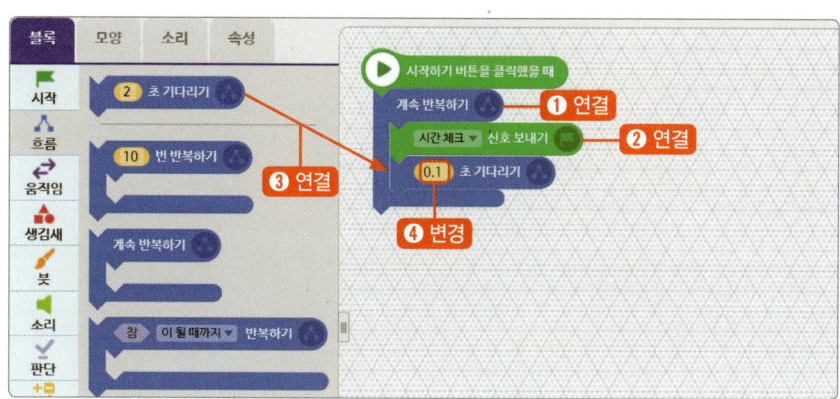

02 ▶ 글상자 오브젝트가 현재 시간을 표시하도록 코딩하기

❶ [오브젝트 목록]에서 `Text ⌂시` 오브젝트를 선택합니다. 이어서, `시작` 블록 꾸러미에서 `시간 체크▼ 신호를 받았을 때` 를 [블록 조립소]로 가져다 놓습니다.

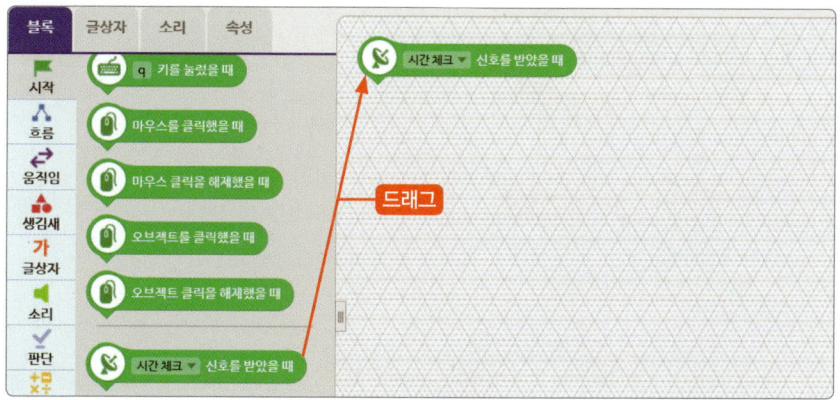

❷ `글상자` 블록 꾸러미에서 `엔트리 라고 글쓰기` 를 연결한 후 `계산` 블록 꾸러미에서 `현재 연도▼` 를 '엔트리'의 위치에 끼워 넣습니다. 이어서, `연도▼` 를 클릭하여 목록이 나오면 '시각(시)'를 선택합니다.

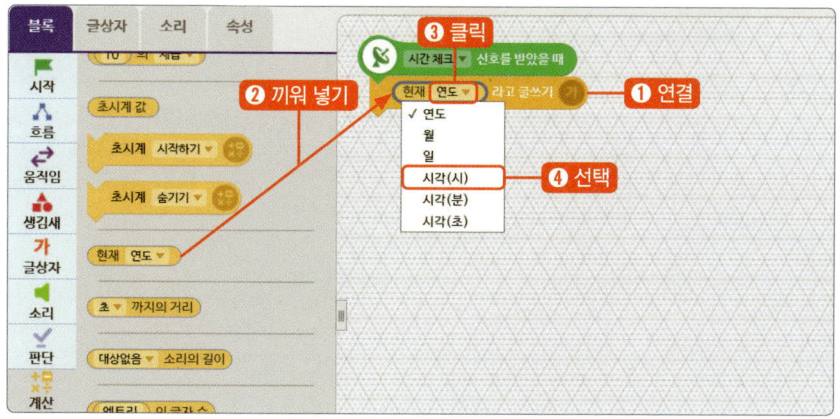

창의력 UP

'연도, 월, 일 등' 여러 가지를 선택하여 실행하고 결과를 확인하여 각각 어떤 값이 나오는지 적어봅시다.

_____
_____
_____
_____
_____

❸ 위에서 마우스 오른쪽 버튼을 눌러 [코드 복사]를 선택합니다.

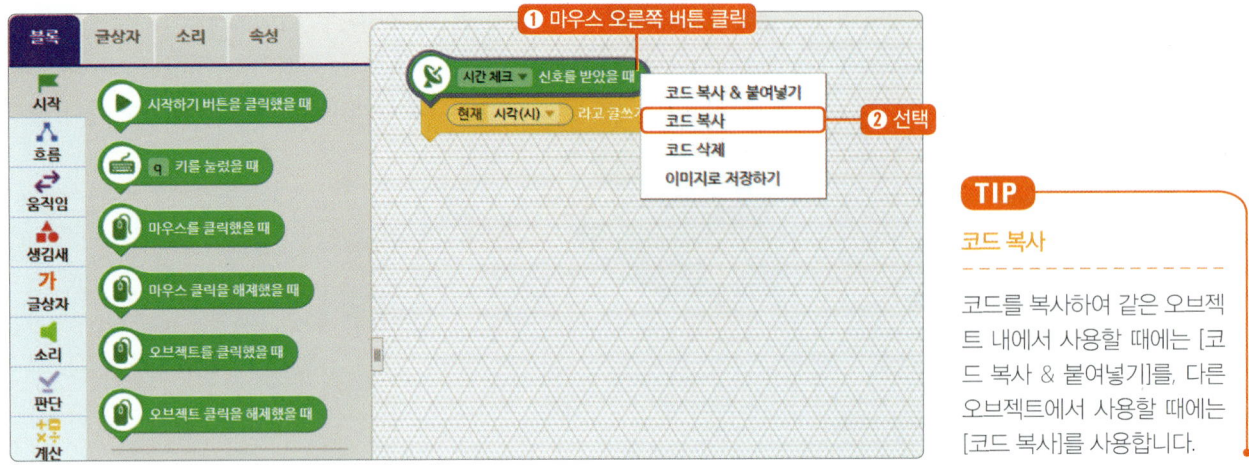

TIP

코드 복사

코드를 복사하여 같은 오브젝트 내에서 사용할 때에는 [코드 복사 & 붙여넣기]를, 다른 오브젝트에서 사용할 때에는 [코드 복사]를 사용합니다.

❹ [오브젝트 목록]에서 오브젝트를 선택한 후 [블록 조립소]에서 마우스 오른쪽 버튼을 눌러 [붙여넣기]를 선택합니다. 이어서, 코드가 복사되면 **시각(시)**를 클릭하여 목록이 나오면 '**시각(분)**'을 선택합니다.

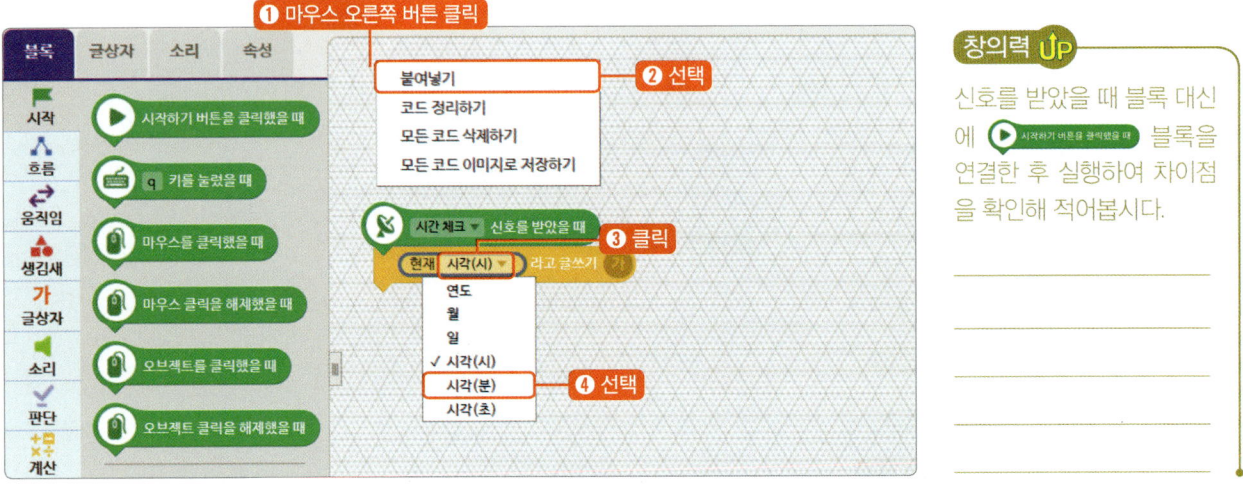

창의력 UP

신호를 받았을 때 블록 대신에 시작하기 버튼을 클릭했을 때 블록을 연결한 후 실행하여 차이점을 확인해 적어봅시다.

❺ 똑같은 방법으로 [오브젝트 목록]에서 오브젝트를 선택한 후 코드를 붙여 넣어 '시각(초)'로 변경합니다. 이어서, ▶를 클릭하여 전자시계에 현재 시간이 표시되는지 확인해봅시다.

TIP

표시되는 시간

만일 시간이 '16 14 20'으로 표시된다면 현재 시간은 '오후 4시 14분 20초' 라는 뜻입니다.

스스로 해결하기

01 아래 블록의 기능을 적어봅시다.

블록	기능
대상없음▼ 신호를 받았을 때	
대상없음▼ 신호 보내기	
현재 연도▼	
엔트리 라고 글쓰기	

02 다음 조건을 참고하여 만든 코드들 중에서 올바른 코드를 골라봅시다.

> **조건**
> '튕기기' 신호를 받았을 때 만일 벽에 닿으면 방향을 '150°' 만큼 회전합니다. 이어서, 이동 방향으로 '5'만큼 이동합니다.

❶ 튕기기▼ 신호를 받았을 때
　만일 벽▼ 에 닿았는가? 이라면
　　방향을 150° 만큼 회전하기
　　이동 방향으로 5 만큼 움직이기

❷ 튕기기▼ 신호를 받았을 때
　만일 오른쪽 벽▼ 에 닿았는가? 이라면
　　방향을 150° 만큼 회전하기
　　이동 방향으로 5 만큼 움직이기

❸ 튕기기▼ 신호를 받았을 때
　만일 벽▼ 에 닿았는가? 이라면
　　이동 방향을 150° 만큼 회전하기
　　이동 방향으로 5 만큼 움직이기

❹ 튕기기▼ 신호를 받았을 때
　만일 오른쪽 벽▼ 에 닿았는가? 이라면
　　이동 방향을 150° 만큼 회전하기
　　x 좌표를 5 만큼 바꾸기

CHAPTER 04 시간이 흘러가는 시계

| 학습목표 |
- 변수를 추가할 수 있습니다.
- 시계 바늘을 시간에 맞춰 회전하도록 코딩할 수 있습니다.

📂 **불러올 파일** : 4차시 불러올 파일.ent   📄 **완성된 파일** : 4차시 완성된 파일.ent

※ 실행 방법 : ▶ 버튼을 클릭하면 아날로그시계가 현재 시간을 알려줍니다.

오늘 배울 블록

블록	설명
방향을 90° 만큼 회전하기	오브젝트의 방향을 입력한 각도만큼 시계방향으로 회전합니다. ※ 오브젝트의 중심점을 기준으로 회전합니다.
변수▼ 에 10 만큼 더하기	선택한 변수에 입력한 값을 더합니다.
만일 참 이라면	만일 판단이 참이면, 감싸고 있는 블록들을 실행합니다.
10 = 10	왼쪽에 위치한 값과 오른쪽에 위치한 값이 같으면 '참'으로 판단합니다.
10 / 10 의 몫▼	몫 : 앞의 수에서 뒤의 수를 나누어 생긴 몫의 값입니다. 나머지 : 앞의 수에서 뒤의 수를 나누어 생긴 나머지 값입니다.

알고리즘 해결하기!

보영이네 가족은 이번 여름에 해외여행을 가려고 합니다. <시차 정리표>를 참고하여 <문제>의 빈 칸을 채워봅시다.

<시차 정리표>

지역	미국, 뉴욕	영국, 런던	호주, 시드니	스페인, 바르셀로나
대한민국, 서울과의 시간 차이	-1시간	-8시간	-2시간	-7시간

> **문제**
> 서울에서 오전9시 비행기로 출발하여 14시간 후 미국, 뉴욕에 현지 시간으로 (　　　　)시에 도착했습니다.
> 이틀 후 미국, 뉴욕 관광을 끝내고 현지 시간으로 오전 10시에 출발하여 21시간 후 영국, 런던에 현지 시간으로 (　　　　)시에 도착했습니다.

<아날로그 시계>

아날로그 시계는 원형의 시계판 위를 '**시침, 분침, 초침**'이 회전하는 형태의 시계로 초침이 분침에게, 분침이 시침에게 영향을 주며 시간을 표시합니다. 이 세 개의 침들은 일정한 각도로 회전하는데 그 각도는 아래와 같습니다.

① 초침은 1초에 '6°'를 움직여 **60초 동안** '360°(한바퀴)'를 회전합니다.
② 분침은 1분에 '6°'를 움직여 **60분 동안** '360°(한바퀴)'를 회전합니다.
③ 시침은 1분에 '0.5°'를 움직여 **60분(1시간) 동안** '30°'를 움직이고, **12시간 동안** '360° (한바퀴)'를 회전합니다.

오브젝트 소개하기

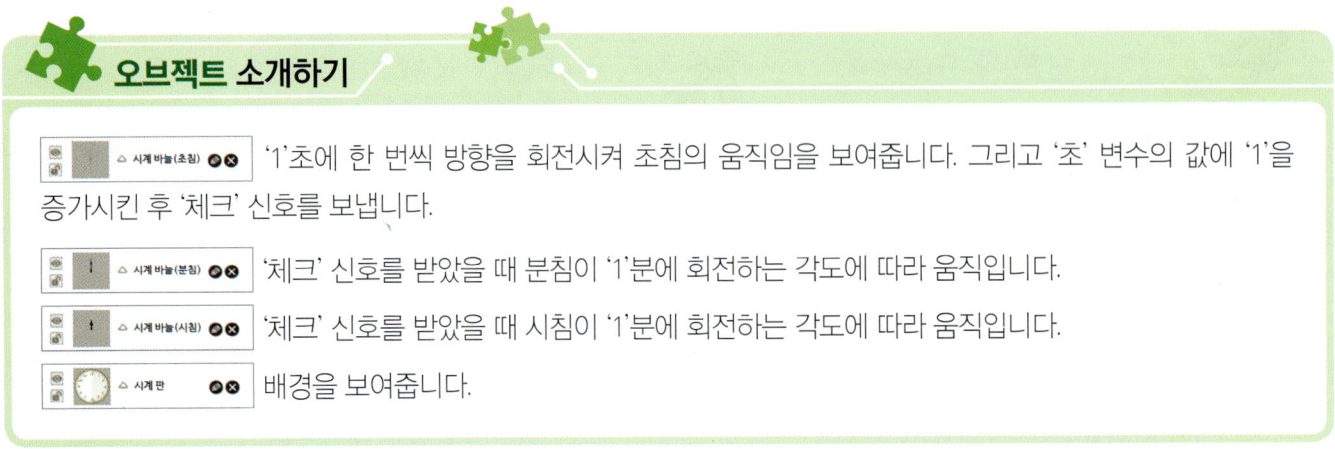

'1'초에 한 번씩 방향을 회전시켜 초침의 움직임을 보여줍니다. 그리고 '초' 변수의 값에 '1'을 증가시킨 후 '체크' 신호를 보냅니다.

'체크' 신호를 받았을 때 분침이 '1'분에 회전하는 각도에 따라 움직입니다.

'체크' 신호를 받았을 때 시침이 '1'분에 회전하는 각도에 따라 움직입니다.

배경을 보여줍니다.

01 변수를 추가한 후 [시계 바늘(초침)] 오브젝트 코딩하기

❶ [불러올 파일]-'4차시 불러올 파일.ent' 파일을 불러옵니다. 이어서, 속성 - 변수 - +변수 추가 를 클릭한 후 변수 이름을 '초'로 입력하고 확인 버튼을 선택합니다.

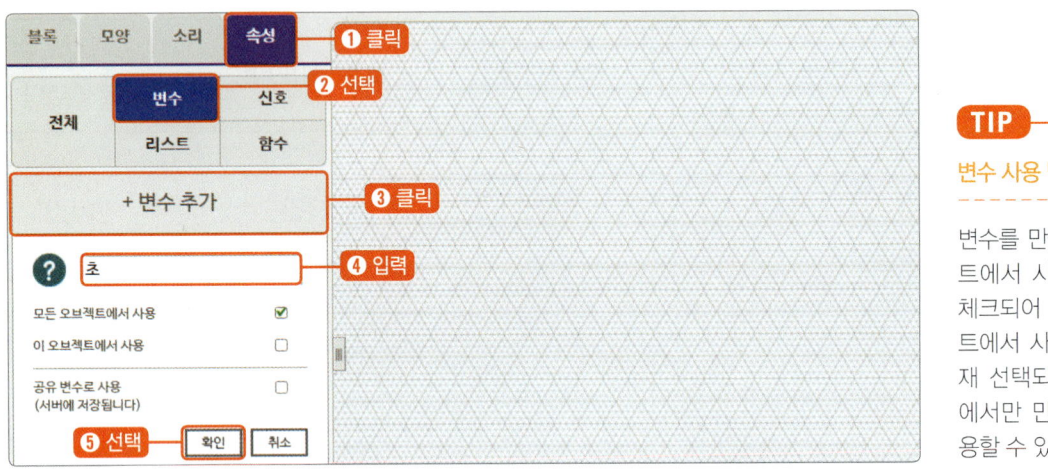

TIP

변수 사용 범위

변수를 만들 때 '모든 오브젝트에서 사용'이 기본적으로 체크되어 있지만 '이 오브젝트에서 사용'을 체크하면 현재 선택되어 있는 오브젝트에서만 만들어진 변수를 사용할 수 있습니다.

❷ 변수가 추가되면 블록 을 클릭한 후 [오브젝트 목록]에서 시계 바늘(초침) 오브젝트가 선택되어 있는지 확인합니다. 이어서, 시작 블록 꾸러미에서 시작하기 버튼을 클릭했을 때 를 [블록 조립소]로 가져다 놓습니다.

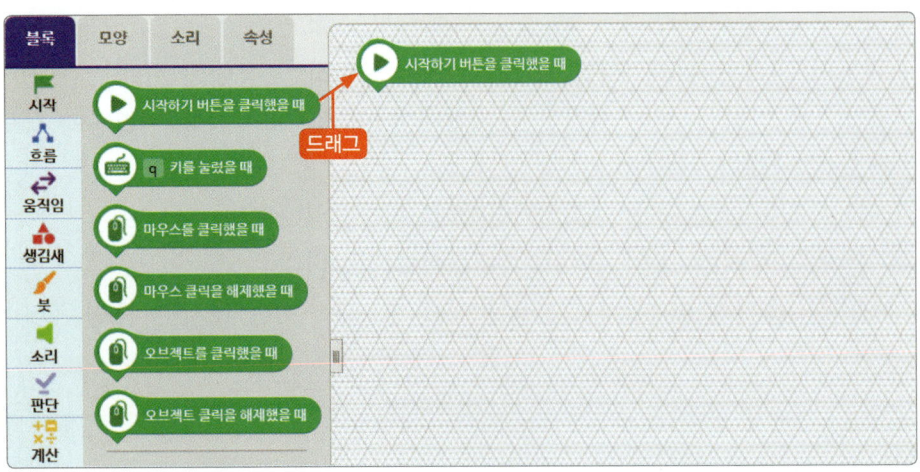

028 상상력을 키우는 엔트리

❸ 흐름 블록 꾸러미에서 [계속 반복하기]와 [2 초 기다리기]를 연결한 후 '2'를 '1'로 변경합니다.

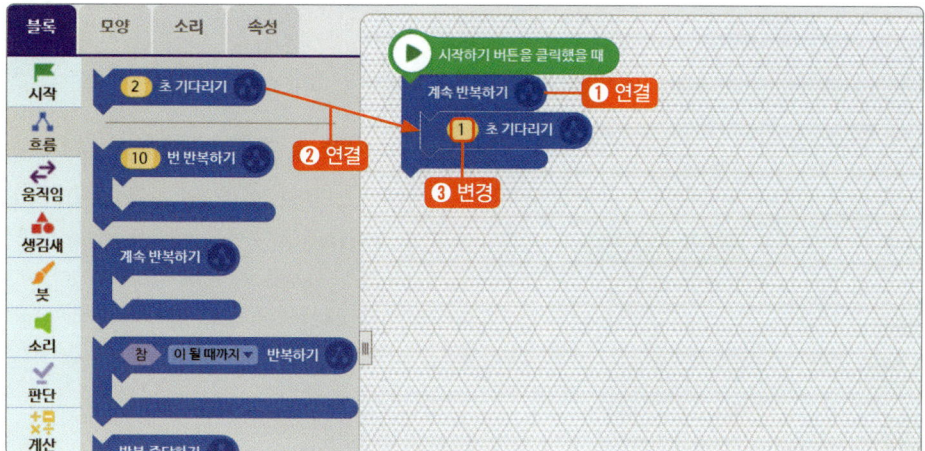

TIP

기다리기

엔트리 프로그램은 코드를 실행하는 속도가 매우 빠르기 때문에 실행화면에서 보이는 오브젝트의 움직임도 매우 빠릅니다. 그래서 오브젝트가 움직이는 속도를 조절하기 위해 기다리기 블록을 많이 사용합니다.

❹ 움직임 블록 꾸러미에서 [방향을 90° 만큼 회전하기]와 자료 블록 꾸러미에서 [초에 10 만큼 더하기]를 연결합니다. 이어서, '90°'를 '6°'로, '10'을 '1'로 각각 변경합니다.

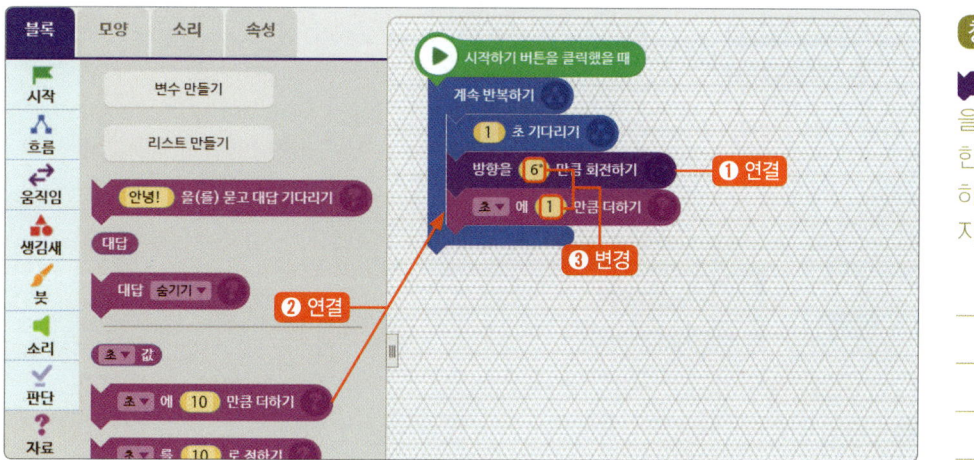

창의력 UP

[방향을 6 만큼 회전하기] 블록의 값을 '6'가 아닌 '12'로 변경한 후 실행하여 결과를 확인하고 왜 값을 '6'로 정했는지 적어봅시다.

_____
_____
_____

❺ 시작 블록 꾸러미에서 [체크 신호 보내기]를 연결합니다.

코딩풀이 '1'초가 지났으니 '초' 변수의 값에 '1'을 증가시킨 후 '체크' 신호를 보내서 다른 오브젝트에게도 알려줍니다.

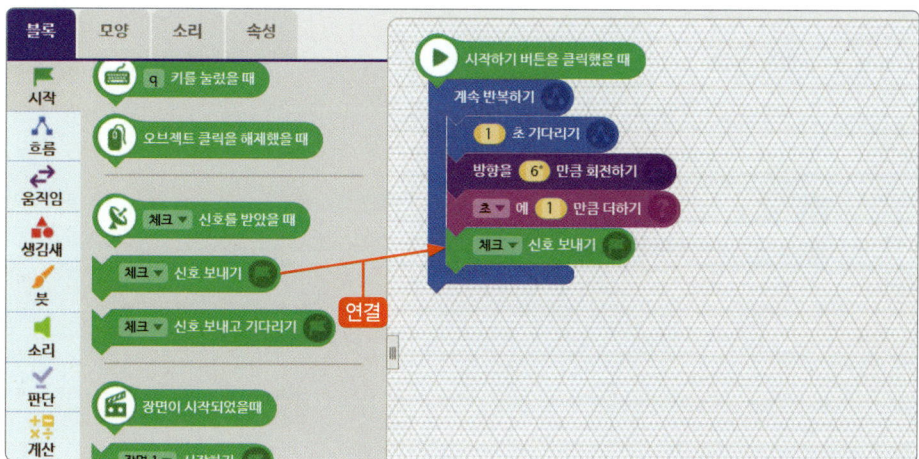

CHAPTER 04 시간이 흘러가는 시계 **029**

02 ▶ [시계 바늘(분침)] 오브젝트를 '초' 변수의 값에 따라 회전하도록 코딩하기

❶ [오브젝트 목록]에서 ▨ △ 시계 바늘(분침) 오브젝트를 선택합니다. 이어서, [시작] 블록 꾸러미에서 [체크▼ 신호를 받았을 때]를 [블록 조립소]로 가져다 놓습니다.

❷ [흐름] 블록 꾸러미에서 [만일 참 이라면]을 연결합니다.

코딩풀이 만일 참이라면 블록을 사용하는 이유는 '1'초가 지날 때마다 [시계 바늘(초침)]에서 보낸 '체크'신호를 받았을 때 오브젝트가 움직여야 할 때인지를 판단하기 위해서 입니다.

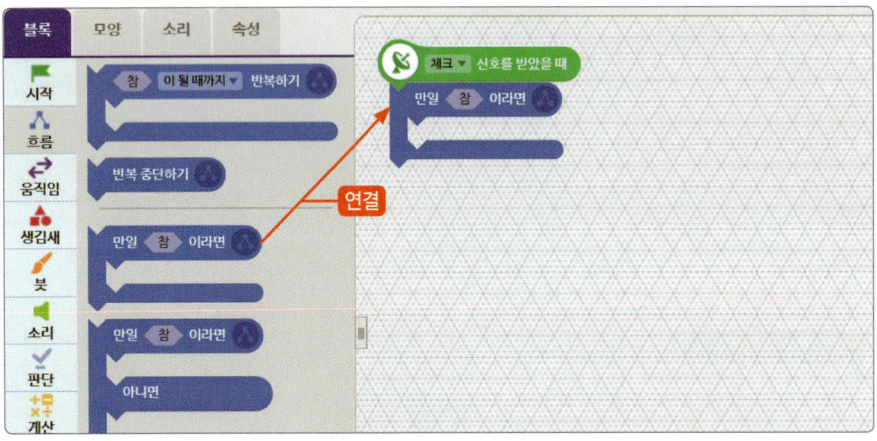

❸ [판단] 블록 꾸러미에서 ⟨10 = 10⟩을 '참'의 위치에 끼워 넣은 후 두 번째 '10'을 '0'으로 변경합니다.

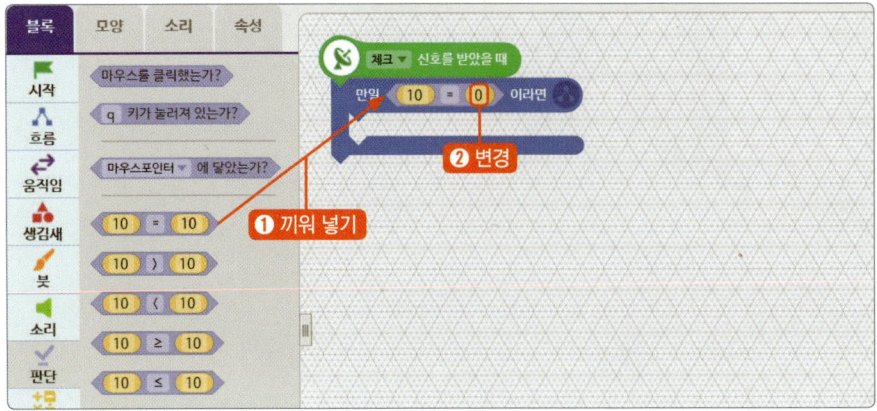

❹ 『계산』 블록 꾸러미에서 `(10)/(10) 의 몫` 을 첫 번째 '10'의 위치에 끼워 넣습니다.

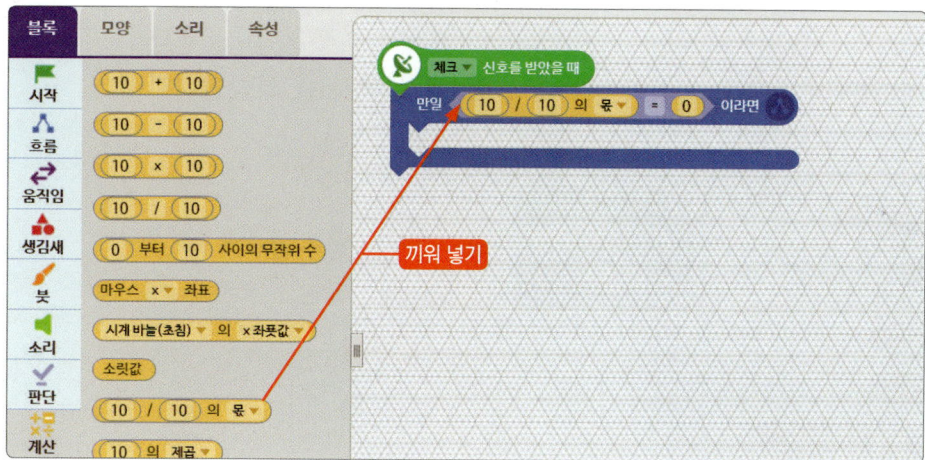

❺ `(10)/(10) 의 몫` 블록의 두 번째 '10'을 '60'으로 변경한 후 `몫`을 클릭하여 목록이 나오면 '나머지'를 선택합니다.

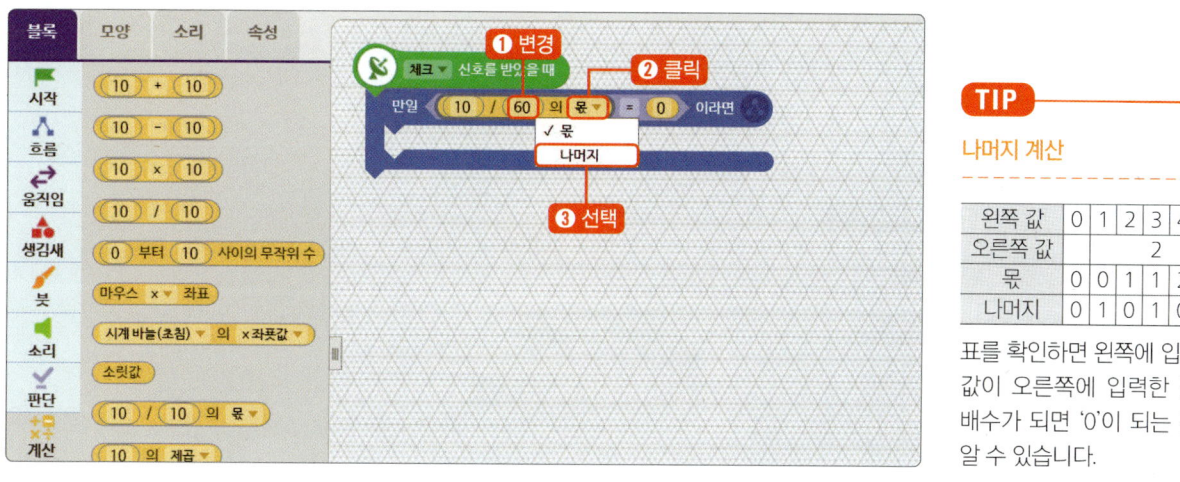

TIP

나머지 계산

왼쪽 값	0	1	2	3	4	5
오른쪽 값			2			
몫	0	0	1	1	2	2
나머지	0	1	0	1	0	1

표를 확인하면 왼쪽에 입력한 값이 오른쪽에 입력한 값의 배수가 되면 '0'이 되는 것을 알 수 있습니다.

❻ 『자료』 블록 꾸러미에서 `초 값` 을 '10'의 위치에 끼워 넣습니다. 이어서, 『움직임』 블록 꾸러미에서 `방향을 90° 만큼 회전하기` 를 연결한 후 '90°'를 '6°'로 변경합니다.

코딩풀이 '초' 변수의 값을 '60'으로 나눈 나머지 값이 '0'이면 '60'초가 지났으니, '1'분에 [시계 바늘(분침)]오브젝트가 회전해야 하는 각도(6°)를 회전시켜 줍니다.

창의력 UP

`초 값 / 60 의 나머지 = 0`

코드에서 '0'을 '30'으로 변경한 후 실행하여 결과를 확인해봅시다.

CHAPTER 04 시간이 흘러가는 시계 **031**

03 ▶ 코드를 복사하여 [시계 바늘(시침)] 오브젝트 코딩하기

❶ 블록 위에서 마우스 오른쪽 버튼을 눌러 [코드 복사]를 선택합니다.

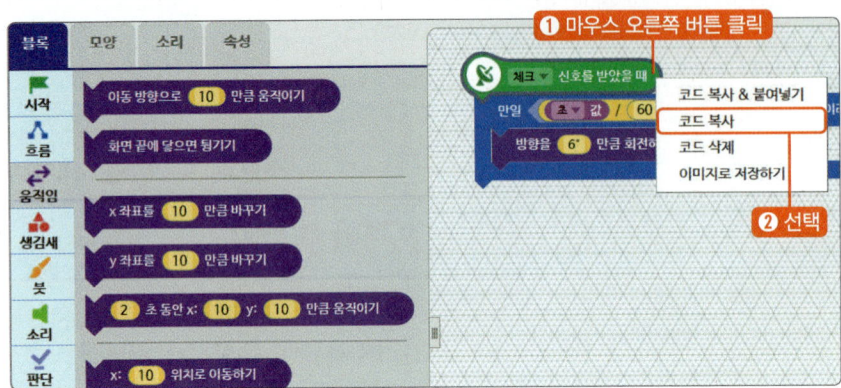

❷ [오브젝트 목록]에서 [시계 바늘(시침)] 오브젝트를 선택한 후 [블록 조립소]에서 마우스 오른쪽 버튼을 눌러 [붙여넣기]를 선택합니다.

코딩풀이 [시계바늘(시침)] 오브젝트와 [시계바늘(분침)] 오브젝트의 차이점은 '1'초에 움직이는 각도만 다르고 나머지는 동일하게 코딩합니다.

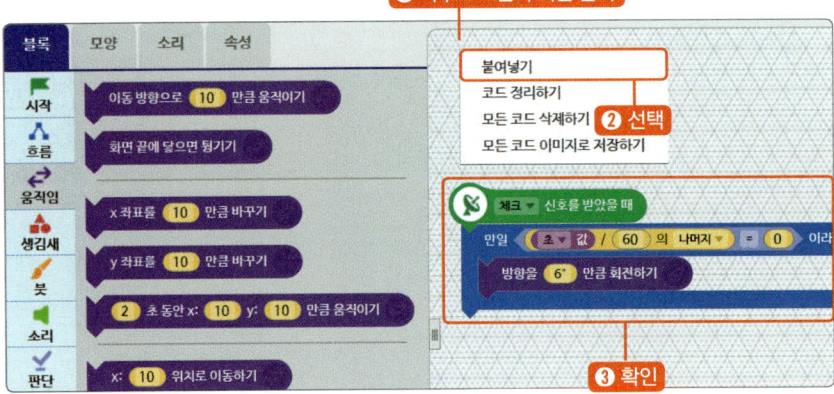

❸ 복사된 코드에서 `방향을 6° 만큼 회전하기` 블록의 `6°`을 [블록 꾸러미]나 오른쪽 아래의 휴지통으로 드래그하여 삭제한 후 '10'을 '0.5'로 변경합니다. 이어서, ▶ 를 클릭하여 시계바늘들이 '초' 변수의 값에 따라서 제대로 움직이는지 확인해봅시다.

코딩풀이 '초' 변수의 값을 '60'으로 나눈 나머지 값이 '0'이면 '60'초가 지났으니, '1'분에 [시계 바늘(시침)]오브젝트가 회전해야 하는 각도(0.5°)를 회전시켜 줍니다.

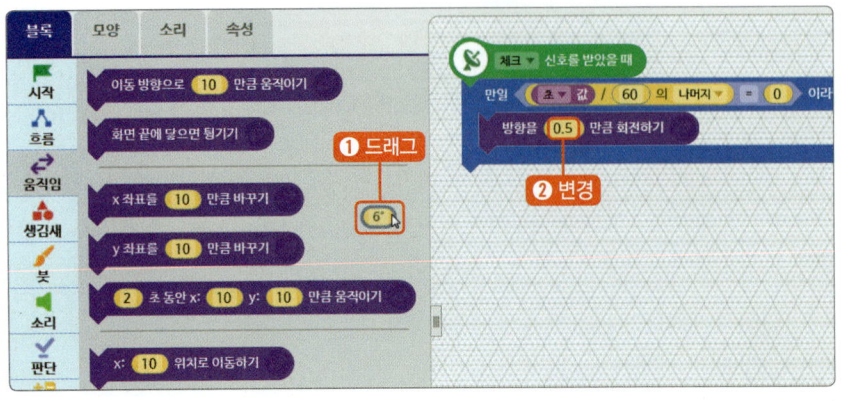

창의력 UP

[시계바늘(시침)] 오브젝트의 `1 초 기다리기` 블록에서 '1'을 '0.01'로 변경한 후 실행하여 시계 바늘들의 움직임을 확인해봅시다.

스스로 해결하기

01 다음 블록들의 기능을 적어봅시다.

블록	기능
방향을 90° 만큼 회전하기	
변수▼ 에 10 만큼 더하기	
만일 참 이라면	
10 = 10	
10 / 10 의 몫▼	

02 다음 조건을 참고하여 만든 코드들 중에서 올바른 코드를 골라봅시다.

> **조건**
> 시작하기 버튼을 클릭했을 때 '0.05'초마다 '변수'의 값이 '1'씩 증가하고, '변수'의 값을 '10'으로 나눈 나머지가 '0'일 때 오브젝트를 '90°' 회전시키는 것을 계속 반복합니다.

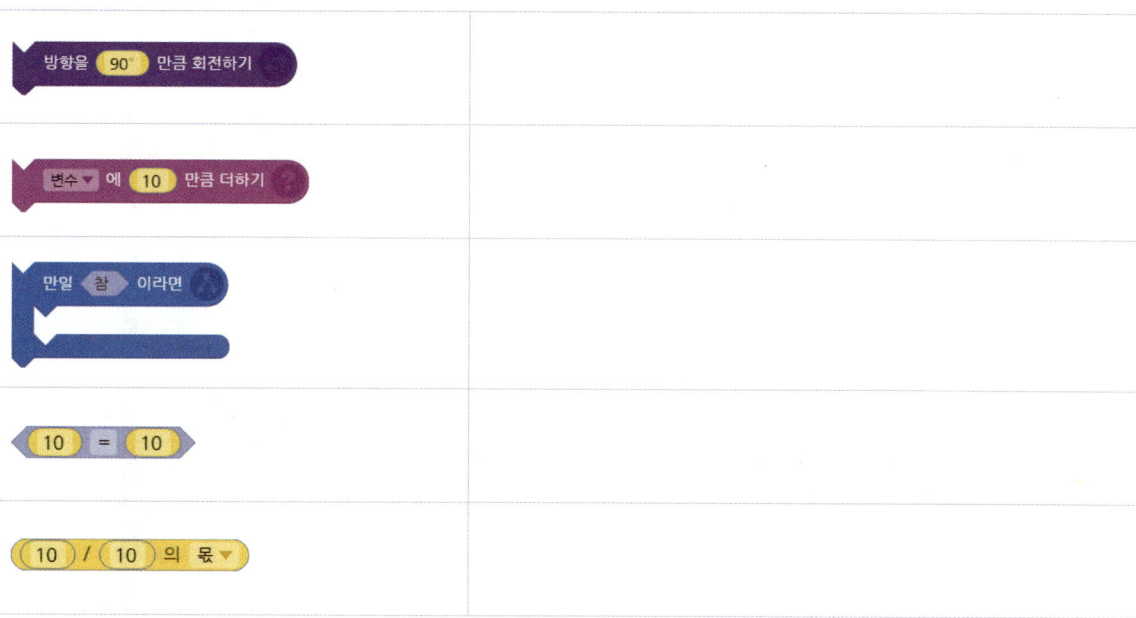

CHAPTER 05 바람으로 돌아가는 풍력발전기

| 학습목표 |
- `Space Bar` 키를 누르고 있을 때만 바람이 불도록 코딩할 수 있습니다.
- `Space Bar` 키를 누르면 풍력발전기가 점점 빨리 돌아갑니다.

📂 **불러올 파일 :** 5차시 불러올 파일.ent   💾 **완성된 파일 :** 5차시 완성된 파일.ent

※ 실행 방법 : `Space Bar` 키를 누르면 바람이 불어 발전기를 점점 빠르게 돌립니다. 발전기가 특정 속도 이상으로 빨라지면 전구에 불이 들어옵니다.

오늘 배울 블록

블록	설명
만일 〈참〉 이라면 / 아니면	만일 판단이 참이면, 첫 번째 감싸고 있는 블록들을 실행하고, 거짓이면 두 번째 감싸고 있는 블록들을 실행합니다.
모양 보이기	해당 오브젝트를 실행화면에 나타냅니다.
다음▼ 모양으로 바꾸기	오브젝트의 모양을 다음 모양으로 바꿉니다.
엔트리봇_걷기1▼ 모양으로 바꾸기	오브젝트를 선택한 모양으로 바꿉니다. ※ 내부 블록(엔트리봇_걷기1▼)을 분리하면 모양번호를 사용하여 모양 선택이 가능
〈10〉 > 〈10〉	왼쪽에 위치한 값이 오른쪽에 위치한 값보다 크면 '참'으로 판단합니다.

알고리즘 해결하기!

정훈이는 전기에 대해 조사한 후 발표하고자 한다. <보기>를 참고하여 <문제>의 빈 칸을 채워봅시다.

보기

<전기 전달 경로>

전기는 원자력, 수력, 화력, 풍력 발전소에서 만들어진 후 송전 선로를 따라 1차 변전소로 이동하여 전압을 낮춥니다. 이어서, 송전 선로를 따라 배전 변전소로 이동하여 또다시 전압을 낮춘 뒤 배전 선로를 따라 주상 변압기로 이동합니다. 이제 마지막으로 전압을 집에서 사용하는 '220V'로 낮춘 후 집까지 이동하여 가전제품을 사용할 수 있게 됩니다.

<컴퓨팅 사고력이란>

문제해결의 절차적인 사고 능력을 **컴퓨팅 사고력**이라고 합니다. 컴퓨팅 사고력에는 자료를 모으는 '**자료 수집 단계**', 자료를 분류하고 다양성을 파악하는 '**자료 분석 단계**', 문제의 내용을 그래프, 이미지 등 시각 자료로 표현하는 '**자료 표현 단계**'로 구분됩니다.

문제 정훈이는 전기의 전달되는 과정을 인터넷을 검색하여 알아보았습니다. 컴퓨팅 사고력의 요소 중 어떤 단계인가? (   )

정훈이는 전기가 전달되는 과정을 그림으로 설명할 수 있도록 단계별로 이미지를 만들었습니다. 컴퓨팅 사고력의 요소 중 어떤 단계인가? (   )

오브젝트 소개하기

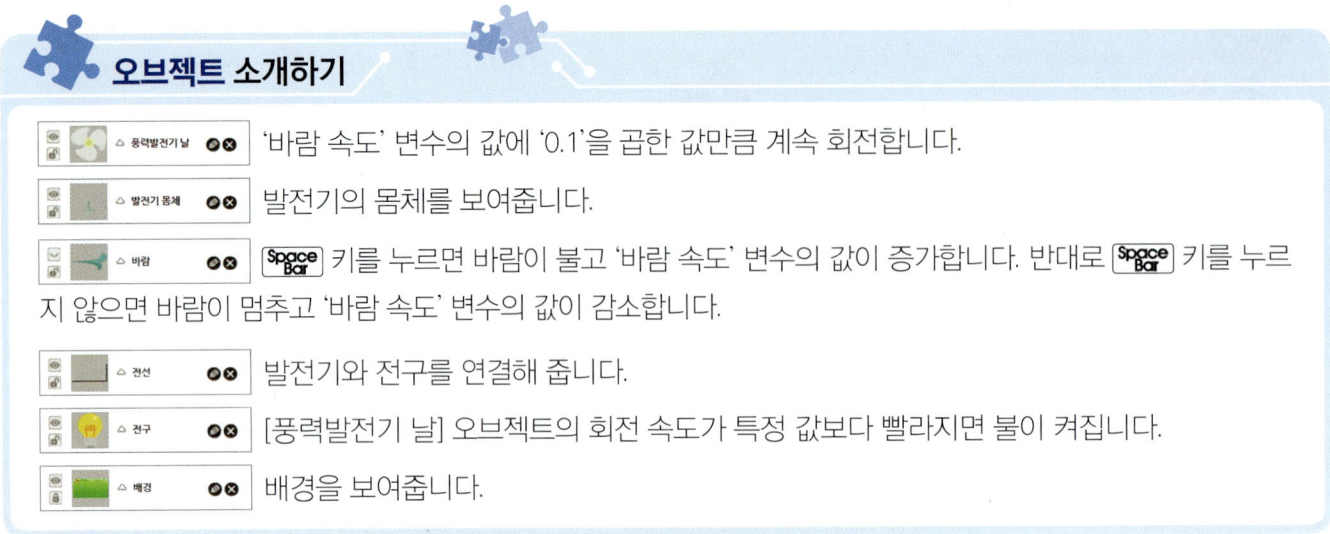

- 풍력발전기 날: '바람 속도' 변수의 값에 '0.1'을 곱한 값만큼 계속 회전합니다.
- 발전기 몸체: 발전기의 몸체를 보여줍니다.
- 바람: Space Bar 키를 누르면 바람이 불고 '바람 속도' 변수의 값이 증가합니다. 반대로 Space Bar 키를 누르지 않으면 바람이 멈추고 '바람 속도' 변수의 값이 감소합니다.
- 전선: 발전기와 전구를 연결해 줍니다.
- 전구: [풍력발전기 날] 오브젝트의 회전 속도가 특정 값보다 빨라지면 불이 켜집니다.
- 배경: 배경을 보여줍니다.

01 Space Bar 키를 누를 때만 '바람 속도' 변수의 값을 증가시키기

❶ [불러올 파일]-'5차시 불러올 파일.ent' 파일을 불러옵니다. 이어서, [오브젝트 목록]에서 바람 오브젝트를 선택한 후 시작 블록 꾸러미에서 `시작하기 버튼을 클릭했을 때`를 [블록 조립소]로 가져다 놓습니다.

❷ 흐름 블록 꾸러미에서 `계속 반복하기`를 연결한 후 `만일 참 이라면 아니면`을 연결합니다.

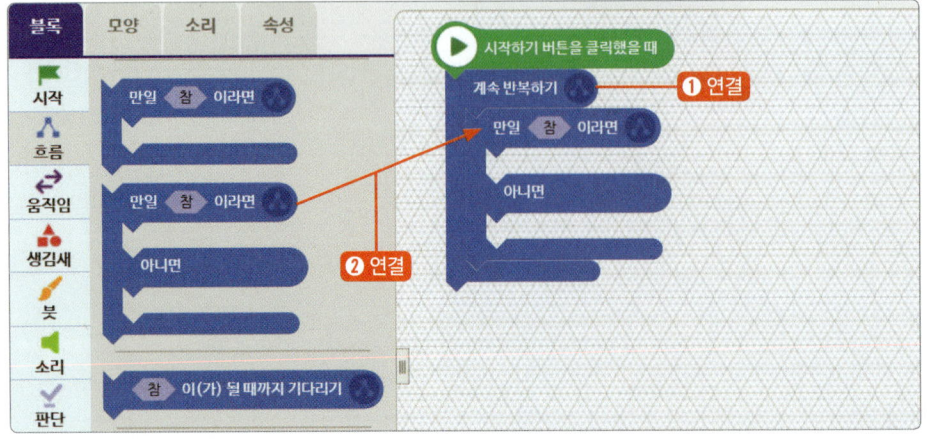

❸ 판단 블록 꾸러미에서 `q 키가 눌러져 있는가?` 를 '**참**'의 위치에 끼워 넣습니다. 이어서, `q` 를 클릭하여 키보드 모양의 이미지가 나오면 `Space Bar` 키를 누릅니다.

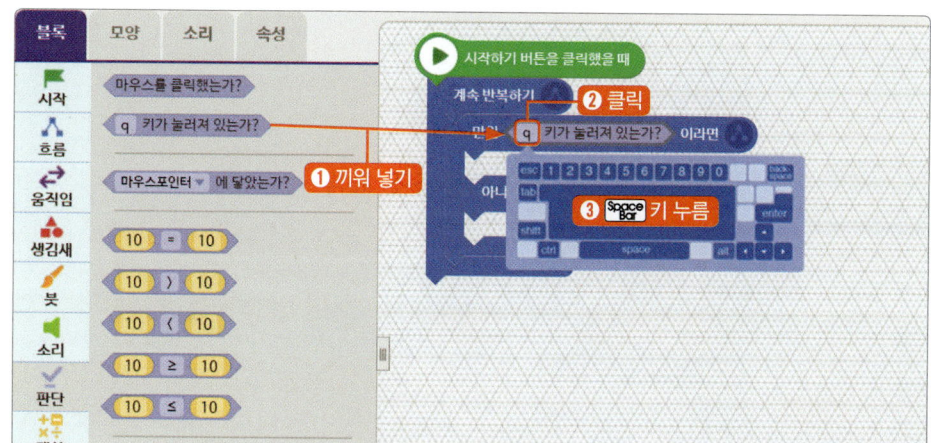

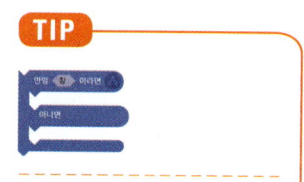

TIP
'참' 위치의 조건을 만족하면 첫 번째 감싸고 있는 블록을 실행하고, 아니면 두 번째 감싸고 있는 블록을 실행합니다.

❹ 생김새 블록 꾸러미에서 `모양 보이기` 를 연결합니다. 이어서, 자료 블록 꾸러미에서 `바람 속도에 10 만큼 더하기` 를 연결한 후 '10'을 '3'으로 변경합니다.

코딩풀이 `Space Bar` 키가 눌러져 있다면 [바람] 오브젝트의 모양이 보이고 '바람 속도' 변수의 값이 '3'씩 증가합니다.

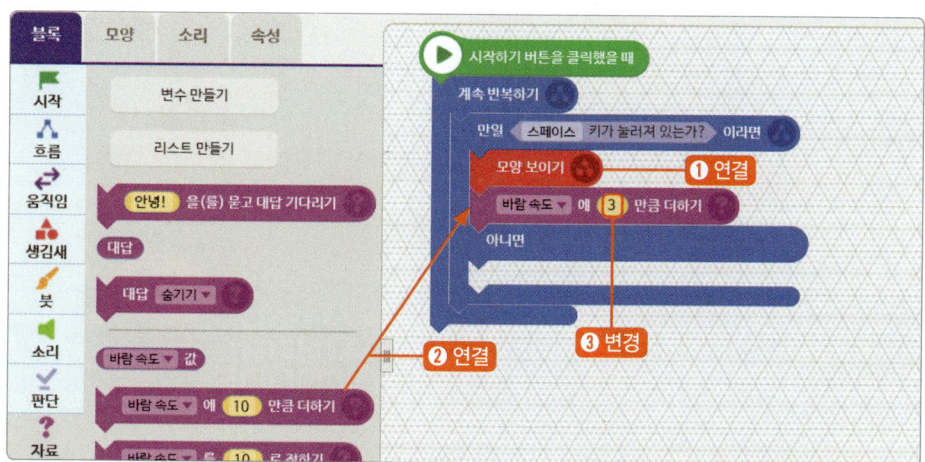

❺ 생김새 블록 꾸러미에서 `다음 모양으로 바꾸기` 를 연결합니다. 이어서, 흐름 블록 꾸러미에서 `2 초 기다리기` 를 연결한 후 '2'를 '0.1'로 변경합니다.

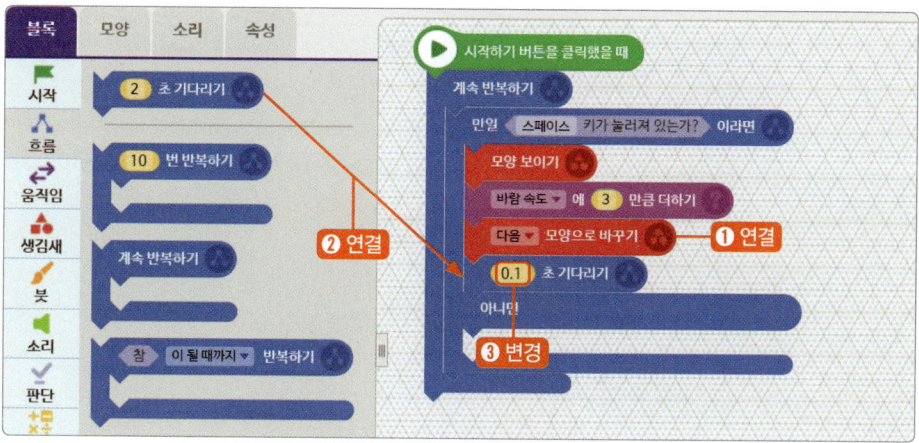

❻ `생김새` 블록 꾸러미에서 `모양 숨기기` 를 연결한 후 `흐름` 블록 꾸러미에서 `만일 참 이라면` 을 연결합니다.

코딩풀이 `Space Bar` 키를 누르면 바람이 불고, `Space Bar` 키를 누르지 않으면 바람이 불지 않습니다.

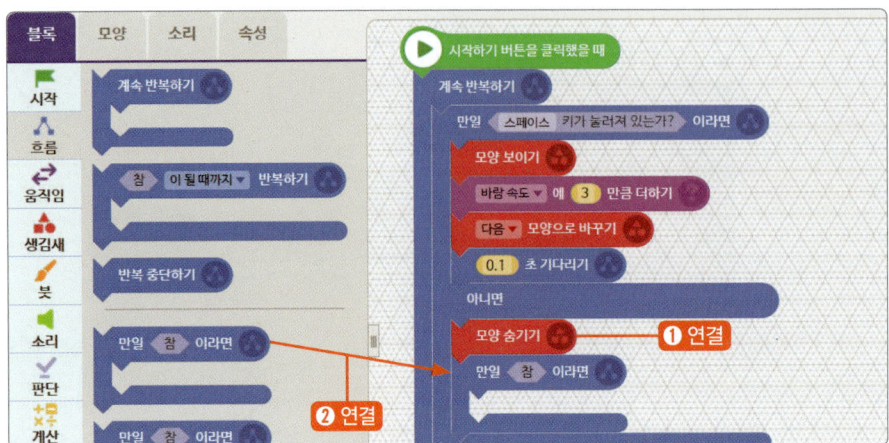

❼ `판단` 블록 꾸러미에서 `10 > 10` 을 '참'의 위치에 끼워 넣은 후 두 번째 '10'을 '0'으로 변경합니다. 이어서, `자료` 블록 꾸러미에서 `바람 속도 값` 을 첫 번째 '10'의 위치에 끼워 넣습니다.

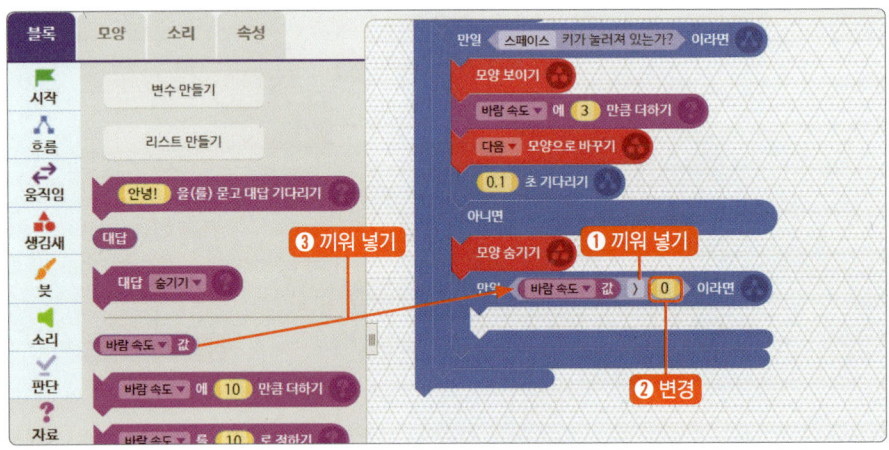

TIP

≦, < 차이점

≦ 기호는 왼쪽의 값이 오른쪽의 값과 같거나 작으면 '참'이 됩니다. < 기호는 왼쪽의 값이 오른쪽의 값과 같지 않고 작아야만 '참'이 됩니다.

❽ `자료` 블록 꾸러미에서 `바람 속도에 10 만큼 더하기` 를 연결한 후 '10'을 '-1'로 변경합니다. 이어서, ▶ 를 클릭한 후 `Space Bar` 키를 눌러 점점 빨라지는 바람의 속도와 풍력발전기가 얼마나 빨리 돌아야 불이 들어오는지 확인해봅시다.

코딩풀이 `Space Bar` 키가 눌러져 있지 않다면 '바람 속도' 변수의 값이 '0'이 될 때까지 '바람 속도' 변수에 '-1'을 더합니다.

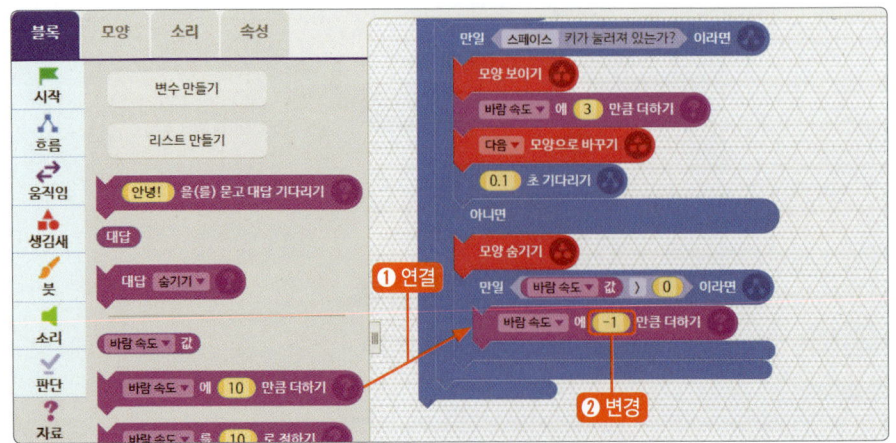

창의력 UP

`바람 속도 값 > 0` 코드에서 '0'을 '200'으로 변경한 후 실행하여 발전기와 전구가 어떻게 움직이는지 확인하고 왜 값을 '0'으로 정했는지 적어봅시다.

_____
_____
_____
_____

스스로 해결하기

01 다음 블록들의 기능을 적어봅시다.

블록	기능
만일 <참> 이라면 / 아니면	
모양 보이기	
다음▼ 모양으로 바꾸기	
엔트리봇_걷기1▼ 모양으로 바꾸기	
10 > 10	

02 다음 조건을 참고하여 만든 코드들 중에서 올바른 코드를 골라봅시다.

> **조건**
> Space Bar 키를 누르면 모양을 나타내고, Space Bar 키를 누르고 있지 않으면 모양을 숨기고 이동 방향으로 '5'만큼 이동한 후 방향을 '1˚'회전하다가 화면 끝에 닿으면 튕깁니다.

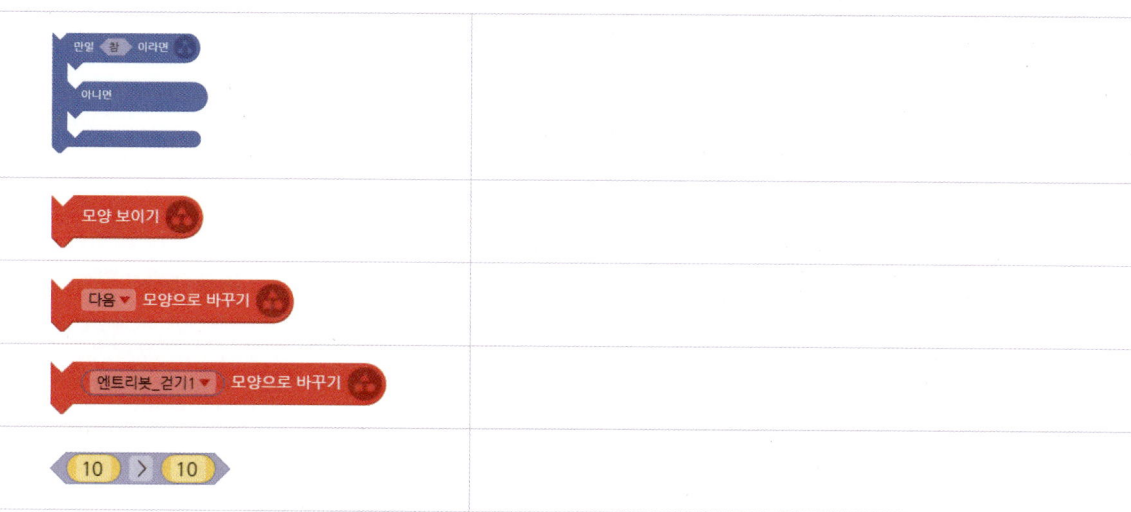

06 눈 내리는 풍경 만들기

| 학습목표 |
- [눈] 오브젝트를 무작위 위치로 이동시킨 후 복제본을 만들 수 있습니다.
- 바람의 방향에 따라서 떨어지는 [눈] 오브젝트의 복제본의 이동 방향을 정할 수 있습니다.

📁 **불러올 파일** : 6차시 불러올 파일.ent   💾 **완성된 파일** : 6차시 완성된 파일.ent

※ 실행 방법 : ,  키로 바람의 방향을 조절하여 눈이 떨어지는 방향을 조절할 수 있습니다. ⬇ 키를 누르면 바람이 불지 않게 합니다.

오늘 배울 블록

블록	설명
`0 부터 10 사이의 무작위 수`	입력한 두 수 사이에서 선택된 무작위 수의 값입니다. ※ 두 수 모두 정수를 입력한 경우 정수로, 두 수 중 하나라도 소수를 입력한 경우 소수로 무작위 수가 선택됩니다.
`자신▼ 의 복제본 만들기`	선택한 오브젝트의 복제본을 생성합니다.
`복제본이 처음 생성되었을때`	해당 오브젝트의 복제본이 새로 생성되었을 때 아래에 연결된 블록들을 실행합니다.
`이 복제본 삭제하기`	복제본이 처음 생성되었을 때 블록과 함께 사용하여 생성된 복제본을 삭제합니다.
`자신▼ 의 y좌푯값`	선택한 오브젝트 또는 자신의 각종 정보값(x좌표, y좌표, 방향, 이동 방향, 크기, 모양 번호, 모양 이름)입니다.

상상력을 키우는

알고리즘 해결하기!

최소한의 재료만을 사용하여 마당에 눈과 비를 막기 위한 지붕을 세우려고 합니다. <보기>를 참고하여 <문제>의 빈 칸을 채워봅시다.

보기

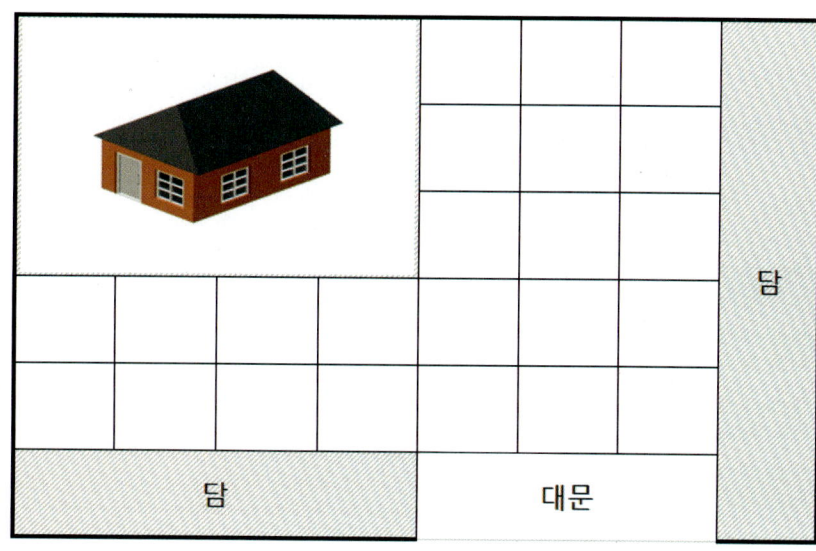

<지붕 재료>

1번	2번	3번
▭▭	▭▭▭	▭▭▭▭

문제 (   )번 지붕 재료 (   )개
         (   )번 지붕 재료 (   )개

오브젝트 소개하기

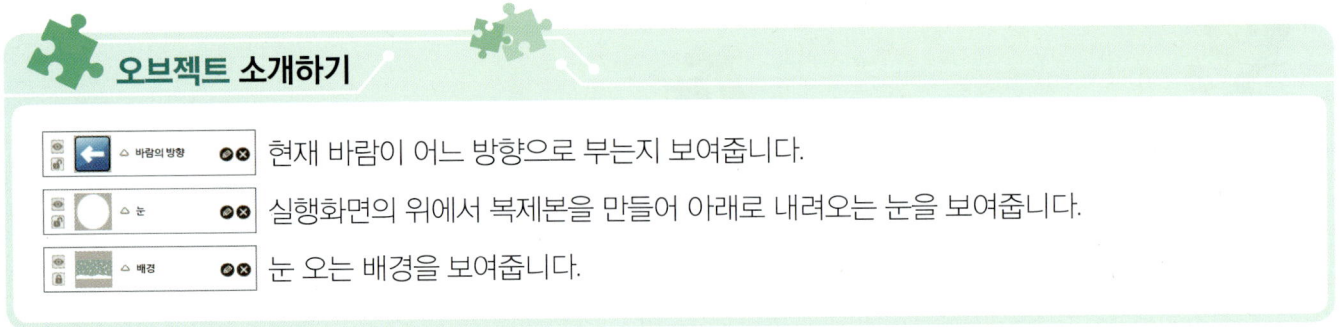

01 [눈] 오브젝트가 무작위 위치로 이동하며 복제본을 만들기

❶ [불러올 파일]-'6차시 불러올 파일.ent' 파일을 불러옵니다. 이어서, [오브젝트 목록]에서 ![눈] 오브젝트를 선택한 후 [시작] 블록 꾸러미에서 [시작하기 버튼을 클릭했을 때]를 [블록 조립소]로 가져다 놓습니다.

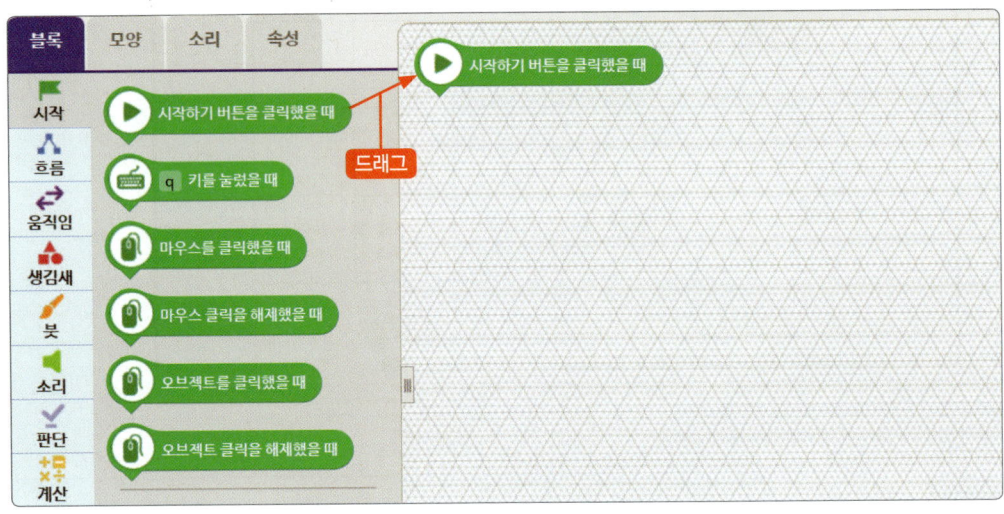

❷ [흐름] 블록 꾸러미에서 [계속 반복하기]를 연결한 후 [움직임] 블록 꾸러미에서 [x: 10 위치로 이동하기]를 연결합니다.

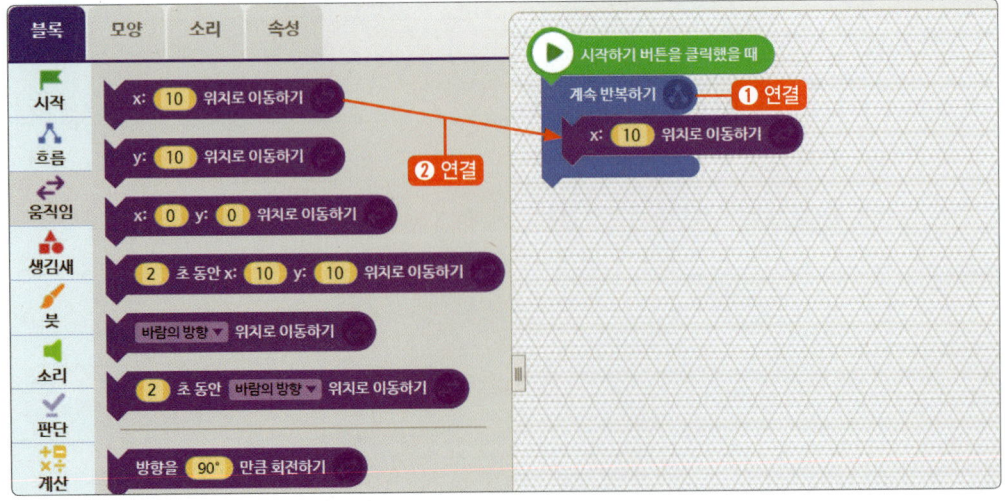

❸ 🔢계산 블록 꾸러미에서 `( 0 ) 부터 ( 10 ) 사이의 무작위 수` 를 '10'의 위치에 끼워 넣습니다. 이어서, '0'을 '-500'으로, '10'을 '500'으로 각각 변경합니다.

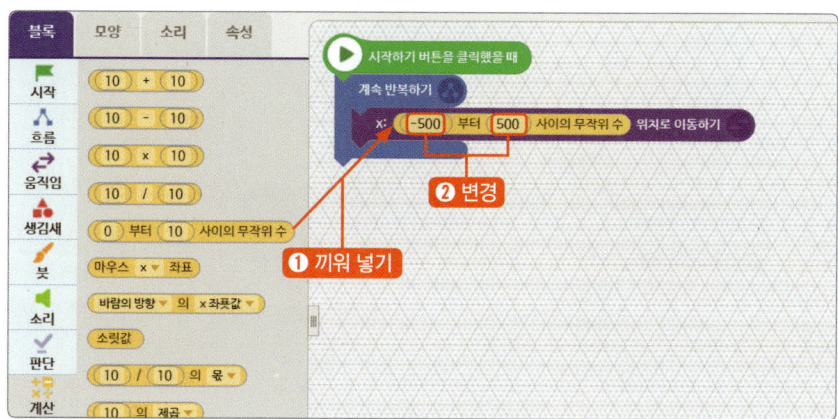

TIP
무작위 수

이 블록은 음수를 넣으면 음수를 포함한 무작위 수가, 소수를 넣으면 소수를 포함한 무작위 수가 나옵니다.

❹ 흐름 블록 꾸러미에서 `자신▼ 의 복제본 만들기` 를 연결합니다. 이어서, `2 초 기다리기` 를 연결한 후 '2'를 '0.01'로 변경합니다.

코딩풀이 [눈] 오브젝트는 실행화면 위쪽에서 x좌표를 '-500'부터 '500'사이의 무작위 수로 이동하며 복제본을 '0.01'초마다 만듭니다.

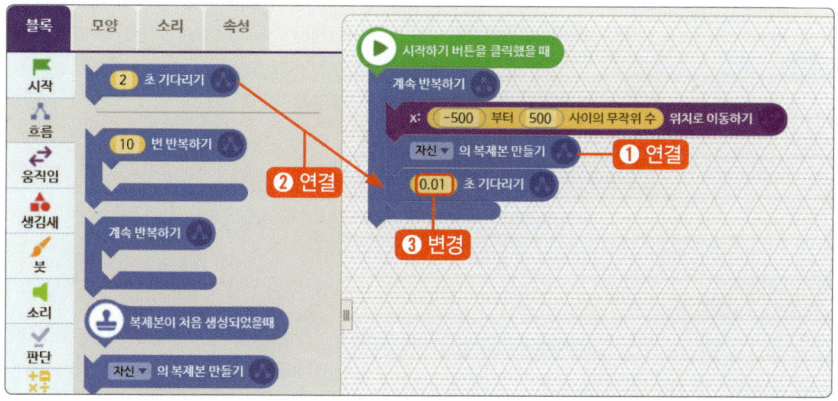

02 복제본이 만들어지면 바람의 영향을 받으며 아래로 떨어지도록 코딩하기

❶ 흐름 블록 꾸러미에서 `복제본이 처음 생성되었을때` 를 [블록 조립소]로 가져다 놓은 후 `참 이 될 때까지▼ 반복하기` 를 연결합니다. 이어서, 판단 블록 꾸러미에서 `( 10 ) < ( 10 )` 을 '참'의 위치에 끼워 넣은 후 두 번째 '10'을 '-150'으로 변경합니다.

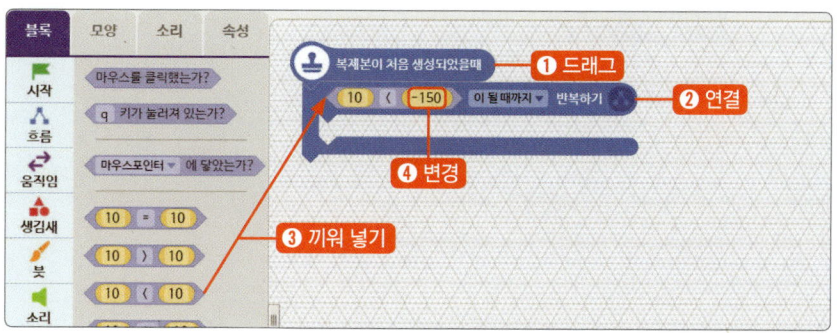

❷ 📦계산 블록 꾸러미에서 `바람의 방향▼ 의 x좌푯값`을 첫 번째 '10'의 자리에 끼워 넣은 후 `바람의 방향▼`과 `x좌푯값`을 클릭하여 목록이 나오면 각각 '자신', 'y좌푯값'을 선택합니다.

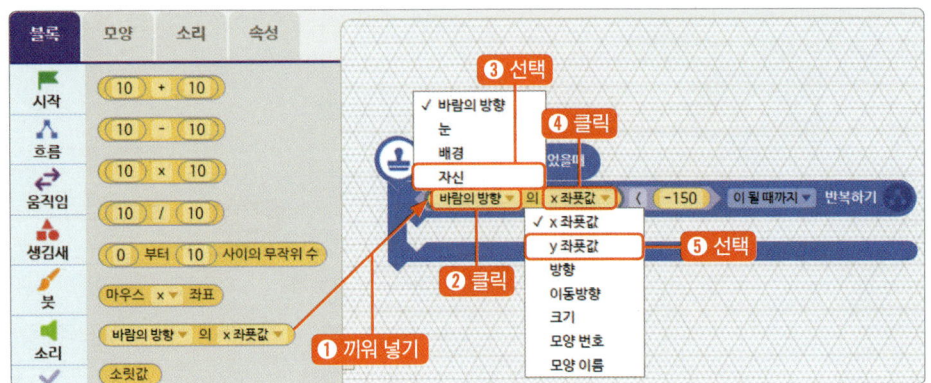

TIP

자신

자신이란 기본적으로 명령 블록이 사용된 오브젝트 자신을 의미하지만 복제본에서 사용하면 복제된 오브젝트 자신을 의미합니다.

❸ 움직임 블록 꾸러미에서 `y좌표를 10 만큼 바꾸기`를 연결한 후 '10'을 '-6'으로 변경합니다. 이어서, `x좌표를 10 만큼 바꾸기`를 연결합니다.

코딩풀이 ➔ 복제된 오브젝트가 아래로(y좌표를 '-6'만큼) 이동하다가 화면 밖으로 나가면(y좌표가 '-150' 보다 작아지면) 반복을 종료하여 이동을 멈춥니다.

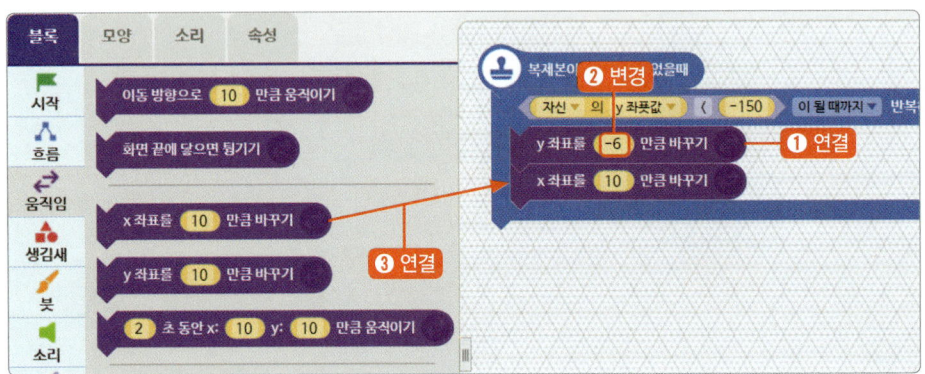

❹ ❓자료 블록 꾸러미에서 `바람▼ 값`을 '10'의 위치에 끼워 넣은 후 🔺흐름 블록 꾸러미에서 `이 복제본 삭제하기`를 연결합니다. 이어서, ▶를 클릭하여 방향키(←, ↓, →)로 바람의 방향을 조절하며 눈이 내려오는 모습을 확인합니다.

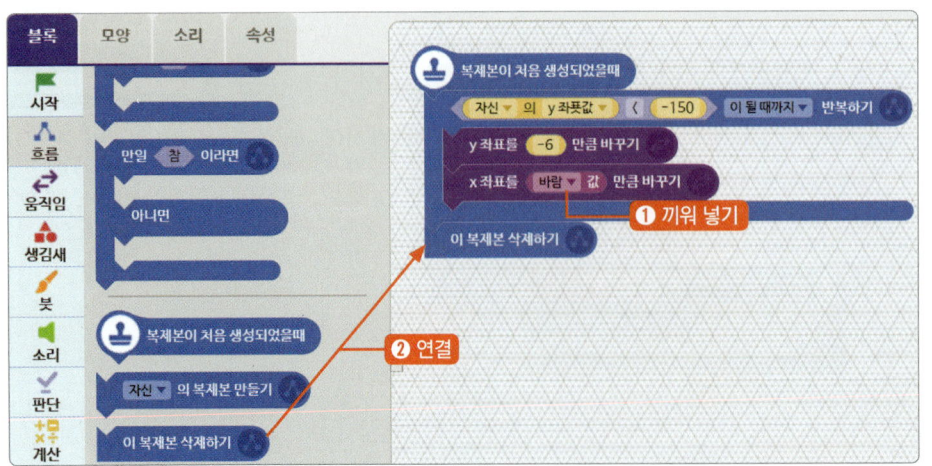

TIP

복제본 삭제하기

엔트리 프로그램이 만들 수 있는 복제본은 한계가 있기 때문에 더이상 필요 없는 복제본은 바로 삭제해 주어야 새로 복제본이 원활하게 생성됩니다.

스스로 해결하기

01 다음 블록들의 기능을 적어봅시다.

블록	기능
`0 부터 10 사이의 무작위 수`	
`자신 의 복제본 만들기`	
`이 복제본 삭제하기`	
`복제본이 처음 생성되었을때`	
`자신 의 y 좌푯값`	

02 다음 조건을 참고하여 만든 코드들 중에서 올바른 코드를 골라봅시다. (2개)

[조건]
시작하기 버튼을 클릭했을 때 계속 반복하며 '0.1'초에 한 번씩 자신의 복제본을 만들고 방향을 '0~360' 사이의 무작위 수만큼 회전합니다.
복제본이 처음 생성되었을 때 벽에 닿을 때까지 이동 방향으로 '10'만큼 이동하고 복제본을 삭제합니다.

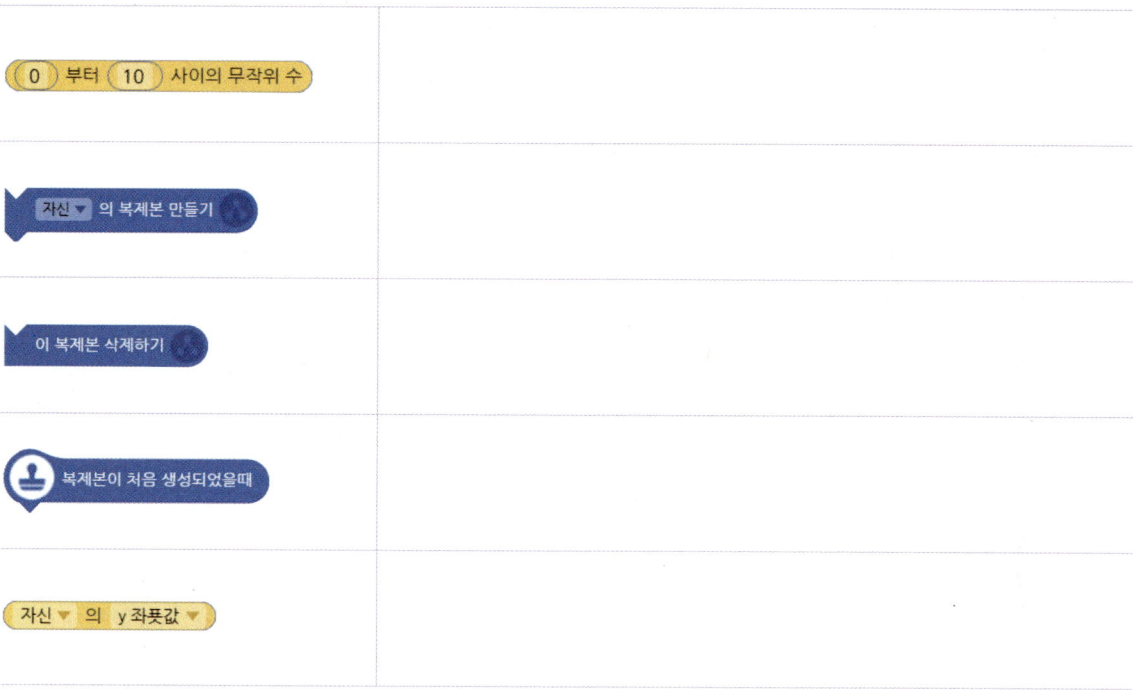

CHAPTER 07 왼쪽으로 이동하며 나타나는 슬라이드 만들기

| 학습목표 |

- 신호를 받으면 슬라이드가 왼쪽으로 이동하며 화면에 나타납니다.
- 변수를 이용해 다음 슬라이드를 지정할 수 있습니다.

 **불러올 파일 :** 7차시 불러올 파일.ent    **완성된 파일 :** 7차시 완성된 파일.ent

※ 실행 방법 :  버튼을 클릭하면 슬라이드가 순서대로 나타납니다.

오늘 배울 블록

블록	설명
맨 앞으로 보내기	해당 오브젝트를 화면의 가장 앞쪽으로 가져옵니다.
변수 를 10 로 정하기	선택한 변수의 값을 입력한 값으로 정합니다.
참 이 될 때까지 반복하기	판단이 참이 될 때까지 감싸고 있는 블록들을 반복 실행합니다.
엔트리봇 의 x 좌푯값	선택한 오브젝트 또는 자신의 각종 정보값(x좌표, y좌표, 방향, 이동 방향, 크기, 모양 번호, 모양 이름)입니다.

046 상상력을 키우는 엔트리

알고리즘 해결하기!

슬라이드를 종류별로 분류하려고 합니다. <보기>를 참고하여 <문제>의 빈 칸에 슬라이드 번호를 적어봅시다.

보기

슬라이드1	영어	슬라이드9	영국
슬라이드2	고양이	슬라이드10	자동차
슬라이드3	미국	슬라이드11	수학
슬라이드4	국어	슬라이드12	세그웨이
슬라이드5	우루과이	슬라이드13	거북이
슬라이드6	자전거	슬라이드14	사우디아라비아
슬라이드7	보건	슬라이드15	스케이트보드
슬라이드8	표범	슬라이드16	기린

문제

슬라이드1	슬라이드2	슬라이드3	슬라이드6

오브젝트 소개하기

'다음' 신호를 받으면 '현재 슬라이드' 변수의 값에 따라서 화면에 보여줄 슬라이드가 오른쪽에서 왼쪽으로 이동하며 나타납니다.

01 ▶ 시작하기 버튼을 클릭하면 신호를 보내도록 코딩하기

❶ [불러올 파일]-'7차시 불러올 파일.ent' 파일을 불러옵니다. 이어서, [오브젝트 목록]에서  오브젝트가 선택되어 있는지 확인한 후 ![시작] 블록 꾸러미에서 ![시작하기 버튼을 클릭했을 때]를 [블록 조립소]로 가져다 놓습니다.

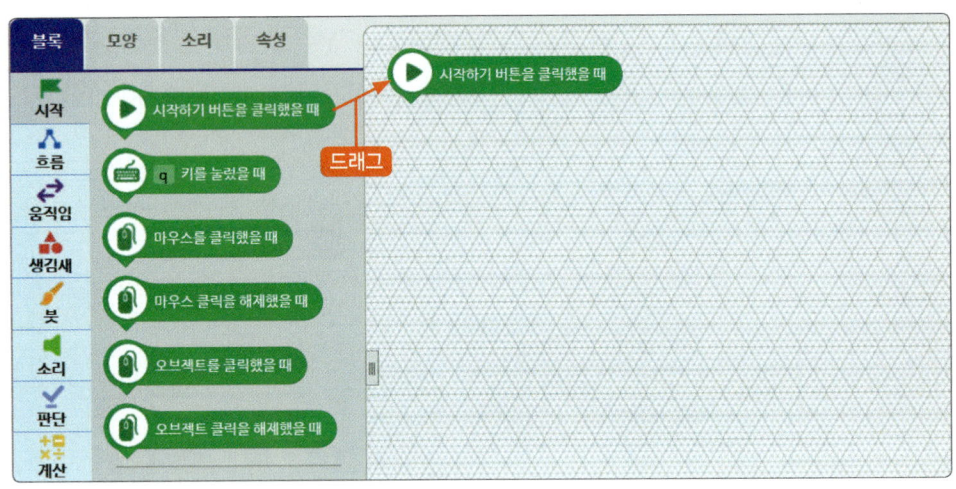

❷ ![흐름] 블록 꾸러미에서 ![2초 기다리기]를 연결한 후 '2'를 '1'로 변경합니다. 이어서, ![자료] 블록 꾸러미에서 ![현재 슬라이드를 10 로 정하기]를 연결한 후 '10'을 '1'로 변경합니다.

코딩풀이 '현재 슬라이드' 변수는 실행화면에서 가장 앞에 보여지는 슬라이드 번호를 저장합니다.

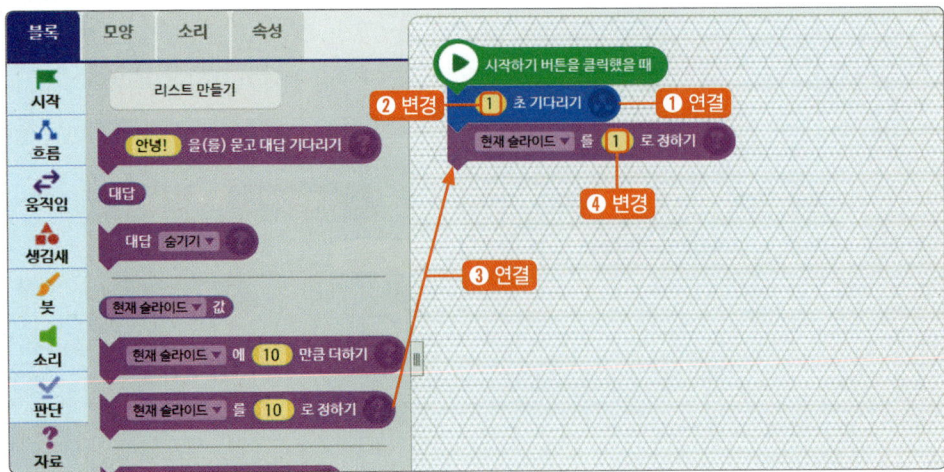

❸ 　시작　블록 꾸러미에서 　다음 신호 보내기　를 연결합니다.

코딩풀이 가장 처음 '현재 슬라이드' 변수를 초기화 하고 '다음' 신호를 보냅니다.

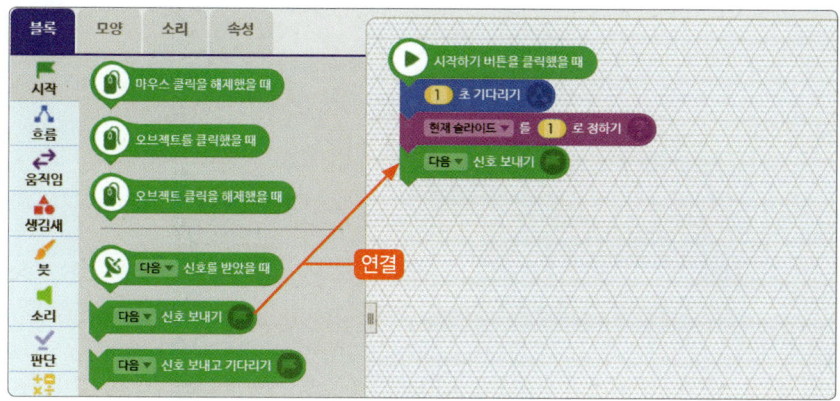

02 신호를 받았을 때 [슬라이드1]이 움직이면서 나타나도록 코딩하기

❶ 　시작　블록 꾸러미에서 　다음 신호를 받았을 때　를 [블록 조립소]로 가져다 놓은 후 　흐름　블록 꾸러미에서 　만일 참 이라면　을 연결합니다.

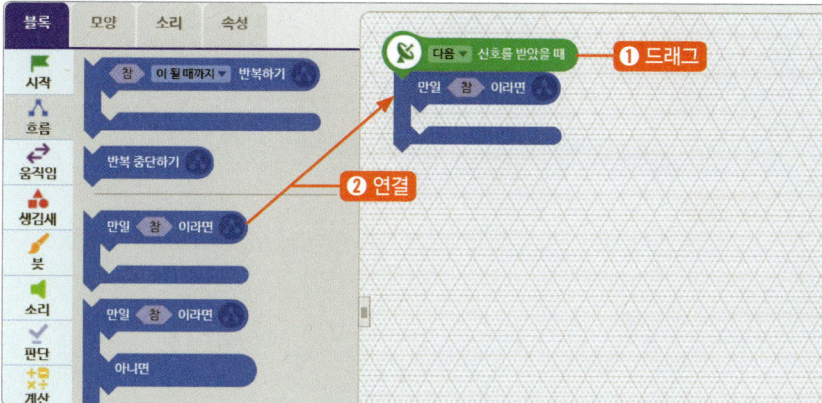

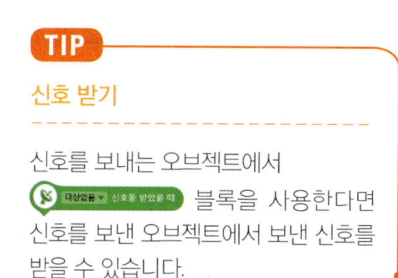

TIP

신호 받기

신호를 보내는 오브젝트에서 　대상없음 신호를 받았을 때　블록을 사용한다면 신호를 보낸 오브젝트에서 보낸 신호를 받을 수 있습니다.

❷ 　판단　블록 꾸러미에서 　10 = 10　을 '참'의 위치에 끼워 넣은 후 두 번째 '10'을 '3'으로 변경합니다. 이어서, 　자료　블록 꾸러미에서 　현재 슬라이드 값　을 첫 번째 '10'의 자리에 끼워 넣습니다.

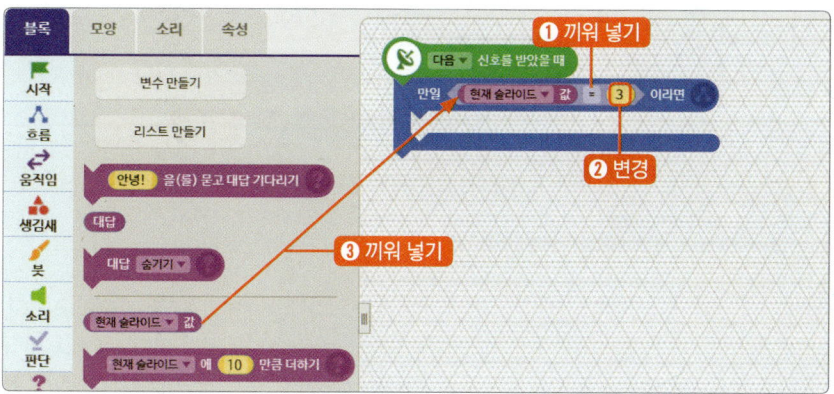

CHAPTER 07 왼쪽으로 이동하며 나타나는 슬라이드 만들기 **049**

❸ [생김새] 블록 꾸러미에서 [맨 앞으로 보내기]를 연결한 후 [흐름] 블록 꾸러미에서 [참 이 될 때까지 반복하기]를 연결합니다.

> **코딩풀이** 슬라이드 오브젝트들을 순서대로 이동하며 실행화면에 보여준 후 다시 처음부터 반복하기 위해 오브젝트의 순서를 바꿉니다.

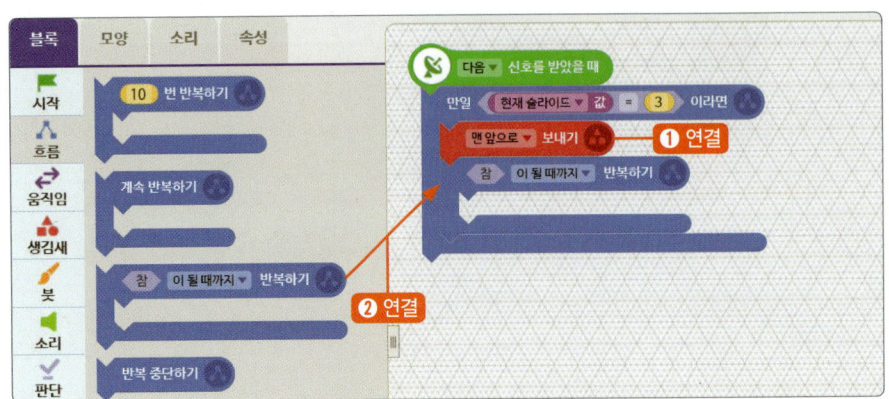

❹ [판단] 블록 꾸러미에서 [10 = 10]을 '참'의 위치에 끼워 넣은 후 두 번째 '10'을 '0'으로 변경합니다. 이어서, [계산] 블록 꾸러미에서 [슬라이드1 의 x좌푯값]을 첫번째 '10'의 위치에 끼워 넣습니다.

> **코딩풀이** 오브젝트의 x좌표가 '0(가운데)'이 될 때까지만 이동시키기 위해 참이 될 때까지 반복하기 블록을 사용했습니다.

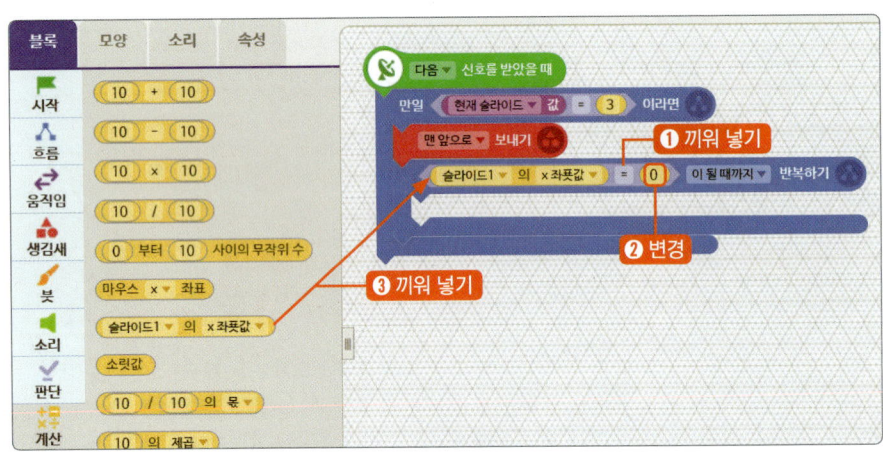

❺ [움직임] 블록 꾸러미에서 [x좌표를 10 만큼 바꾸기]를 연결한 후 '10'을 '-4'로 변경합니다. 이어서, [흐름] 블록 꾸러미에서 [2초 기다리기]를 연결한 후 '2'를 '1'로 변경합니다.

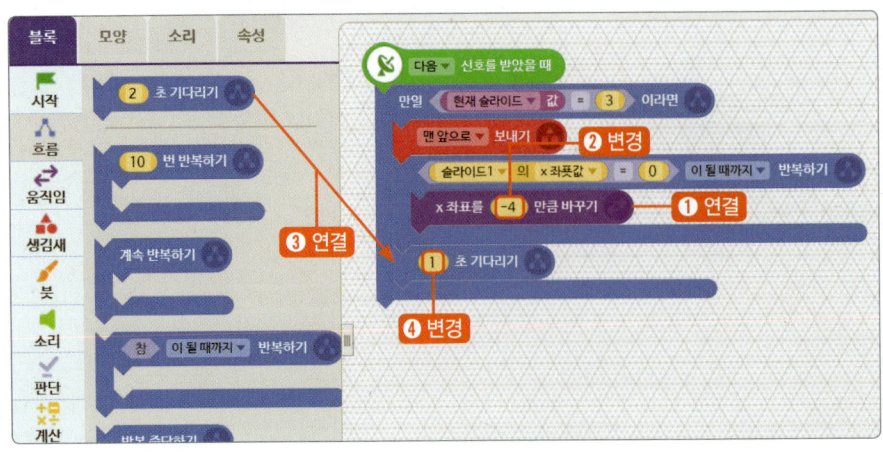

TIP

[10 = 10] 사용할 때 주의사항

블록의 어느 한쪽 위치에 변수를 끼워 넣고 계속해서 변수의 값이 바뀔 때 다른 쪽의 비교하는 값과 정확히 일치하지 않으면 '참'이 되지 않습니다.

❻ [자료] 블록 꾸러미에서 `현재 슬라이드▼ 를 10 로 정하기` 를 연결한 후 '10'을 '1'로 변경합니다. 이어서, [시작] 블록 꾸러미에서 `다음▼ 신호 보내기` 를 연결합니다.

코딩풀이 [슬라이드1] 오브젝트가 이동한 후 '현재 슬라이드' 변수에 실행화면에 보이는 오브젝트가 어떤 오브젝트인지 저장합니다.

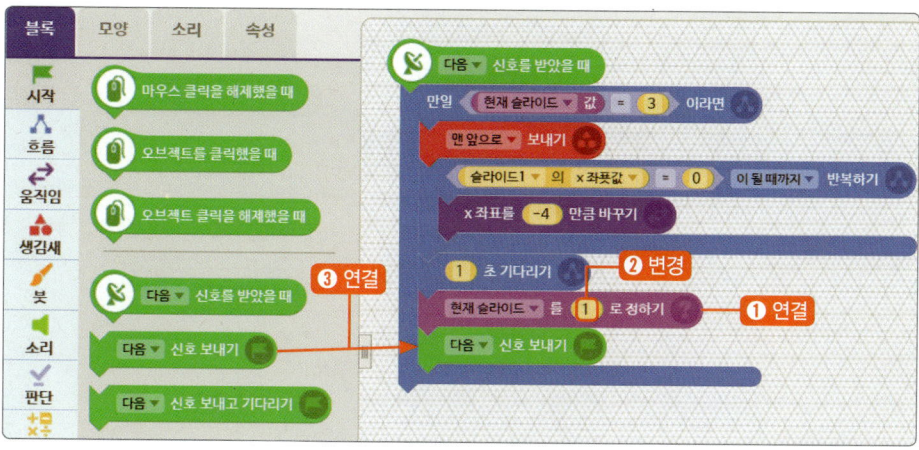

03 '현재 슬라이드'의 값에 따라서 오른쪽 위치로 이동하기

❶ [시작] 블록 꾸러미에서 `다음▼ 신호를 받았을 때` 를 [블록 조립소]로 가져다 놓습니다.

❷ [흐름] 블록 꾸러미에서 `만일 참 이라면` 을 연결합니다.

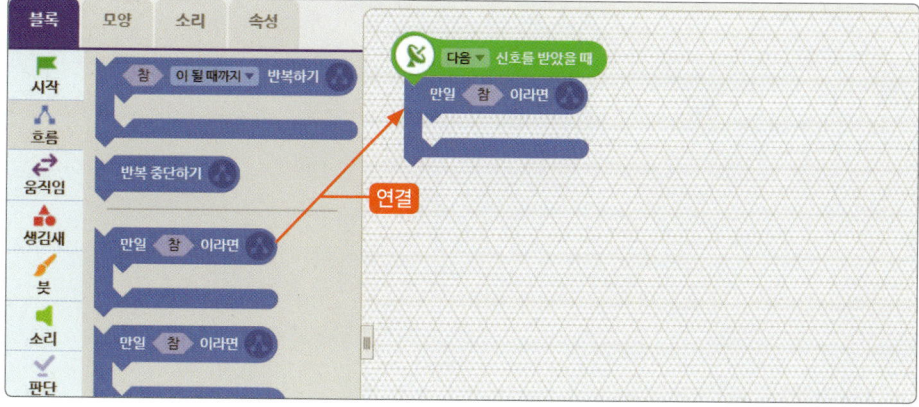

❸ 　판단　블록 꾸러미에서 `10 = 10`을 '참'의 위치에 끼워 넣은 후 두 번째 '10'을 '2'로 변경합니다. 이어서, 　자료　블록 꾸러미에서 `현재 슬라이드 값`을 첫번째 '10'의 위치에 끼워 넣습니다.

코딩풀이 '현재 슬라이드' 변수의 값이 '2'이면 [슬라이드2] 오브젝트가 실행화면에 보이고, [슬라이드3] 오브젝트가 오른쪽에서 나타나고 있습니다. [슬라이드1] 오브젝트는 다시 오른쪽에서 나타나기 위해 실행화면의 오른쪽 바깥으로 이동시킵니다.

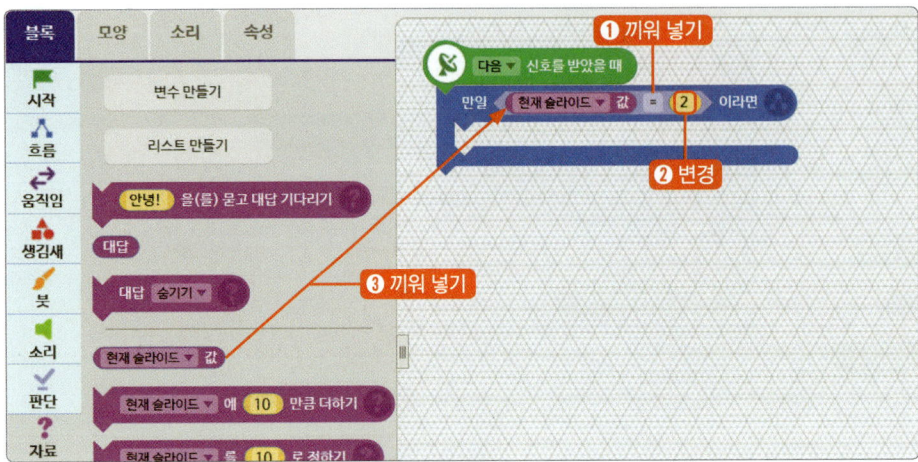

❹ 　움직임　블록 꾸러미에서 `x: 10 위치로 이동하기`를 연결한 후 '10'을 '600'으로 변경합니다. 이어서, ▶를 클릭하여 슬라이드 오브젝트들이 오른쪽에서 왼쪽으로 이동하며 실행화면에 나타나는지 확인해 봅시다.

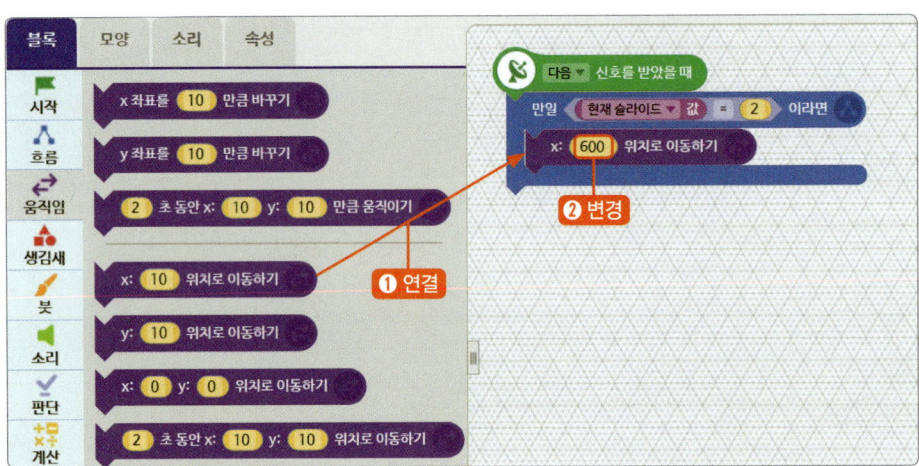

스스로 해결하기

01 다음 블록들의 기능을 적어봅시다.

블록	기능
맨 앞으로 보내기	
변수 를 10 로 정하기	
참 이 될 때까지 반복하기	
엔트리봇 의 x 좌푯값	

02 다음 조건을 참고하여 만든 코드들 중에서 올바른 코드를 골라봅시다.

> **조건**
> 시작하기 버튼을 클릭했을 때 계속 반복하며 다음 모양으로 바꾸며 이동 방향으로 '5'만큼 이동합니다.
> 이어서, [엔트리봇] 오브젝트의 모양 번호가 '1'이면 '걸음 수' 변수의 값에 '1'을 더합니다.

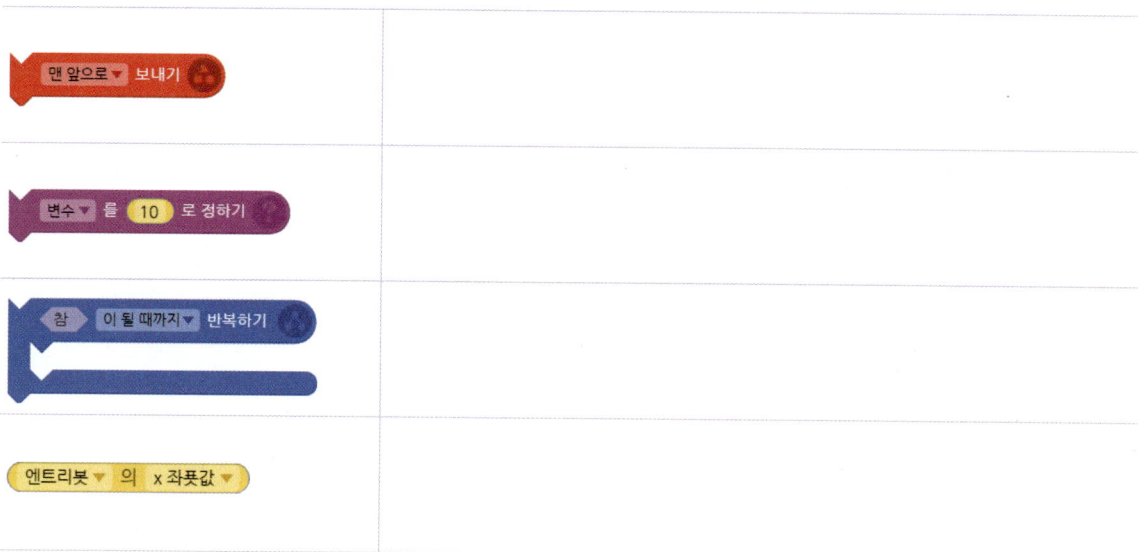

CHAPTER 07 왼쪽으로 이동하며 나타나는 슬라이드 만들기

CHAPTER 08 지금까지 배운 내용 확인하기

01 <보기>를 참고하여 <문제>의 빈 칸에 '1'부터 '3'까지의 숫자들로 채워봅시다.

보기

① 숫자들의 가로의 합이 '15'입니다.

② 숫자들의 세로의 합이 '15'입니다.

③ 숫자들의 대각선의 합이 '15'입니다.

④ 같은 숫자를 사용하지 않습니다.

문제

	7	6
9	5	
4		8

02 다음 중 '4+2×2-4÷2'식의 정답이 '6'이 나오는 코드를 골라봅시다.

❶ (4) + (2) x (2) - (4) / (2)
❷ (4) + (2) x (2) - (4) / (2)
❸ (4) + (2) x (2) - (4) / (2)
❹ (4) + (2) x (2) - (4) / (2)

03 다음 코드를 [엔트리봇] 오브젝트에 코딩한다면 [엔트리봇] 오브젝트가 어떻게 움직일지 적어봅시다.

지금까지 배운 내용 확인하기

04 컴퓨터를 사용하려면 암호가 적힌 종이를 해석해야 합니다. <보기>를 참고하여 <문제>의 빈 칸을 채워봅시다.

보기

10진수	2진수
1	0001
2	0010
3	0011
4	0100
5	0101
6	0110
7	0111
8	1000
9	1001

<암호가 적힌 종이>

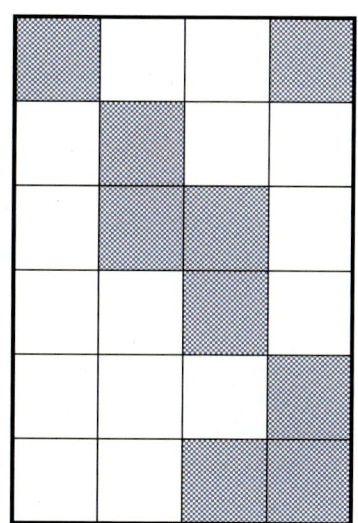

문제	암호 해석			
	9		6		1	

PART 2

Chapter 09	배경화면이 바뀔 때 효과 넣기	058
Chapter 10	짝수, 홀수를 판단하는 엔트리봇	066
Chapter 11	돌림판 만들기	072
Chapter 12	컬링 스톤 발사하기	080
Chapter 13	프리즘을 통과하는 빛	086
Chapter 14	칠교 놀이 만들기	094
Chapter 15	시장가는 엔트리봇	102
Chapter 16	지금까지 배운 내용 확인하기	110

파트 구성

순서도에 대한 기호와 구조를 학습하여 순서도에 대한 이해도를 높일 수 있으며, SW코딩 자격 시험을 대비하여 다양한 순서도 문제를 풀어볼 수 있도록 구성하였습니다.

09 배경화면이 바뀔 때 효과 넣기

| 학습목표 |
- 오브젝트의 복제본을 화면에 가득 채울 수 있습니다.
- 복제본이 만들어진 순서대로 다시 사라지도록 할 수 있습니다.

📁 **불러올 파일** : 9차시 불러올 파일.ent   📗 **완성된 파일** : 9차시 완성된 파일.ent

※ 실행 방법 : Space Bar 키를 누르면 배경화면을 바꿀 수 있습니다.

오늘 배울 순서도 기호

▲ 시작/끝	순서도의 시작과 끝을 알려줍니다.
▲ 처리	기호 안에 적힌 내용을 실행합니다.
▲ 흐름선	기호들을 연결하여 순서도의 흐름을 알려줍니다.

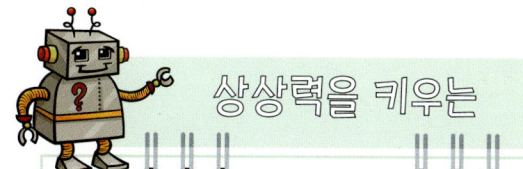

순서도 알아보기!

순서도란?

어떤 문제를 해결하는 방법을 여러 종류의 기호와 이를 연결해주는 화살표를 이용하여 작업의 순서를 보여주는 그림을 말합니다.

순서도 작성은 다양한 분야에서 사용되지만 가장 많이 쓰이는 곳은 컴퓨터 프로그래밍입니다. 건물을 만들기 전에 설계도를 먼저 그리듯이 프로그램을 개발하기 전에 순서도를 그려 프로그램의 전체적인 흐름을 설계합니다.

순서도 기호

기호	설명	기호	설명
▲ 시작/끝	순서도의 시작과 끝을 알려줍니다.	▲ 준비	시작하기 전 준비해야 할 사항(변수 추가, 리스트 추가, 변수의 초기화 등)을 보여줍니다.
▲ 처리	기호 안에 적힌 내용을 실행합니다.	▲ 선택	기호 안에 적힌 내용을 판단하여 적합한 흐름선을 따라갑니다.
▲ 반복	위쪽의 사각형에 적힌 조건을 만족할 때까지 아래 사각형의 내용을 반복합니다.	▲ 입력	데이터의 입력 또는 출력을 보여줍니다.
▲ 출력	결과물을 출력하는 것을 알려줍니다.	▲ 호출	미리 정의된 함수를 불러옵니다.
▲ 연결자	두 개 이상의 흐름선을 하나로 합쳐줍니다.	▲ 흐름선	기호들을 연결하여 순서도의 흐름을 알려줍니다.

오브젝트 소개하기

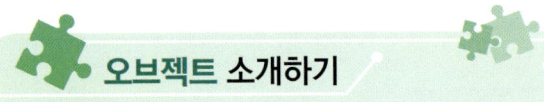 Space Bar 키를 누르면 오브젝트의 복제본을 만들면서 이동하여 실행화면을 모두 가립니다. 이어서, 배경화면이 바뀌면 복제된 순서대로 다시 사라집니다.

실행화면이 완전히 가려지면 모양을 바꿉니다.

01 Space Bar 키를 누르면 오브젝트가 화면을 이동하며 복제본을 만들기

❶ [불러올 파일]-'9차시 불러올 파일.ent' 파일을 불러옵니다. 이어서, [오브젝트 목록]에서 오브젝트가 선택되어 있는지 확인한 후 시작 블록 꾸러미에서 시작하기 버튼을 클릭했을 때를 [블록 조립소]로 가져다 놓습니다.

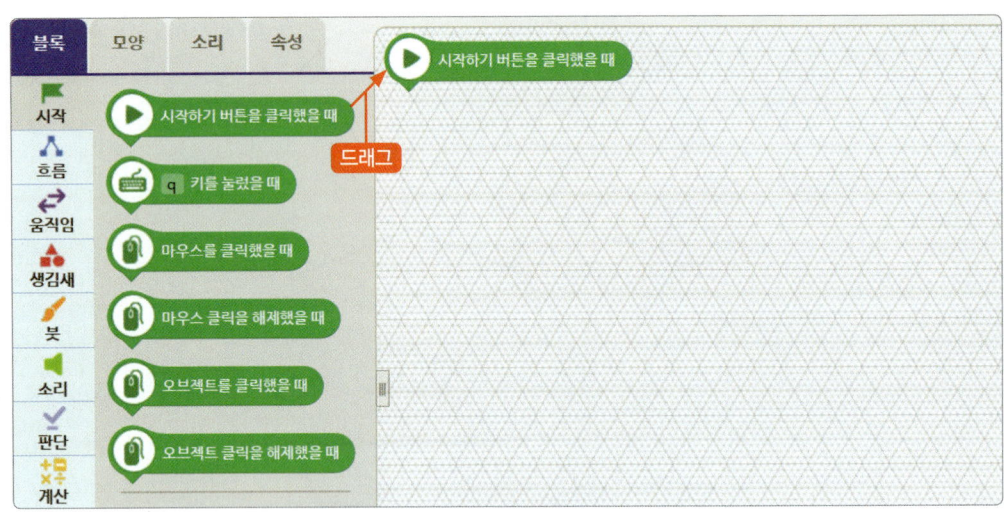

❷ 흐름 블록 꾸러미에서 계속 반복하기 와 만일 참 이라면 을 연결합니다.

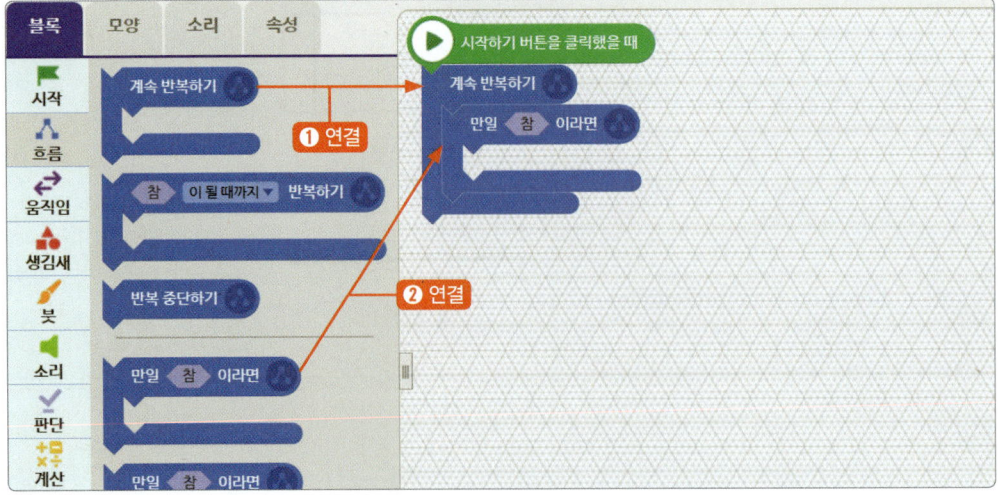

❸ 　판단　블록 꾸러미에서 `q 키가 눌러져 있는가?` 를 '참'의 위치에 끼워 넣습니다. 이어서, `q` 를 클릭하여 키보드 모양의 이미지가 나오면 `Space Bar` 키를 누릅니다.

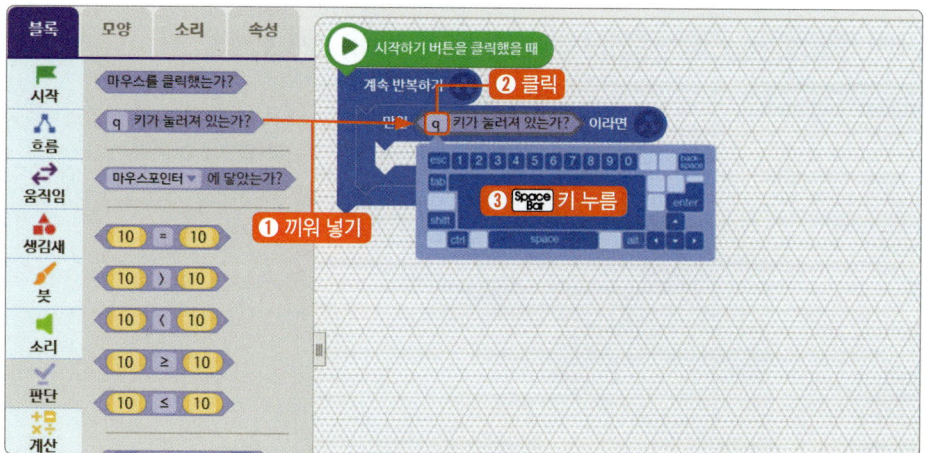

❹ 　흐름　블록 꾸러미에서 `10 번 반복하기` 두개를 중첩하여 연결합니다. 이어서, 두 번째 `10 번 반복하기` 의 '10'을 '18'로 변경합니다.

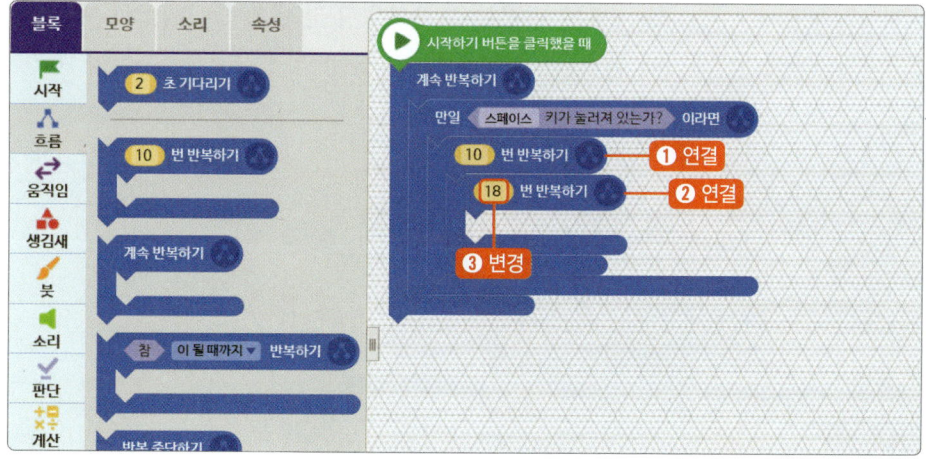

TIP
중첩 반복하기

바깥쪽 반복하기 블록의 값만큼 안쪽의 반복하기 블록이 반복되기 때문에 안쪽의 반복하기 블록으로 감싸진 코드는 총 '180'번을 반복합니다.

❺ 　흐름　블록 꾸러미에서 `자신의 복제본 만들기` 를 연결합니다. 이어서, 　자료　블록 꾸러미에서 `복제본 개수 에 10 만큼 더하기` 를 연결한 후 '10'을 '1'로 변경합니다.

코딩풀이 '복제본 개수' 변수는 복제본이 만들어 질 때마다 '1'을 더하여 현재 만들어진 복제본의 개수를 알려줍니다.

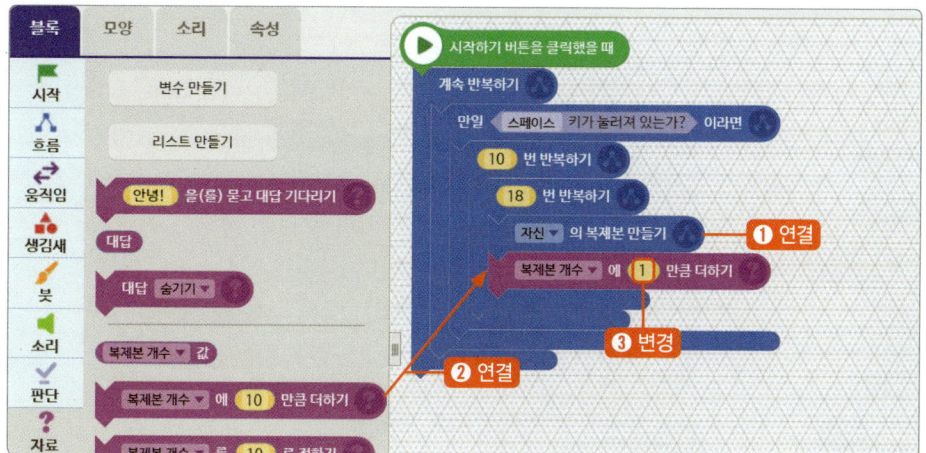

창의력 UP

`Space Bar` 키를 눌렀을 때 복제본 '220'개를 만들도록 반복하기 블록의 값을 변경해 봅시다.

02 복제본이 가로로 화면 끝까지 이동하면 위로 한 칸 이동하도록 코딩하기

❶ 움직임 블록 꾸러미에서 `이동 방향으로 10 만큼 움직이기`를 연결한 후 '10'을 '28'로 변경합니다. 이어서, 흐름 블록 꾸러미에서 `자신▼ 의 복제본 만들기`를 연결합니다.

코딩풀이 '18'번 반복하기 블록 안쪽의 코드는 오브젝트가 실행화면을 가로로 이동하며 복제본을 생성합니다.

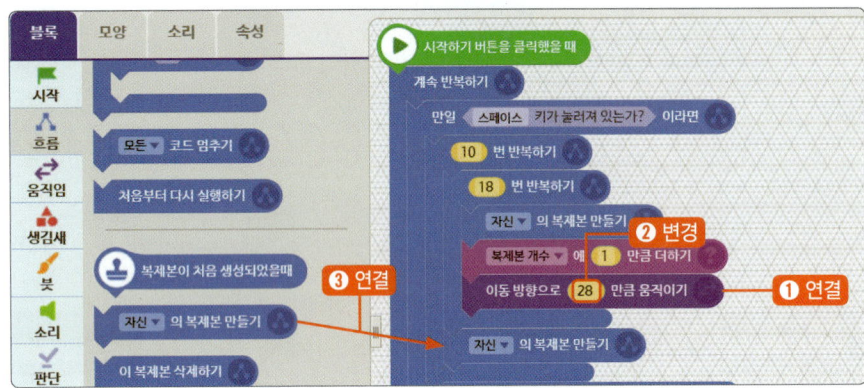

❷ 자료 블록 꾸러미에서 `복제본 개수▼ 에 10 만큼 더하기`를 연결한 후 '10'을 '1'로 변경합니다. 이어서, 움직임 블록 꾸러미에서 `이동 방향을 90° 만큼 회전하기`를 연결한 후 '90°'를 '180°'로 변경합니다.

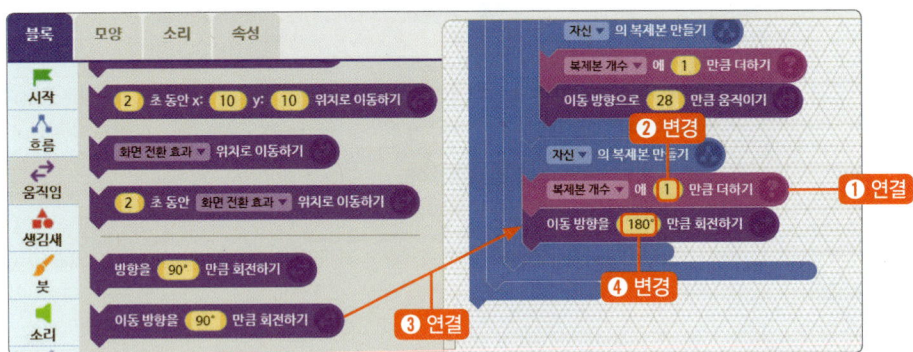

❸ 움직임 블록 꾸러미에서 `y좌표를 10 만큼 바꾸기`를 연결한 후 '10'을 '28'로 변경합니다. 이어서, `x: 0 y: 0 위치로 이동하기`를 연결한 후 첫 번째 '0'을 '-225'로, 두 번째 '0'을 '-120'으로 변경합니다.

코딩풀이 '18'번 반복하기 블록 아래쪽의 코드는 가로로 이동이 끝나면 오브젝트를 한 칸 위로 이동하고 이동 방향을 반대로 바꿔 다시 가로로 이동하는 것을 '10'번 반복합니다. 화면에 복제본이 가득 채워지면 오브젝트는 처음 이동을 시작한 위치(x: -225, y: -120)로 이동합니다.

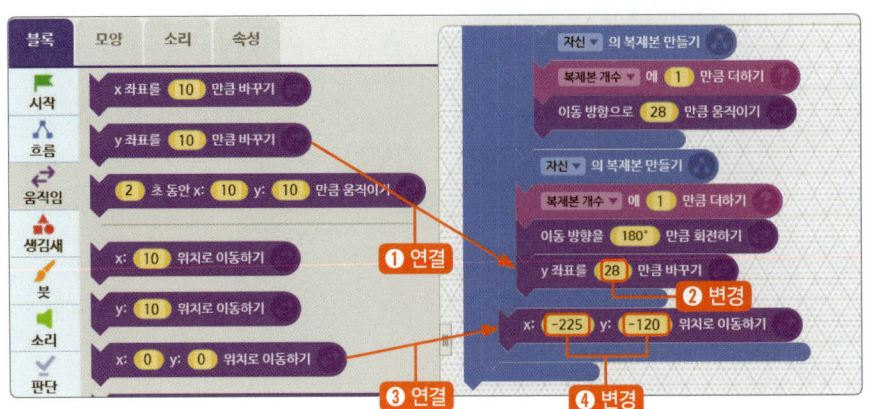

창의력 UP `10 번 반복하기` 블록의 값을 '5'로 변경한 후 실행하면 결과가 어떻게 나타나는지 확인해봅시다.

❹ 　흐름　블록 꾸러미에서 　참 이(가) 될 때까지 기다리기　를 연결합니다. 이어서, 　판단　블록 꾸러미에서 　10 = 10　을 '참'의 위치에 끼워 넣은 후 두 번째 '10'을 '0'으로 변경합니다.

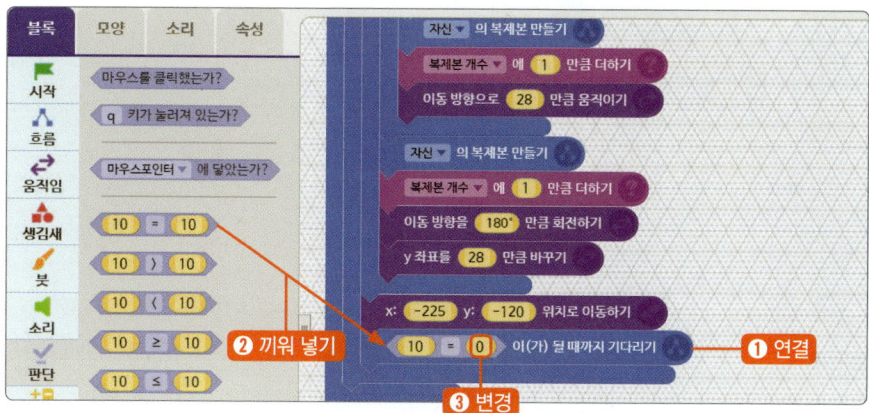

❺ 　자료　블록 꾸러미에서 　복제본 개수▼ 값　을 '10'의 위치에 끼워 넣습니다.

> **코딩풀이** 아직 화면에 복제본이 남아있는데 Space Bar 키를 눌러 중복 실행되는 경우를 방지하기 위해 '복제된 개수' 변수가 '0'이 될 때까지 기다립니다.

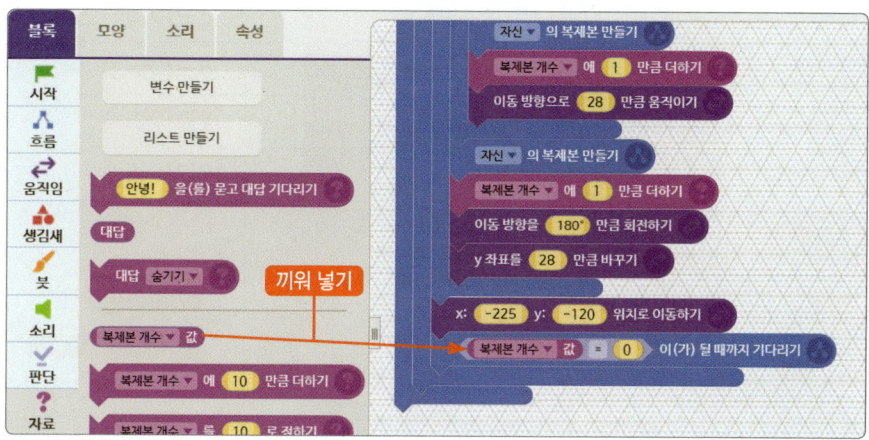

03 복제본이 점점 투명해지면서 사라지도록 코딩하기

❶ 　흐름　블록 꾸러미에서 　복제본이 처음 생성되었을때　를 [블록 조립소]로 가져다 놓은 후 　생김새　블록 꾸러미에서 　모양 보이기　를 연결합니다.

※ 복제본을 만드는 코딩이 끝나면 [화면 전환 효과] 오브젝트에서 👁을 클릭하여 실행화면에서 숨겨줍니다.

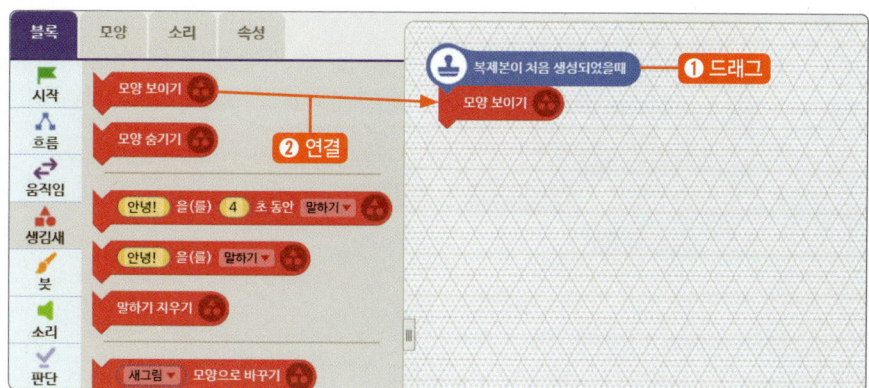

> **TIP**
> **복제본이 처음 생성 되었을 때**
>
> 복제할 오브젝트의 위치, 크기, 모양 등이 전부 똑같이 설정되어 있습니다.

CHAPTER 09 배경화면이 바뀔 때 효과 넣기 **063**

❷ 　🔺흐름　블록 꾸러미에서 　[2] 초 기다리기　를 연결한 후 '2'를 '4'로 변경합니다.

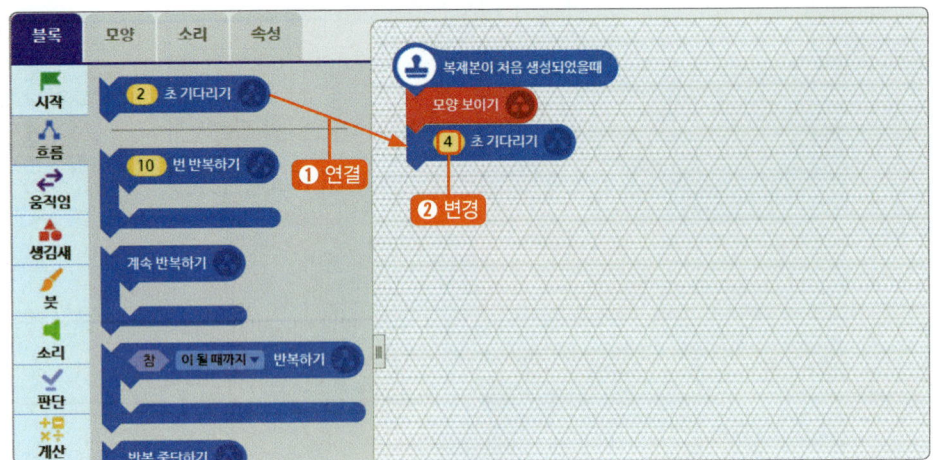

❸ 　🔺흐름　블록 꾸러미에서 　[10] 번 반복하기　를 연결합니다. 이어서, 　🔺생김새　블록 꾸러미에서 　색깔▼ 효과를 [10] 만큼 주기　를 연결한 후 　색깔▼　을 클릭하여 목록이 나오면 '투명도'를 선택합니다.

코딩풀이 복제본이 처음 생성되면 '4'초 기다린 후 복제본을 투명하게 만듭니다.

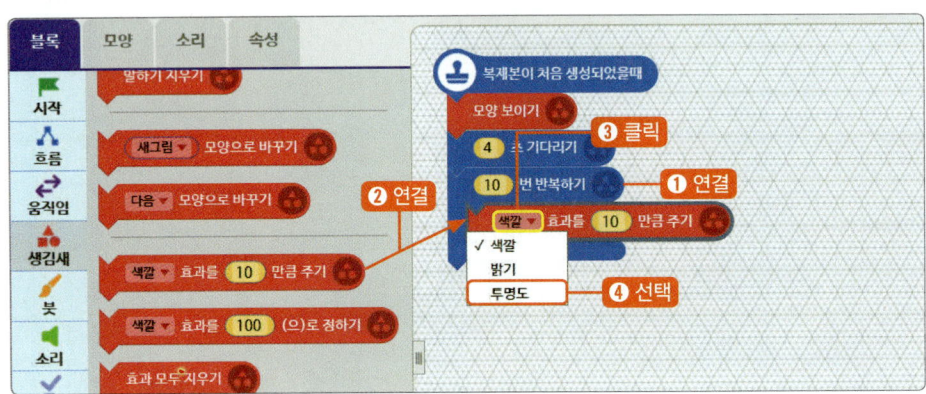

창의력 UP
　투명도▼ 효과를 [10] 만큼 주기　블록의 값을 '5'로 변경한 후 실행하여 결과를 확인해봅시다.

❹ 　❓자료　블록 꾸러미에서 　복제본 개수▼ 에 [10] 만큼 더하기　를 연결한 후 '10'을 '-1'로 변경합니다. 이어서, 　🔺흐름　블록 꾸러미에서 　이 복제본 삭제하기　를 연결합니다. 코딩이 끝나면 　▶　를 클릭한 후 　Space Bar　키를 눌러 화면이 바뀌는 효과를 확인해봅시다.

코딩풀이 복제본이 삭제되기 전에 '복제본 개수' 변수에 '-1'을 더하는 것은 변수의 값이 '0'이 아니면 다시 시작할 수 없기 때문입니다.

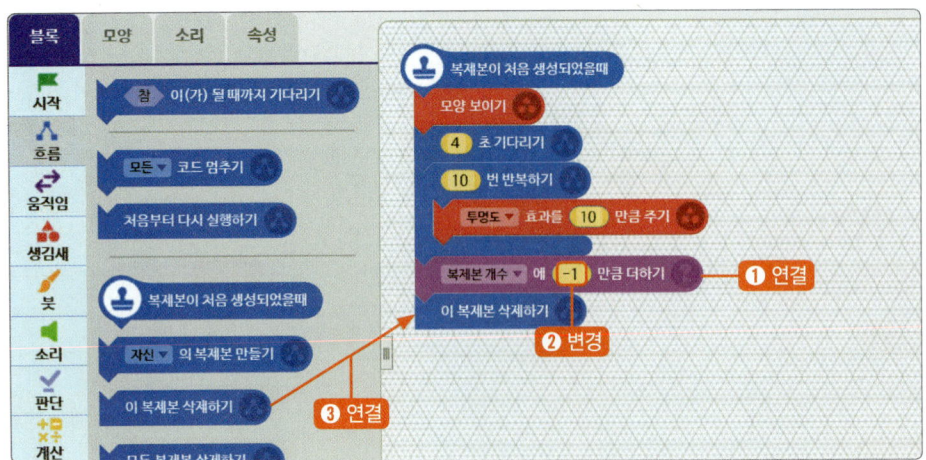

창의력 UP
　[4] 초 기다리기　블록의 값을 '2'로 변경한 후 실행하여 결과를 확인하고 왜 값을 '4'로 정했는지 적어봅시다.

스스로 해결하기

01 다음 순서도 기호들의 기능을 적어봅시다.

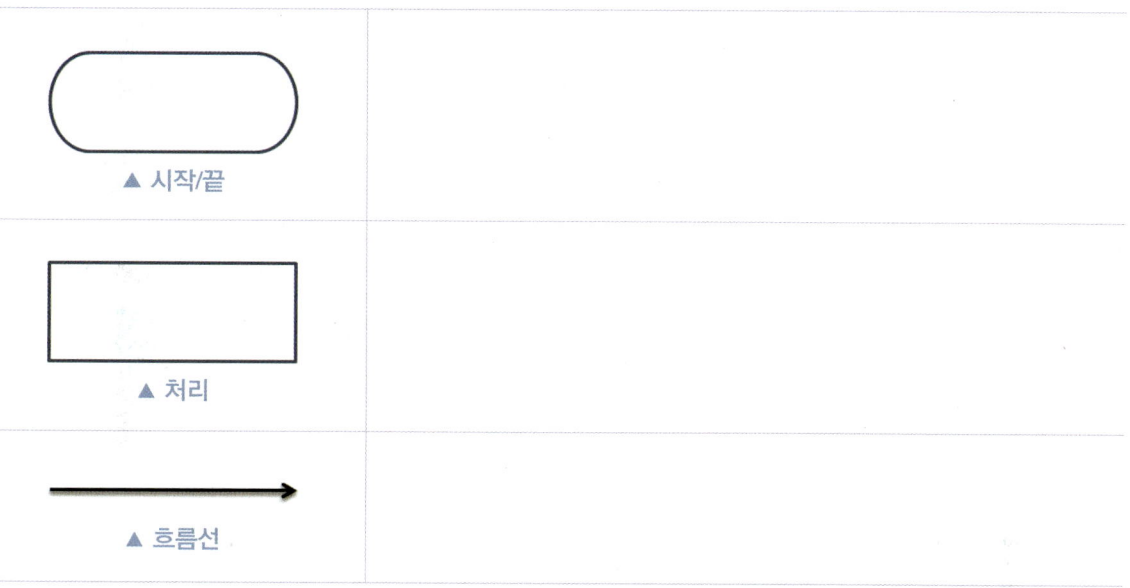

02 민희는 컵라면을 먹으려고 합니다. <보기>를 참고하여 <문제>의 빈 칸을 채워봅시다.

보기

① 컵라면 포장 뜯기
② 3분 기다리기
③ 컵라면 먹기
④ 뜨거운 물 넣기
⑤ 분말 스프 넣기
⑥ 건더기 스프 넣기

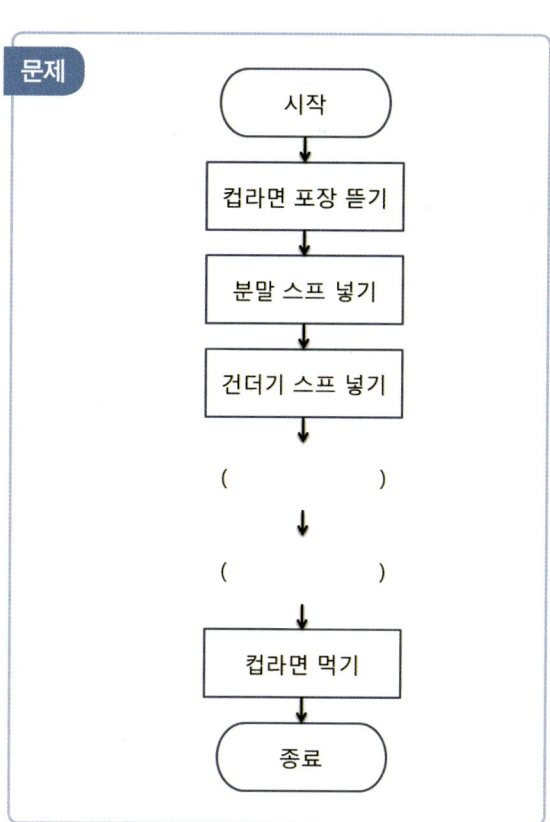

CHAPTER 10
짝수, 홀수를 판단하는 엔트리봇

| 학습목표 |
- 짝수인지 홀수인지 판단할 수 있습니다.
- 엔트리봇이 숫자에 따라서 다른 말하기를 할 수 있습니다.

 **불러올 파일**: 10차시 불러올 파일.ent    **완성된 파일**: 10차시 완성된 파일.ent

※ 실행 방법 : ▶ 버튼을 클릭하면 숫자를 '1'부터 순서대로 짝수인지, 홀수인지 말해줍니다.

오늘 배울 순서도 기호

기호	설명
◇ ▲ 선택	기호 안에 적힌 내용을 판단하여 적합한 흐름선을 따라갑니다.
▢ ▲ 반복	위쪽의 사각형에 적힌 조건을 만족할 때까지 아래 사각형의 내용을 반복합니다.
▱ ▲ 입력	데이터의 입력 또는 출력을 보여줍니다.

순서도 알아보기!

순서도를 그리다 보면 여러 가지의 모양으로 그릴 수 있지만 구조는 크게 세 가지로 정의할 수 있습니다.

첫 번째로 직선형 구조(순차구조)

직선형 구조란 다른 말로 '순차구조'라고도 합니다. 순서도를 그릴 때 오른쪽의 그림처럼 처음 시작부터 끝까지 직선으로 순서대로 진행되는 구조를 말합니다. 문제를 해결하기 위해 작업이 진행되는 과정을 알아보기 쉽고, 그리기 쉽다는 장점을 가지고 있지만 너무 단순한 구조이기 때문에 복잡한 문제를 순서도로 그리기에는 적합하지 않습니다.

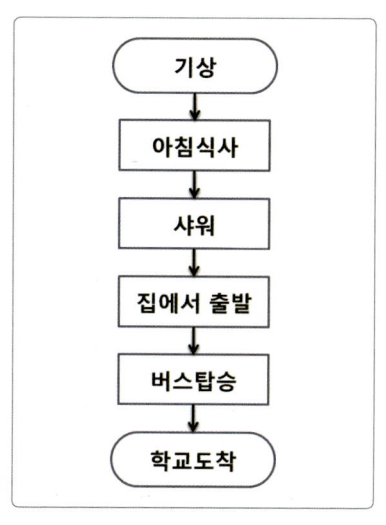

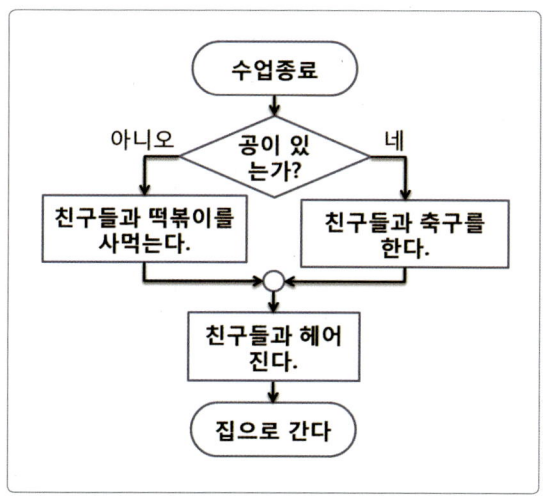

두 번째로 분기형 구조(선택구조)

분기형 구조란 다른 말로 '선택구조'라고도 합니다. 왼쪽의 그림처럼 조건에 따라서 흐름선을 선택하여 진행되는 구조를 말합니다. 문제를 해결하기 위한 조건을 만들어 조건에 따라서 흐름선을 선택하여 답을 찾을 수 있습니다. 하지만 조건을 너무 많이 만들면 순서도가 복잡해집니다.

세 번째로 반복구조

'반복구조'란 오른쪽의 그림처럼 문제를 해결하기 위해 조건을 만들고 조건을 만족할 때까지 반복 기호 안쪽의 작업을 반복하며 답을 찾을 수 있습니다. 반복구조를 사용할 때는 같은 구간을 계속해서 반복(무한 반복)하게 될 수도 있으니 주의해야 합니다.

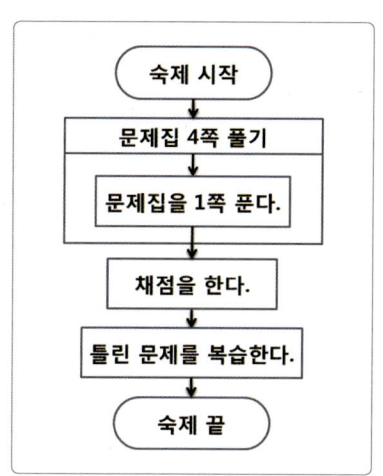

오브젝트 소개하기

Text △ 칠판 숫자	실행화면에 '1'씩 증가하는 숫자를 보여주고 신호를 보냅니다.
△ 엔트리봇	신호를 받아서 보이는 숫자가 짝수인지 홀수인지 판단해서 말해줍니다.
△ 교실	배경을 보여줍니다.

01 칠판에 '1'씩 커지는 숫자를 보이고 신호보내기

❶ [불러올 파일]-'10차시 불러올 파일.ent' 파일을 불러옵니다. 이어서, [오브젝트 목록]에서 Text △ 칠판 숫자 오브젝트가 선택되어 있는지 확인한 후 시작 블록 꾸러미에서 시작하기 버튼을 클릭했을 때 를 [블록 조립소]로 가져다 놓습니다.

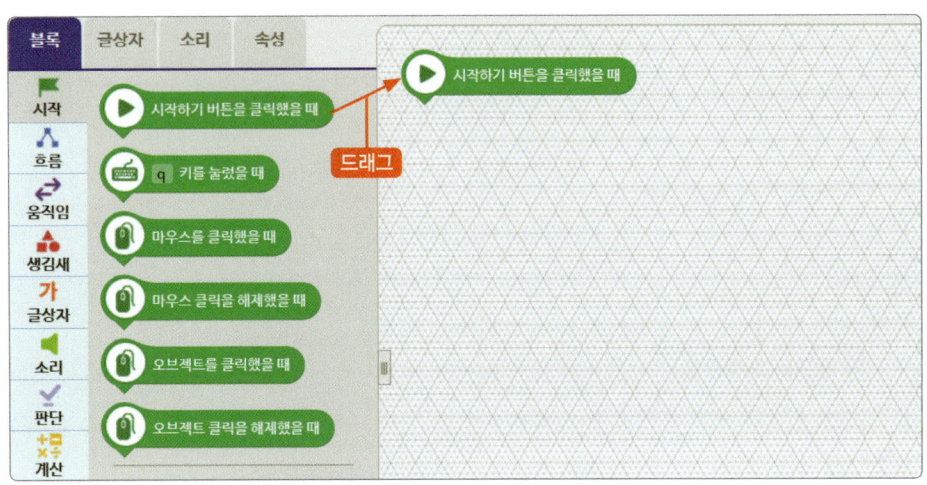

❷ 흐름 블록 꾸러미에서 계속 반복하기 를 연결한 후 글상자 블록 꾸러미에서 엔트리 라고 글쓰기 를 연결합니다.

> **TIP**
>
> **계속 반복하며 글쓰기**
>
> 왼쪽의 완성 이미지의 코드를 실행하면 '엔트리'라는 글자를 실행화면에 매우 빠른 속도로 계속 반복하며 입력하고 있기 때문에 글자가 고정된 것처럼 보입니다.

❸ [자료] 블록 꾸러미에서 [숫자▼ 값]을 '엔트리' 위치에 끼워 넣은 후 [시작] 블록 꾸러미에서 [숫자 확인▼ 신호 보내고 기다리기]를 연결합니다.

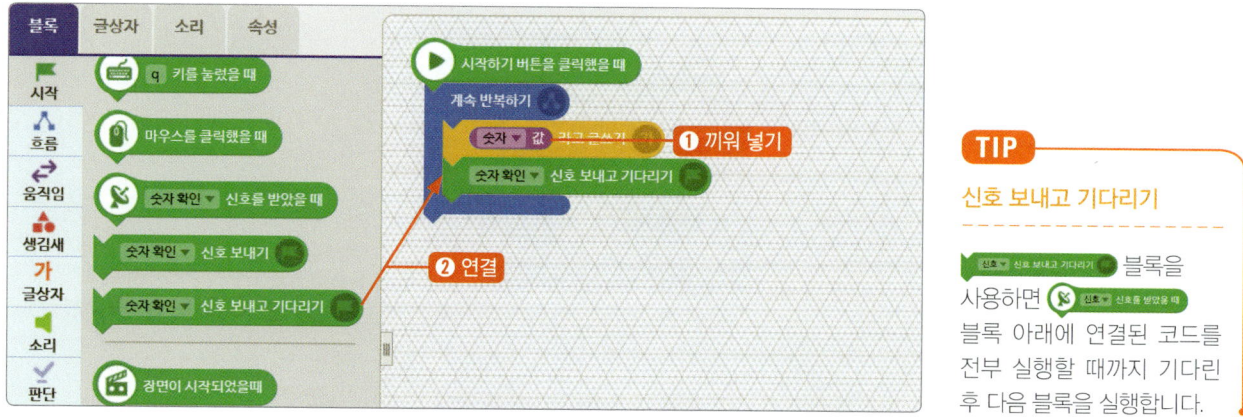

> **TIP**
>
> **신호 보내고 기다리기**
>
> [신호▼ 신호 보내고 기다리기] 블록을 사용하면 [신호를 받았을 때] 블록 아래에 연결된 코드를 전부 실행할 때까지 기다린 후 다음 블록을 실행합니다.

❹ [자료] 블록 꾸러미에서 [숫자▼ 에 10 만큼 더하기]를 연결한 후 '10'을 '1'로 변경합니다.

> **코딩풀이** 시작하기 버튼을 클릭했을 때 '숫자' 변수의 값으로 글쓰기를 하고 '숫자 확인' 신호를 보내 숫자가 홀수인지, 짝수인지 판단한 후 '숫자' 변수의 값에 '1'을 더합니다.

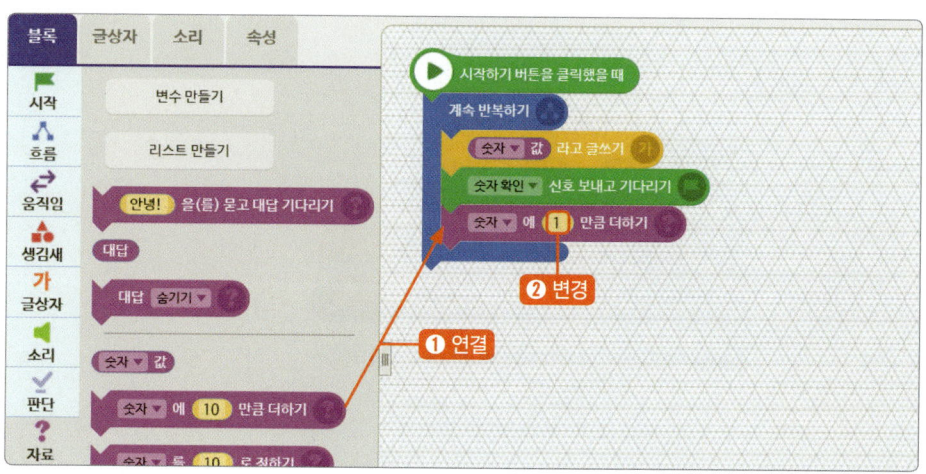

02 ▶ 신호를 받아 숫자 판별하기

❶ [오브젝트 목록]에서 [엔트리봇] 오브젝트를 선택한 후 [시작] 블록 꾸러미에서 [숫자 확인▼ 신호를 받았을 때]를 [블록 조립소]로 가져다 놓습니다. 이어서, [흐름] 블록 꾸러미에서 [2 초 기다리기]를 연결한 후 '2'를 '0.5'로 변경합니다.

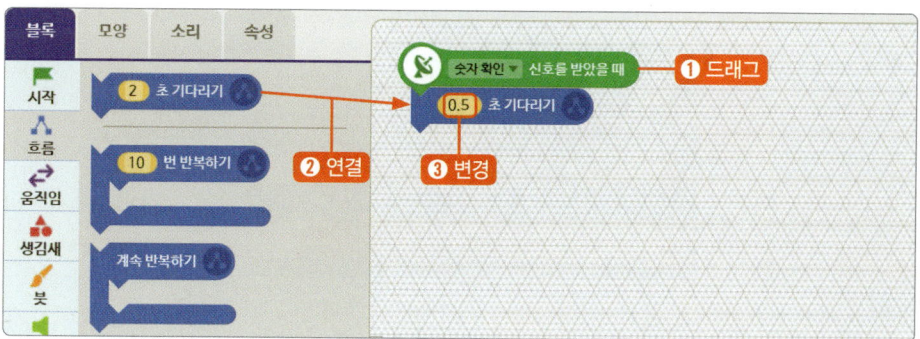

❷  흐름 블록 꾸러미에서 을 연결합니다. 이어서, 판단 블록 꾸러미에서 `10 = 10`을 '참'의 위치에 끼워 넣은 후 두 번째 '10'을 '0'으로 변경합니다.

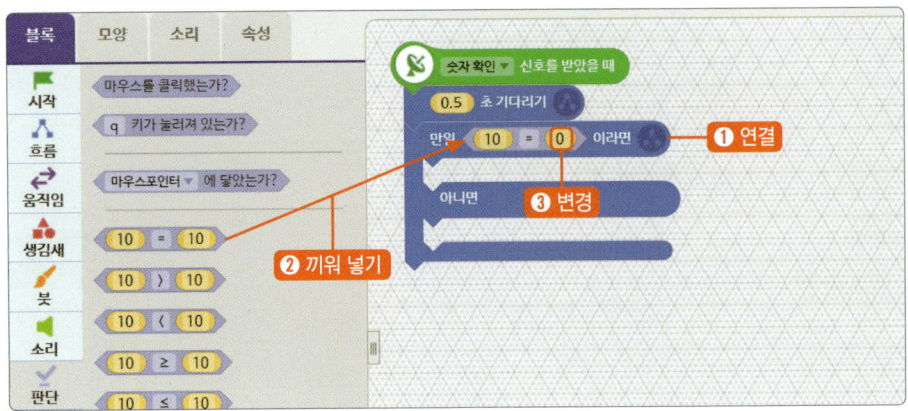

❸ 계산 블록 꾸러미에서 `10 / 10 의 몫`을 첫 번째 '10'의 위치에 끼워 넣은 후 몫▼을 클릭하여 목록이 나오면 '나머지'를 선택합니다. 이어서, `10 / 10 의 몫` 블록의 두 번째 '10'을 '2'로 변경한 후 자료 블록 꾸러미에서 `숫자▼ 값`을 첫 번째 '10'의 위치에 끼워 넣습니다.

코딩풀이 ─ '숫자' 변수의 값을 '2'로 나누어 나머지가 '0'이면 짝수이고, '1'이면 홀수입니다.

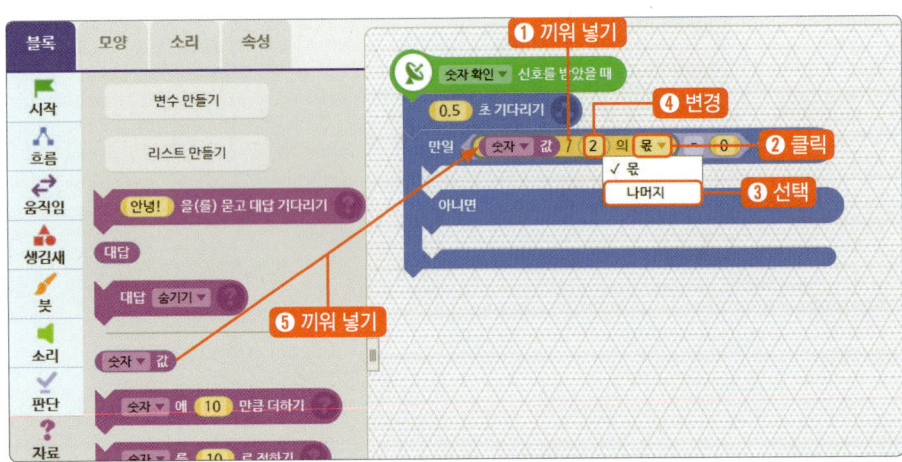

❹ 생김새 블록 꾸러미에서 `안녕!을(를) 4초 동안 말하기▼`를 연결한 후 '안녕!'을 '짝수입니다.'로 '4'를 '1'로 각각 변경합니다. 똑같은 방법으로 `안녕!을(를) 4초 동안 말하기▼`를 아래쪽에 연결한 후 '안녕!'을 '짝수가 아닙니다.'로 '4'를 '1'로 각각 변경합니다. 이어서, ▶를 클릭하여 엔트리봇 오브젝트가 칠판의 숫자를 보고 짝수와 홀수를 구분하여 말하는지 확인해봅시다.

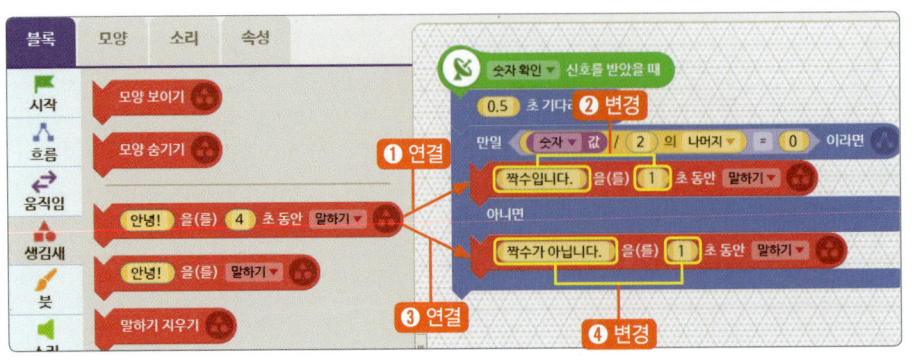

창의력 UP
'3'의 배수일 때만 '3의 배수입니다.' 라고 말하도록 `숫자▼ 값 / 2 의 나머지▼` 코드와 말하기 블록들을 수정해봅시다.

스스로 해결하기

01 다음 순서도 기호들의 기능을 적어봅시다.

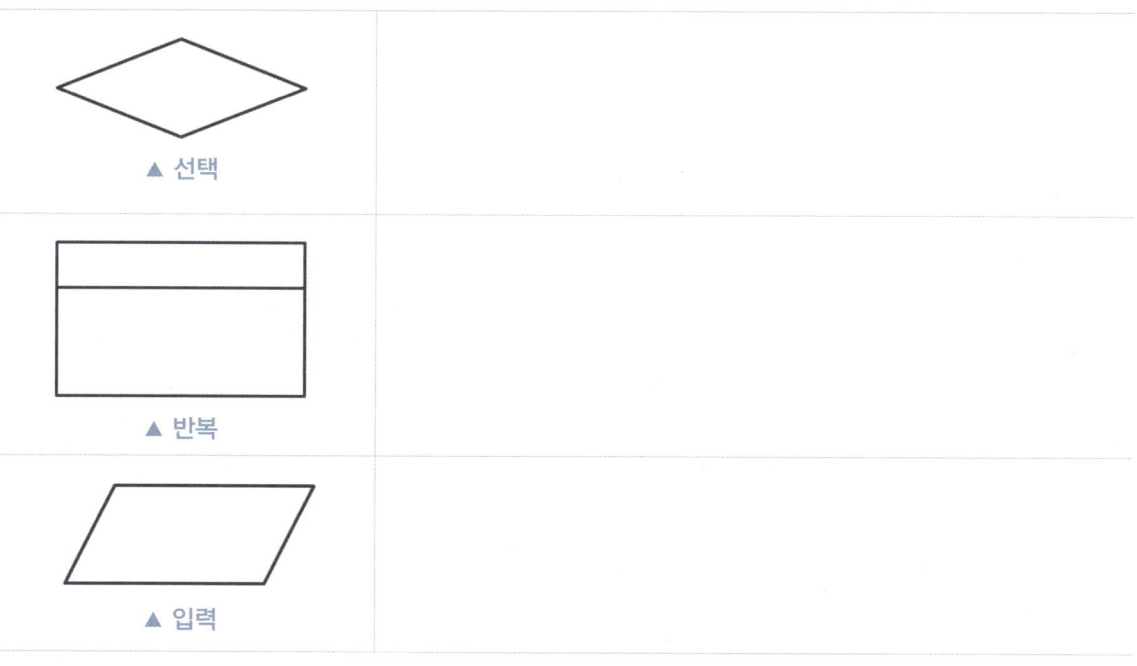

02 철훈이는 집까지 얼마나 걸어야 하는지 알아보려고 합니다. <보기>를 참고하여 <문제>의 빈 칸을 채워봅시다.

<보기>

① 집에 도착할 때까지 반복하기

② 카운터기 확인하기

③ 한 걸음 걷기

④ 카운터기 누르기

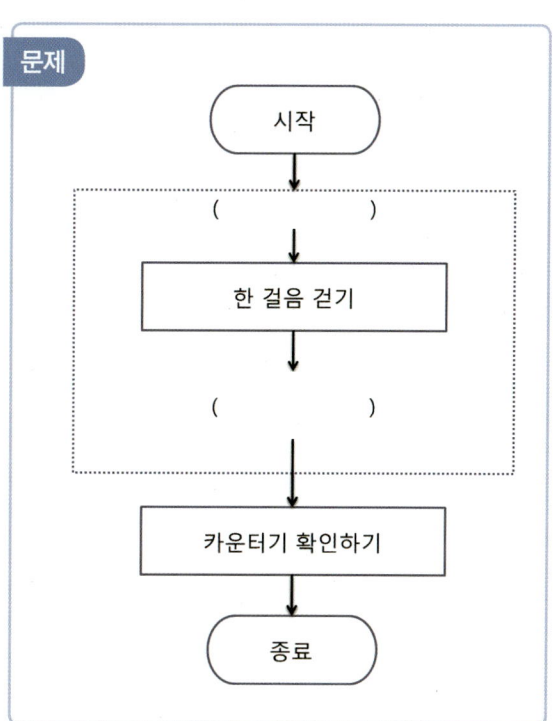

CHAPTER 10 짝수, 홀수를 판단하는 엔트리봇 **071**

11 돌림판 만들기

| 학습목표 |
- 값을 입력받았을 때 돌림판의 모양을 변경 할 수 있습니다.
- Space Bar 키를 누르면 화살표가 회전하도록 코딩할 수 있습니다.

📁 **불러올 파일** : 11차시 불러올 파일.ent   💾 **완성된 파일** : 11차시 완성된 파일.ent

※ 실행 방법 : 돌림판을 사용할 인원을 입력하고 색을 고른 후 Space Bar 키를 누르면 화살표가 돌아갑니다.

🧩 오늘 배울 순서도 기호

▲ 준비	시작하기 전 준비해야할 사항(변수 추가, 리스트 추가, 변수의 초기화 등)을 보여줍니다.
▲ 호출	미리 정의된 함수를 불러옵니다.
▲ 출력	결과물을 출력하는 것을 알려줍니다.

순서도 알아보기!

순서도가 무엇인지 알았다면 이제는 직접 순서도를 한 번 그려 볼 차례입니다. 하지만 순서도를 그리기 전에 그리는 규칙을 알아봅시다.

1. 순서도 기호의 내부에는 기호에 맞게 처리해야 할 내용이 들어가야 합니다.
2. 순서도의 순서는 위에서부터 아래로 내려가며, 왼쪽에서 오른쪽으로 그리는 것이 원칙이며, 그 외의 상황은 흐름선을 사용해야 합니다.
3. 흐름선은 서로 교차해도 상관없지만 알아보기가 힘들기 때문에 교차했을 때 ⤻ 이런 식으로 교차했다는 표시를 해주는 것이 좋습니다.
4. 흐름선은 여러 개가 모여 하나로 합칠 수 있습니다.
5. 순서도 기호의 모형은 가로/세로 비율이 정해져 있지는 않지만 기호를 잘 구분할 수 있도록 그려야 합니다.

위의 규칙을 참고하여 순서도를 실제로 그려봅시다. 아래쪽 <그림1>을 참고하여 학교에 가는 순서도를 그려봅시다.

<그림1>	직접 그려보기
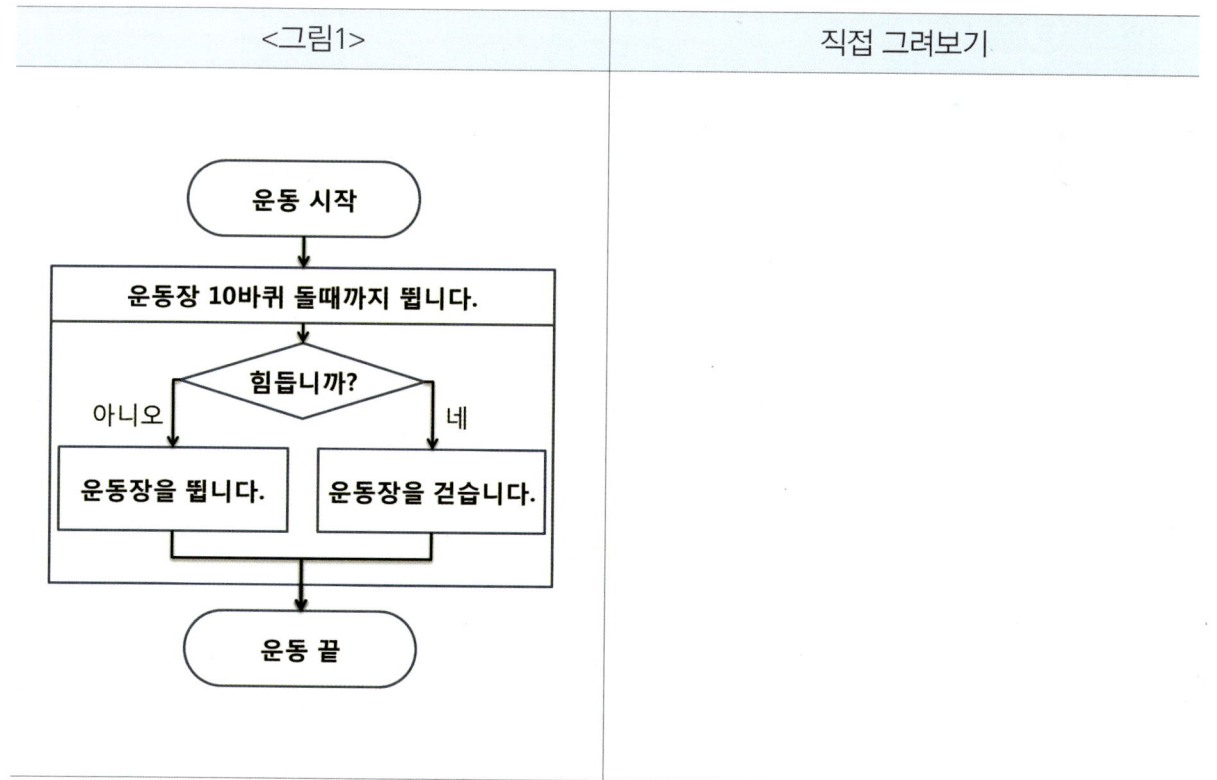	

오브젝트 소개하기

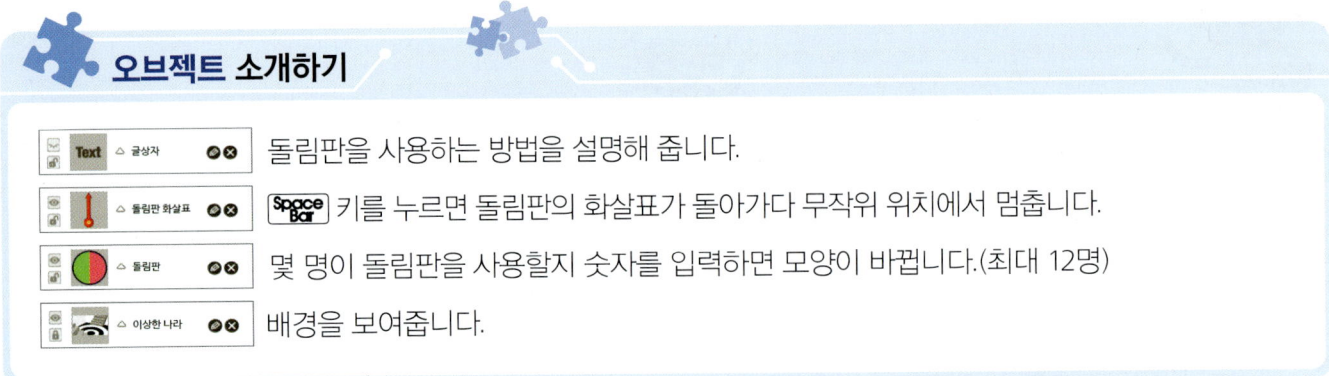

- 돌림판을 사용하는 방법을 설명해 줍니다.
- Space Bar 키를 누르면 돌림판의 화살표가 돌아가다 무작위 위치에서 멈춥니다.
- 몇 명이 돌림판을 사용할지 숫자를 입력하면 모양이 바뀝니다.(최대 12명)
- 배경을 보여줍니다.

01 몇 명이 사용할지 숫자를 입력받아 돌림판의 모양 바꾸기

❶ [불러올 파일]-'11차시 불러올 파일.ent' 파일을 불러옵니다. 이어서, [오브젝트 목록]에서 돌림판 오브젝트를 선택한 후 [시작] 블록 꾸러미에서 '시작하기 버튼을 클릭했을 때'를 [블록 조립소]로 가져다 놓습니다.

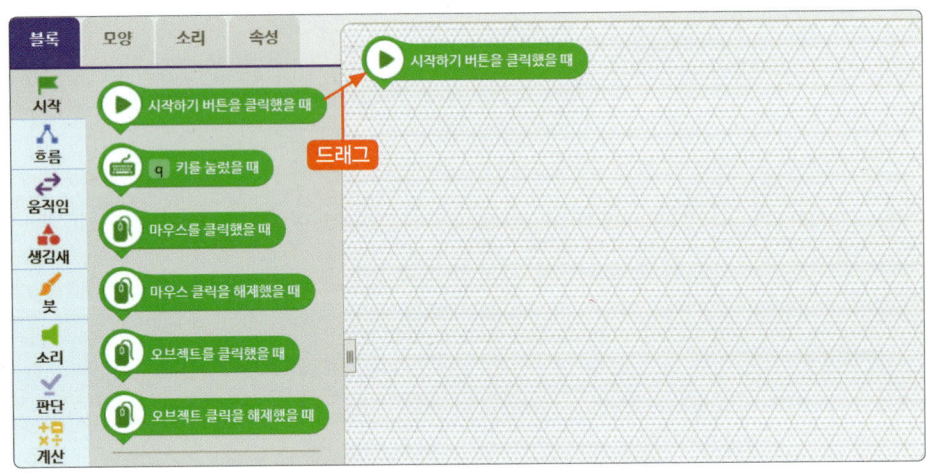

❷ [자료] 블록 꾸러미에서 '대답 숨기기'와 '안녕!을(를) 묻고 대답 기다리기'를 연결합니다. 이어서, '안녕!'을 '사용자는 몇 명인가요?'라고 변경합니다.

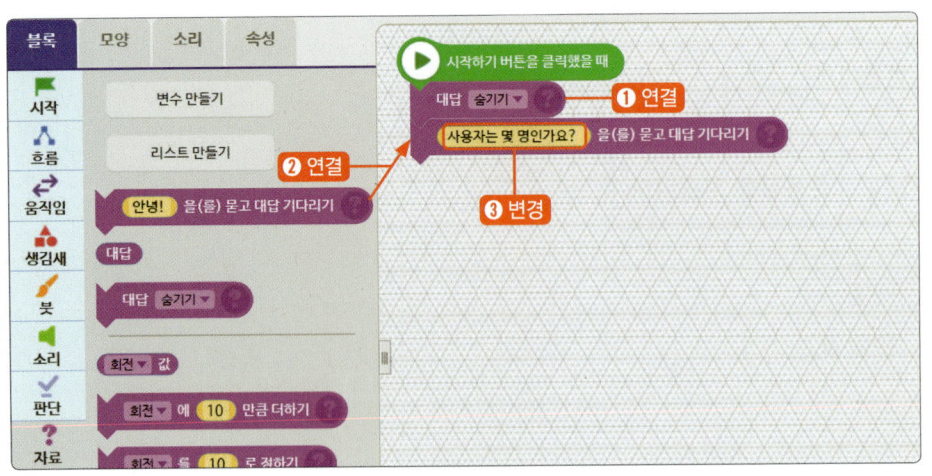

> **TIP**
>
> **묻고 대답 기다리기**
>
> 묻고 대답 기다리기 블록을 통해 입력받은 값은 '대답' 변수에 저장됩니다. 이 변수는 일반적인 변수와는 다르게 오직 묻고 대답 기다리기 블록으로 입력받은 값만 저장합니다.

❸ 생김새 블록 꾸러미에서 `돌림판_2 모양으로 바꾸기`를 연결한 후 계산 블록 꾸러미에서 `(10) - (10)`을 `돌림판_2`의 위치에 끼워 넣습니다. 이어서, 두 번째 '10'을 '1'로 변경합니다.

※ 떨어져 나온 `돌림판_2` 블록은 삭제합니다.

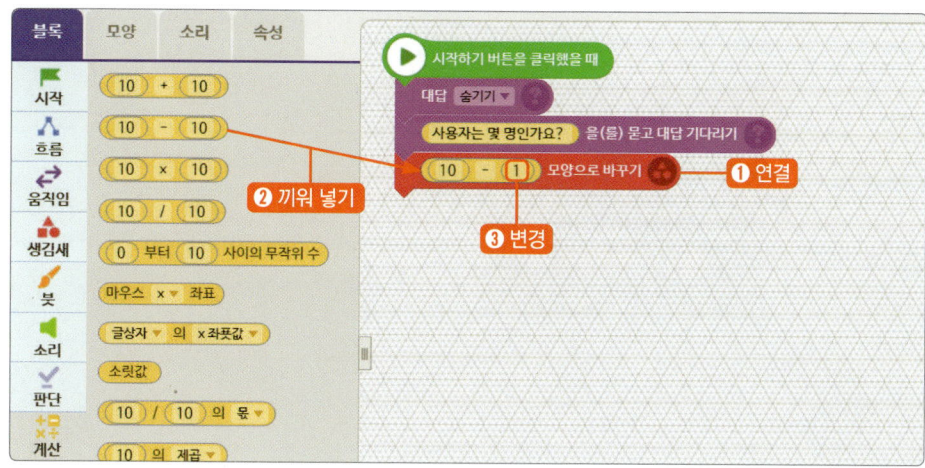

TIP

모양 번호로 바꾸기

`돌림판_2 모양으로 바꾸기` 블록에서 `돌림판_2` 블록을 드래그하여 분리시키면 모양 번호를 이용해 오브젝트의 모양을 바꿀 수 있습니다.

❹ 자료 블록 꾸러미에서 `대답`을 '10'의 위치에 끼워 넣습니다. 이어서, 시작 블록 꾸러미에서 `준비 신호 보내기`를 연결합니다.

코딩풀이 ─ [돌림판] 오브젝트의 모양번호는 '1'번이 '2'인용이고, '2'번이 '3'인용 순서로 되어있어서 '대답' 변수에서 '1'을 뺀 값의 모양번호를 선택해야 합니다.

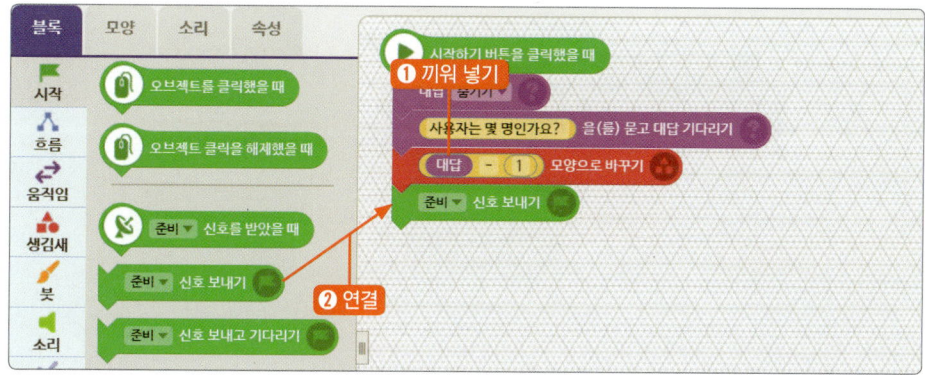

TIP

모양 번호

[돌림판] 오브젝트의 모양은 총 '11'개로 최대 '12'명까지 입력할 수 있습니다.

02 SpaceBar 키를 누르면 [돌림판 화살표] 오브젝트가 돌아가도록 코딩하기

❶ [오브젝트 목록]에서 `돌림판 화살표`를 선택합니다. 이어서, 시작 블록 꾸러미에서 `준비 신호를 받았을 때`를 [블록 조립소]로 가져다 놓습니다.

CHAPTER 11 돌림판 만들기 **075**

❷ 　　 블록 꾸러미에서 　　 를 연결합니다. 이어서, 　　 블록 꾸러미에서 　　 를 '참'의 위치에 끼워 넣은 후 　q 를 클릭하여 키보드 모양의 이미지가 나오면 　Space Bar 　키를 누릅니다.

> 코딩풀이 — [돌림판] 오브젝트의 모양이 바뀐 후 [돌림판 화살표] 오브젝트에서 '준비' 신호를 받으면 Space Bar 키를 누를 때까지 기다립니다.

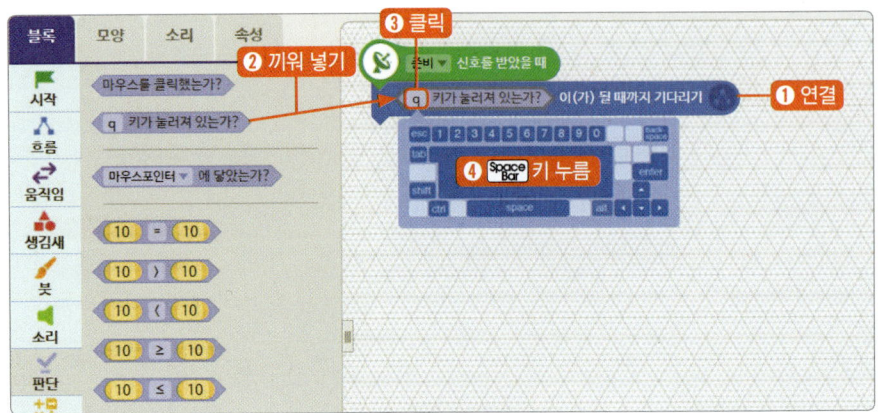

❸ 　　 블록 꾸러미에서 　　 를 연결한 후 　　 블록 꾸러미에서 　　 를 끼워 넣습니다. 이어서, '0'을 '100'으로, '10'을 '300'으로 각각 변경합니다.

> 코딩풀이 — '회전' 변수를 무작위 수로 정하지 않으면 화살표가 항상 같은 자리에서 멈춥니다.

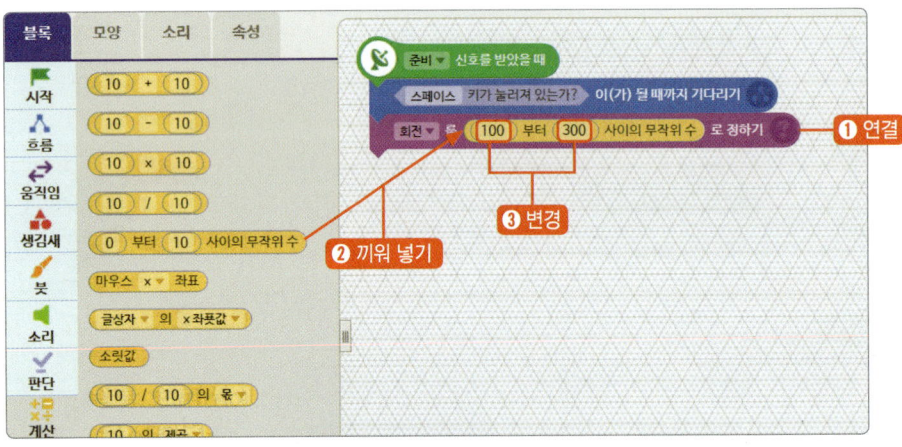

❹ 　　 블록 꾸러미에서 　　 를 연결한 후 　　 블록 꾸러미에서 　　 을 '참'의 위치에 끼워 넣습니다.

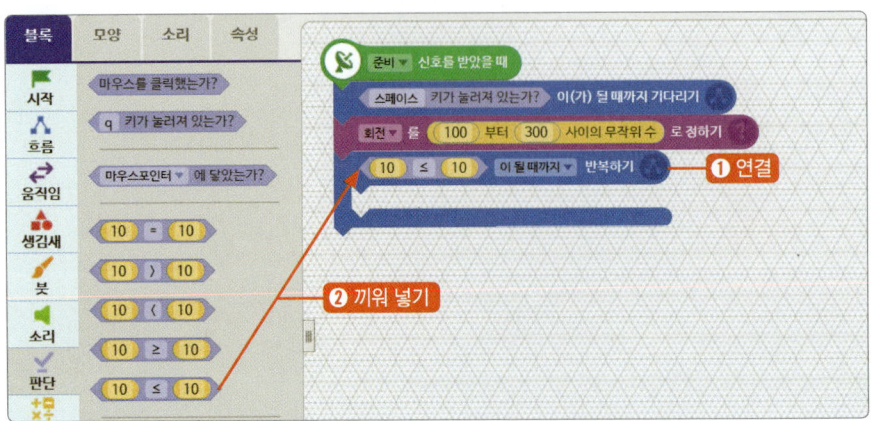

076 상상력을 키우는 엔트리

❺ 　블록 꾸러미에서 `회전▼ 값` 을 첫 번째 '10'의 자리에 끼워 넣은 후 두 번째 '10'을 '0'으로 변경합니다. 이어서, 　블록 꾸러미에서 `방향을 90° 만큼 회전하기` 를 연결합니다.

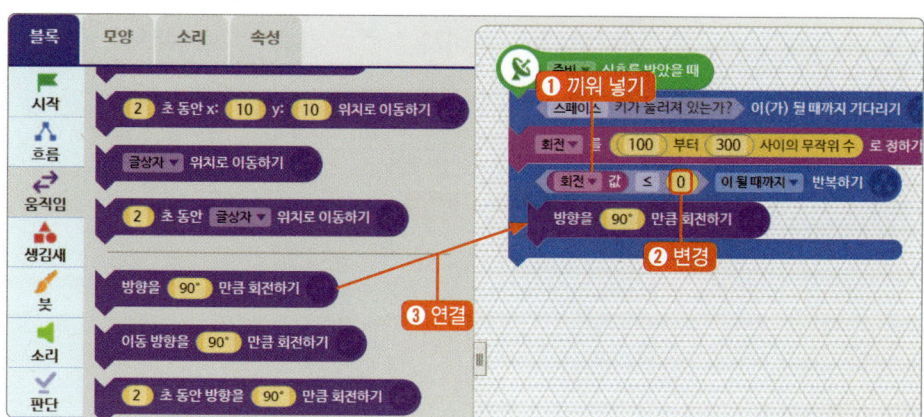

❻ 　블록 꾸러미에서 `회전▼ 값` 을 '90°'의 위치에 끼워 넣은 후 `회전▼ 를 10 로 정하기` 을 연결합니다.

　코딩풀이 ━ '회전' 변수의 값이 '0'이 될 때까지 방향을 '회전' 변수의 값만큼 회전시킵니다.

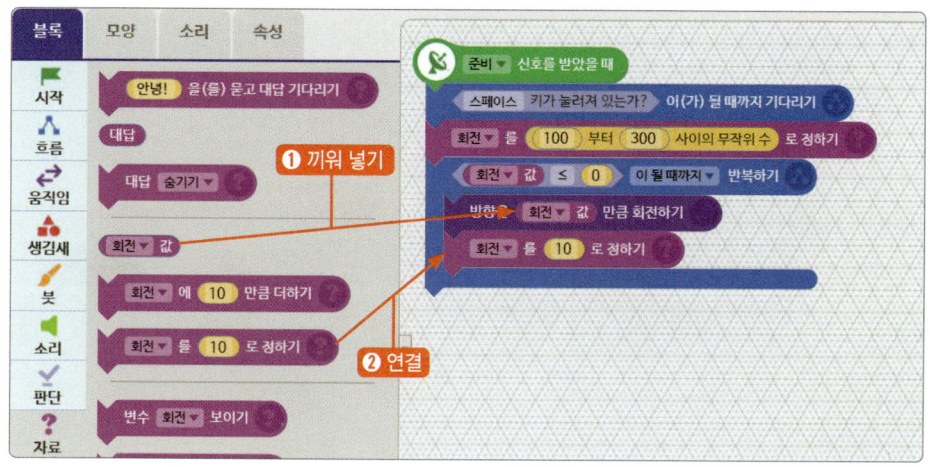

❼ 　블록 꾸러미에서 `10 x 10` 을 '10'의 위치에 끼워 넣은 후 　블록 꾸러미에서 `회전▼ 값` 을 첫 번째 '10'의 위치에 끼워 넣습니다. 이어서, 두 번째 '10'을 '0.98'로 변경합니다.

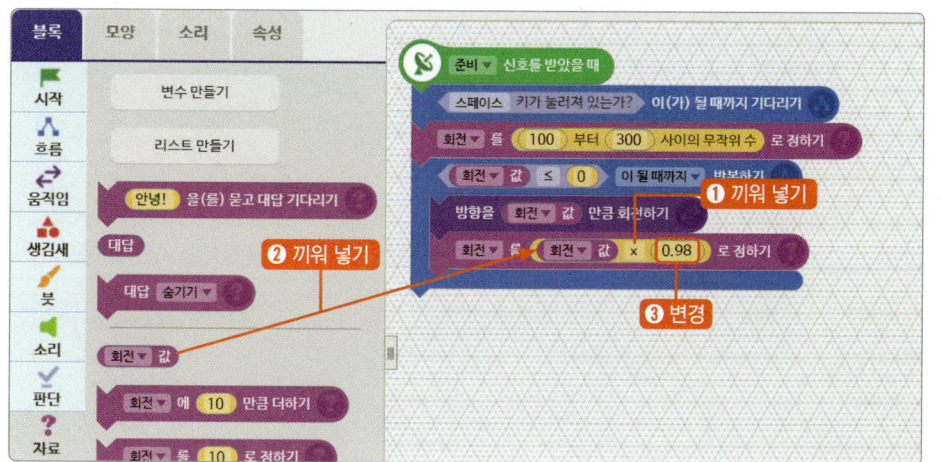

TIP

'회전' 변수의 값에 '0.98'을 곱하는 이유

`회전▼ 를 회전▼ 값 x 0.98 로 정하기`

코드는 반복을 할 때마다 '회전' 변수의 값을 '98%'로 감소시켜 자연스럽게 느려지다가 멈춥니다.

CHAPTER 11 돌림판 만들기 **077**

03 사용 방법이 [Space Bar] 키를 누르면 사라지도록 코딩하기

❶ [오브젝트 목록]에서 Text 글상자 를 선택합니다. 이어서, [시작] 블록 꾸러미에서 [준비 신호를 받았을 때]를 [블록 조립소]로 가져다 놓은 후 [생김새] 블록 꾸러미에서 [모양 보이기]를 연결합니다.

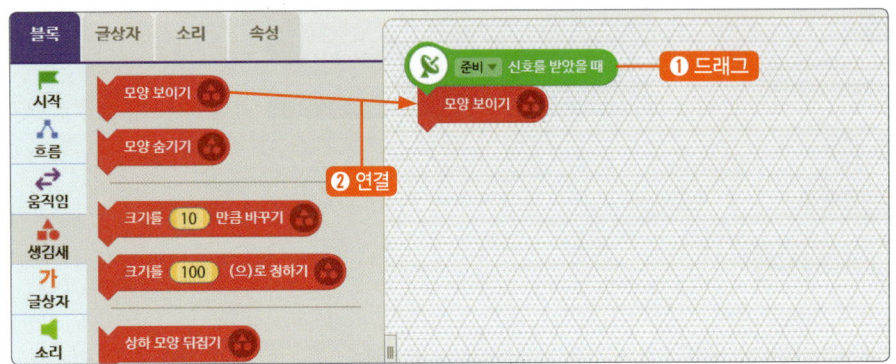

❷ [흐름] 블록 꾸러미에서 [참 이(가) 될 때까지 기다리기]를 연결한 후 [판단] 블록 꾸러미에서 [q 키가 눌러져 있는가?]를 '참'의 위치에 끼워 넣은 후 q 를 클릭하여 키보드 모양의 이미지가 나오면 [Space Bar] 키를 누릅니다.

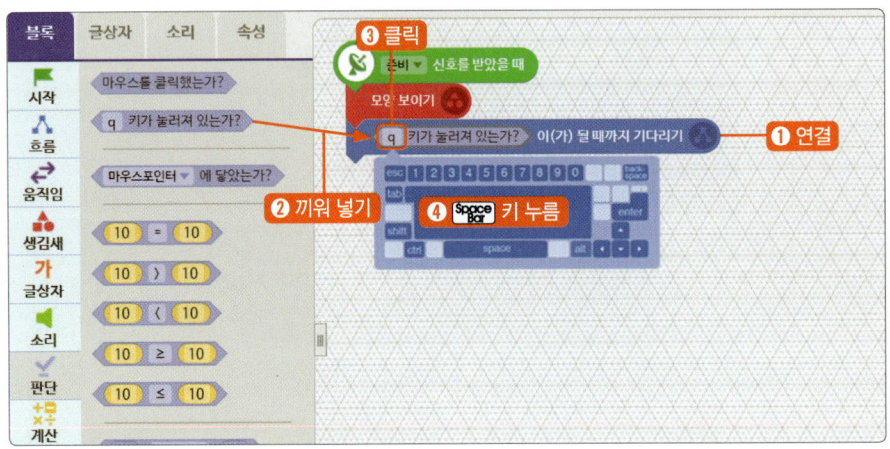

❸ [생김새] 블록 꾸러미에서 [모양 숨기기]를 연결합니다. 이어서, ▶ 를 클릭하여 입력한 숫자(최대 12명)로 돌림판의 모양을 바꾼 후 [Space Bar] 키를 눌렀을 때 화살표가 잘 돌아가는지 확인해봅시다.

코딩풀이 '준비' 신호를 받으면 설명을 보여주고 [Space Bar] 키를 눌러 돌림판 화살표를 돌리면 설명을 숨깁니다.

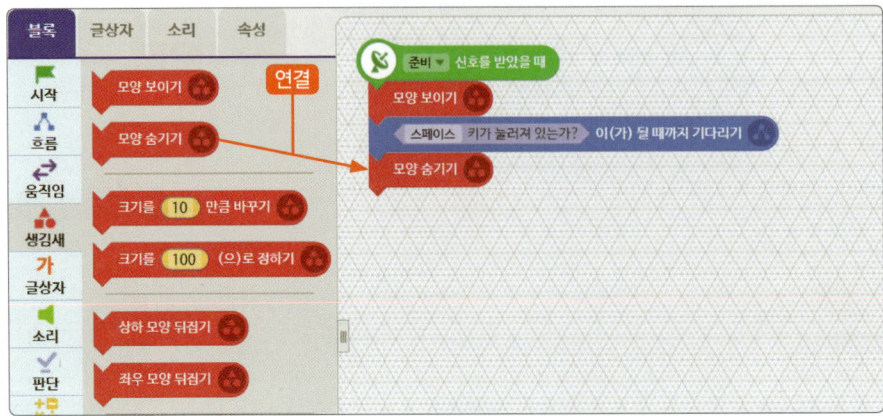

스스로 해결하기

01 다음 순서도 기호들의 기능을 적어봅시다.

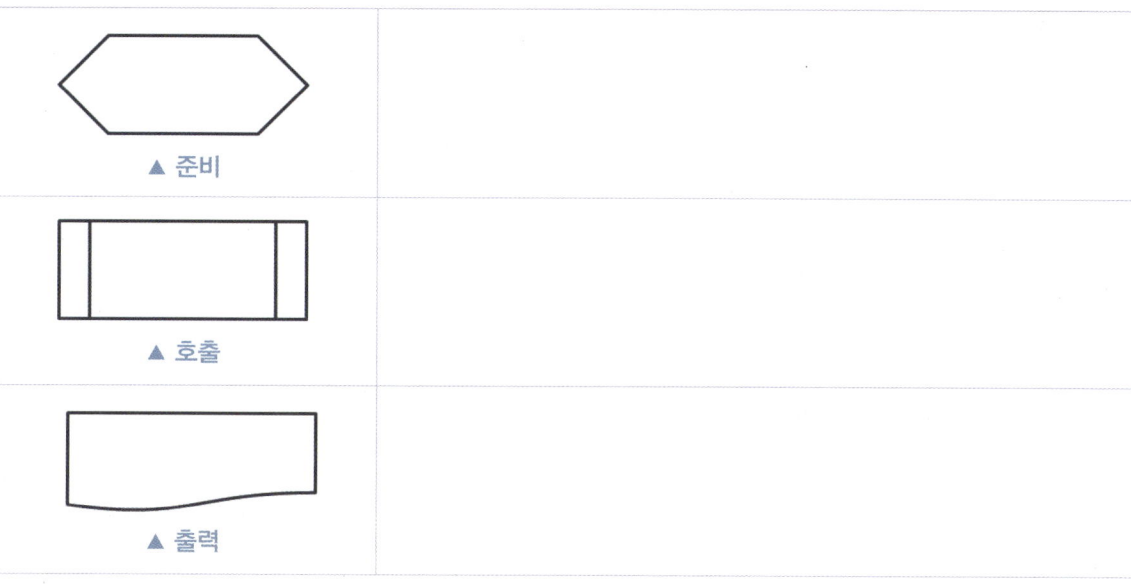

02 철훈이는 학원가기 전까지 친구들과 농구를 하려고 합니다. <보기>를 참고하여 <문제>의 빈 칸을 채워봅시다.

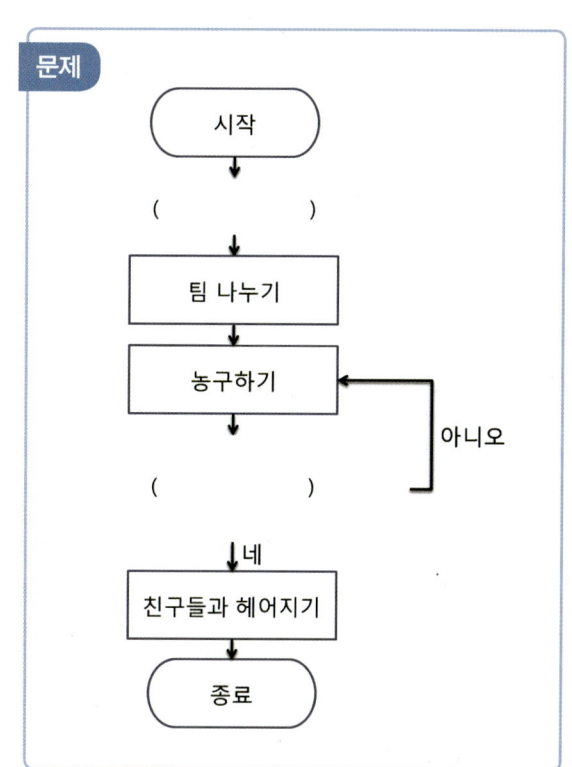

CHAPTER 12 컬링 스톤 발사하기

| 학습목표 |
- 마우스를 클릭하는 동안 변수의 값과 오브젝트의 방향을 조절합니다.
- 마우스 클릭을 해제하면 오브젝트가 조절한 방향으로 미끄러집니다.

 불러올 파일 : 12차시 불러올 파일.ent  완성된 파일 : 12차시 완성된 파일.ent

※ 실행 방법 : 마우스를 클릭하고 있는 동안 힘과 방향을 조절하고, 클릭을 해제하면 스톤이 조절한 힘과 방향으로 미끄러집니다.

오늘 배울 순서도 기호

기호	설명
▲ 시작/끝	순서도의 시작과 끝을 알려줍니다.
▲ 흐름선	기호들을 연결하여 순서도의 흐름을 알려줍니다.
▲ 연결자	두 개 이상의 흐름선을 하나로 합쳐줍니다.

# 상상력을 키우는

순서도 해결하기!

민희는 샌드위치를 만들려고 합니다. <보기>를 참고하여 <문제>의 빈 칸을 채워봅시다.

보기

<샌드위치 만들기>

- 빵을 깔기
- 양상추 얹기
- 치즈 얹기
- 빵 얹기
- 햄 얹기
- 접시에 담기
- 소스 뿌리기

문제

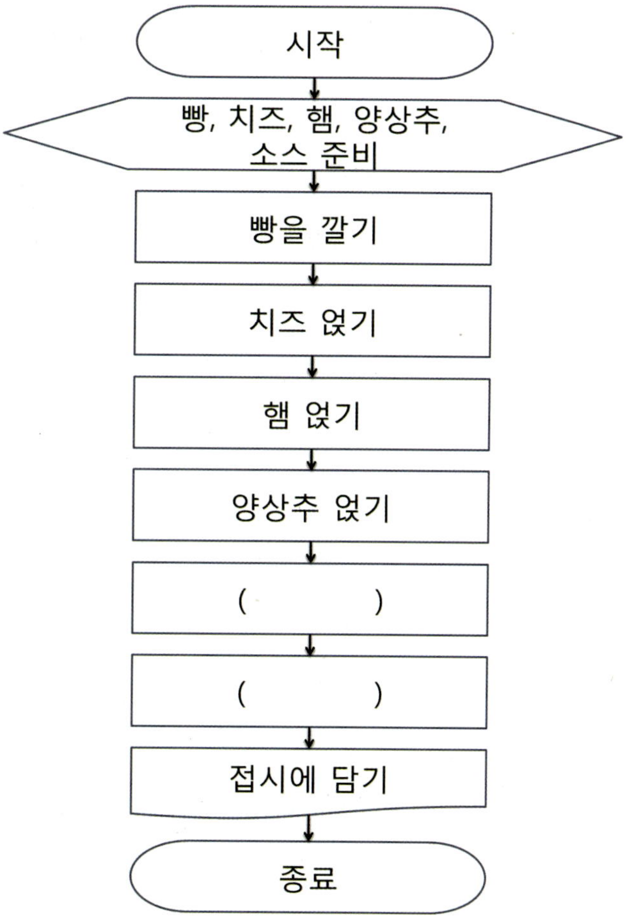

시작
↓
빵, 치즈, 햄, 양상추, 소스 준비
↓
빵을 깔기
↓
치즈 얹기
↓
햄 얹기
↓
양상추 얹기
↓
(   )
↓
(   )
↓
접시에 담기
↓
종료

오브젝트 소개하기

- 컬링스톤 : 마우스를 클릭하고 있는 동안 이동 속도와 방향을 조절한 후 마우스 클릭을 해제하면 복제본을 만들어 조절한 방향으로 미끄러집니다.
- 컬링 과녁 : 목표한 과녁을 보여줍니다.
- 빙판 : 배경을 보여줍니다.

01 마우스를 클릭하며 이동 속도와 방향 조절하기

① [불러올 파일]-'12차시 불러올 파일.ent' 파일을 불러옵니다. 이어서, [오브젝트 목록]에서 컬링스톤 오브젝트가 선택되어 있는지 확인한 후 시작 블록 꾸러미에서 마우스를 클릭했을 때 를 [블록 조립소]로 가져다 놓습니다.

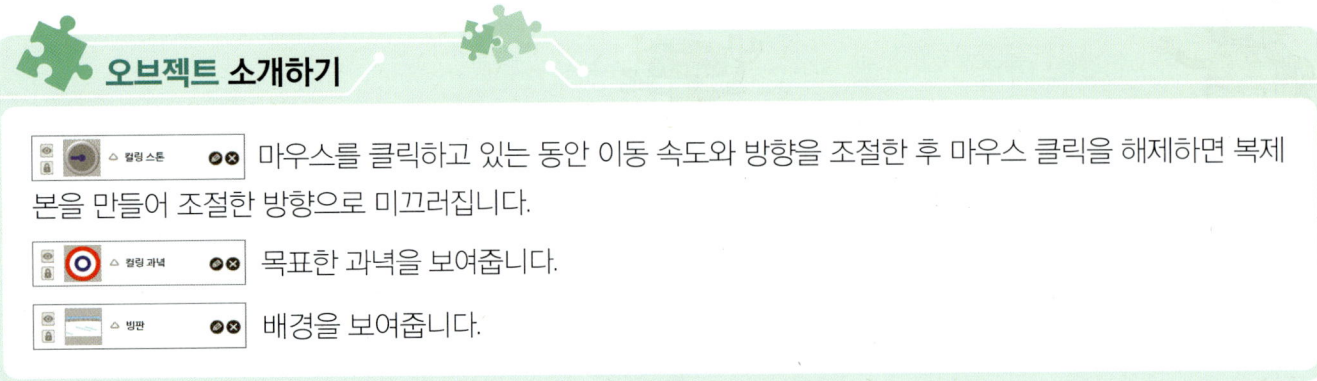

② 흐름 블록 꾸러미에서 모든 복제본 삭제하기 와 참 이 될 때까지 반복하기 를 연결합니다. 이어서, 이 될 때까지 ▼ 를 클릭하여 목록이 나오면 '인 동안'을 선택합니다.

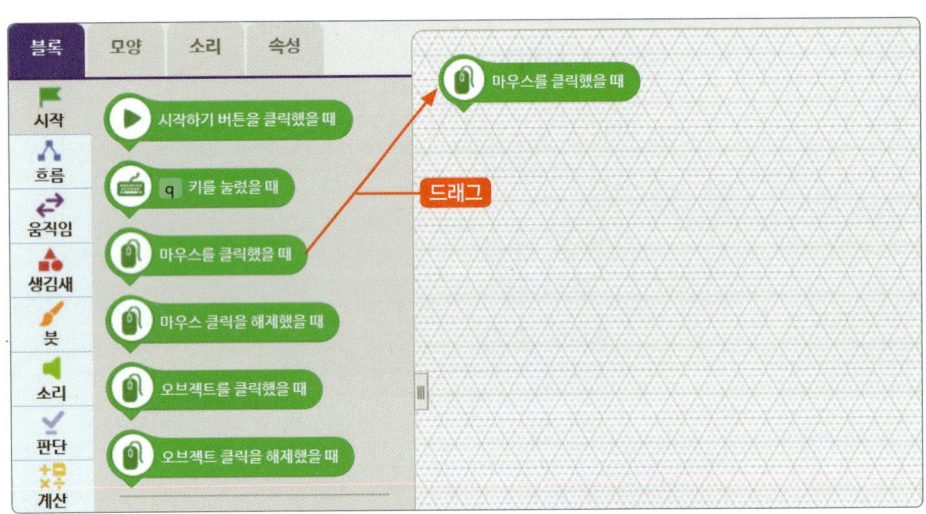

TIP
~인 동안 반복하기

참 이 될 때까지 반복하기 블록은 조건을 만족하고 있는 동안 감싸고 있는 코드를 실행하다가 조건을 만족하지 않는 순간 반복을 종료하고 다음 블록으로 넘어갑니다.

❸ 　판단　블록 꾸러미에서 　마우스를 클릭했는가?　를 '참'의 위치에 끼워 넣습니다. 이어서, 　움직임　블록 꾸러미에서 　컬링 스톤 쪽 바라보기　를 연결한 후 　컬링 스톤▼　을 클릭하여 목록이 나오면 '**마우스포인터**'를 선택합니다.

코딩풀이 ▷ 마우스를 클릭했을 때 모든 복제본을 삭제하는 것은 실행화면에 남아있는 이전 복제본을 삭제하기 위해서 입니다.

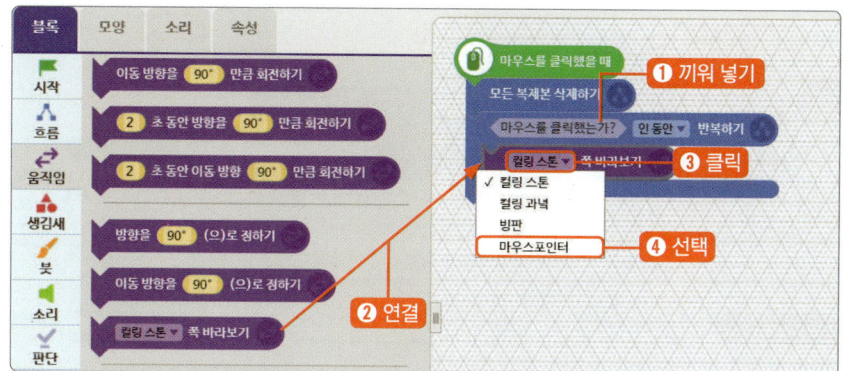

❹ 　자료　블록 꾸러미에서 　이동 속도▼에 10 만큼 더하기　를 연결한 후 '10'을 '0.05'로 변경합니다. 이어서, 　흐름　블록 꾸러미에서 　자신▼의 복제본 만들기　를 연결한 후 　자신▼　을 클릭하여 목록이 나오면 '**컬링 스톤**'을 선택합니다.

코딩풀이 ▷ 마우스를 클릭하고 있는 동안 [컬링 스톤] 오브젝트의 복제본이 이동하는 속도가 될 '이동 속도' 변수의 값을 증가 시키고, 마우스포인터 쪽을 바라보게 합니다. 그리고 마우스의 클릭을 해제하면 복제본을 생성합니다.

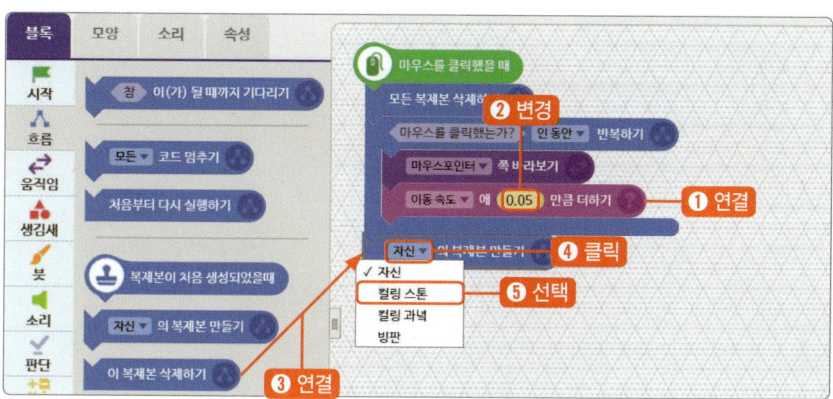

02 　마우스의 클릭을 해제했을 때 복사본을 만들어 미끄러지도록 코딩하기

❶ 　흐름　블록 꾸러미에서 　복제본이 처음 생성되었을때　를 [블록 조립소]로 가져다 놓습니다. 이어서,  를 연결합니다.

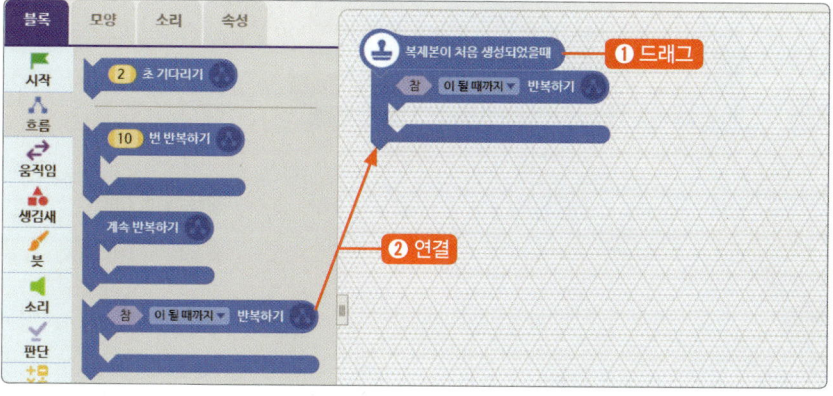

CHAPTER 12 컬링 스톤 발사하기 **083**

❷ 　판단　블록 꾸러미에서 　10 ≤ 10　을 '참'의 위치에 끼워 넣은 후 두 번째 '10'을 '0.1'로 변경합니다. 이어서, 　자료　블록 꾸러미에서 　이동 속도▼ 값　을 첫 번째 '10'의 위치에 끼워 넣은 후 　움직임　블록 꾸러미에서 　이동 방향으로 10 만큼 움직이기　를 연결합니다.

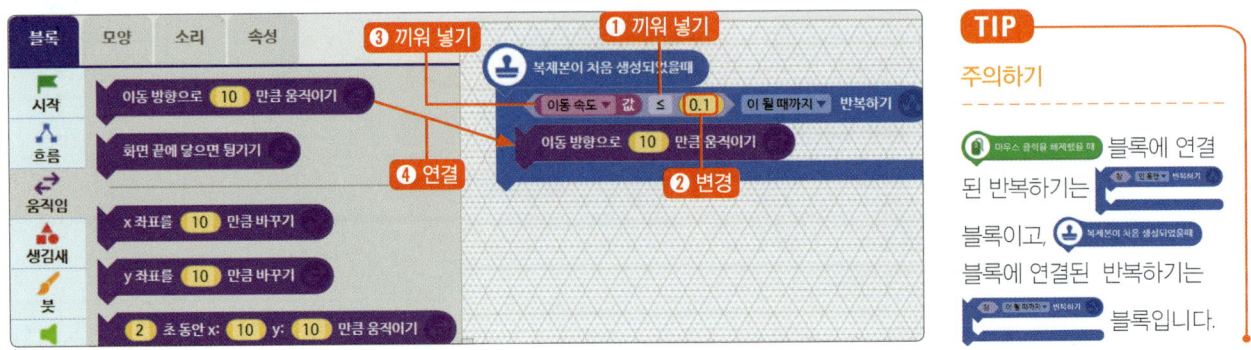

TIP
주의하기

　마우스 클릭을 해제했을 때　블록에 연결된 반복하기는 　계속 반복하기　블록이고, 　복제본이 처음 생성되었을때　블록에 연결된 반복하기는 　〜 이 될 때까지 반복하기　블록입니다.

❸ 　자료　블록 꾸러미에서 　이동 속도▼ 값　을 '10'의 위치에 끼워 넣습니다. 이어서, 　이동 속도▼ 를 10 로 정하기　를 연결한 후 　계산　블록 꾸러미에서 　10 x 10　을 '10'의 위치에 끼워 넣습니다.

코딩풀이 복제본은 만들어질 때 [컬링 스톤] 오브젝트가 바라보던 방향으로 마우스를 클릭하는 동안 증가한 '이동 속도' 변수의 값만큼 이동합니다.

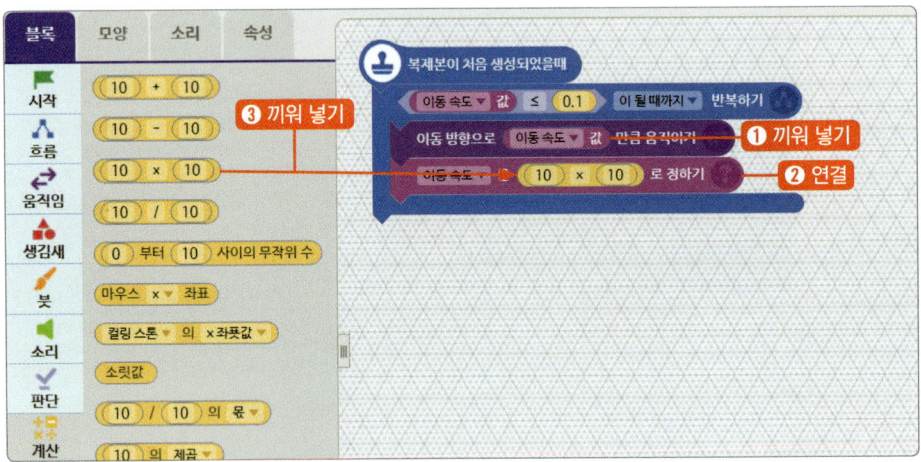

❹ 　자료　블록 꾸러미에서 　이동 속도▼ 값　을 첫 번째 '10'의 위치에 끼워 넣은 후 두 번째 '10'을 '0.99'로 변경합니다. 이어서, ▶ 를 클릭하여 마우스를 이용해 컬링 스톤을 미끄러지게 해봅시다.

코딩풀이 '이동 속도' 변수의 값에 '0.99'를 곱하여(변수 값을 99% 감소) '이동 속도' 변수의 값이 '0.1'이 될 때까지 미끄러집니다.

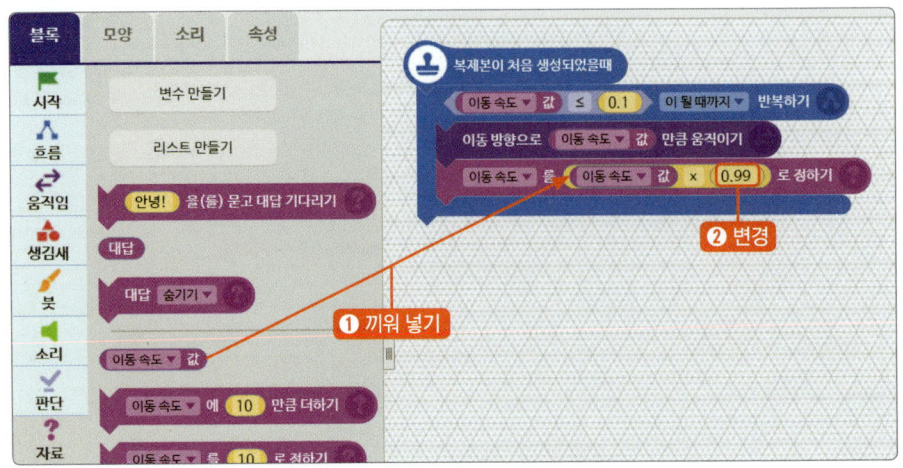

창의력 UP

　이동 속도▼ 를 (이동 속도▼ 값 x 0.99) 로 정하기　

코드에서 '0.99'를 '1.0'으로 변경한 후 실행하여 결과를 확인해봅시다.

084　상상력을 키우는 엔트리

스스로 해결하기

01 다음 순서도 기호들의 기능을 적어봅시다.

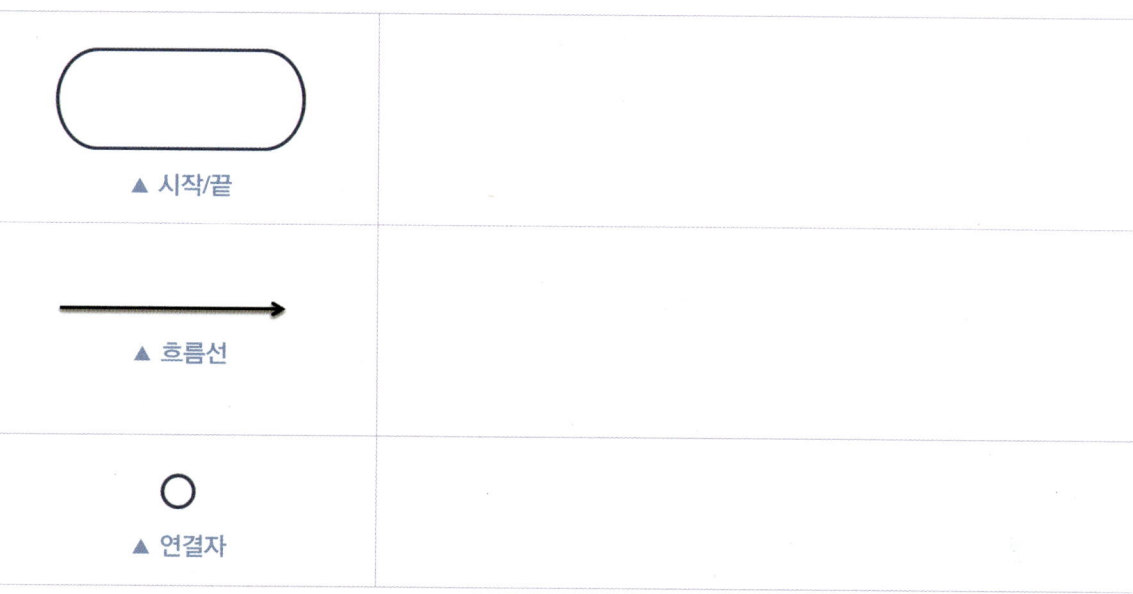

▲ 시작/끝

▲ 흐름선

▲ 연결자

02 민희는 친구들과 떡볶이를 먹으려고 합니다. <보기>를 참고하여 <문제>의 빈 칸을 채워봅시다.

보기

① 튀김 주문하기
② 주문한 음식 먹기
③ 떡볶이 주문하기
④ 추가 주문을 하는가?

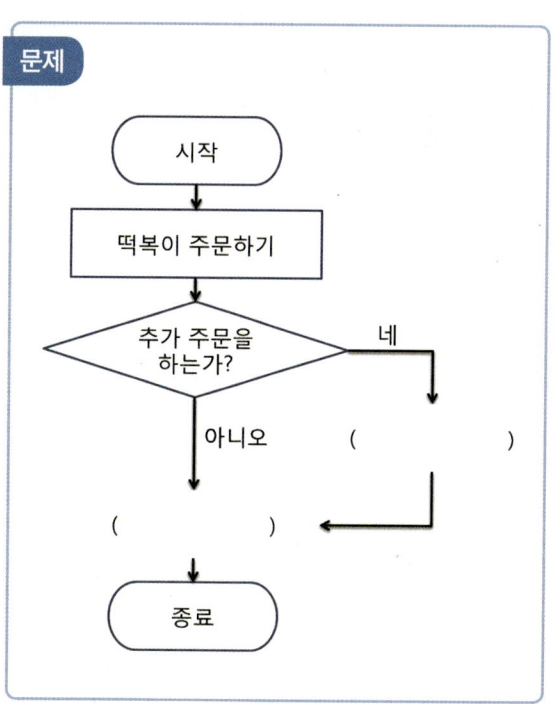

CHAPTER 12 컬링 스톤 발사하기 **085**

CHAPTER 13 프리즘을 통과하는 빛

| 학습목표 |
- 프리즘을 통과하는 빛을 표현할 수 있습니다.
- 함수를 만들어 사용할 수 있습니다.

 불러올 파일 : 13차시 불러올 파일.ent  완성된 파일 : 13차시 완성된 파일.ent

※ 실행 방법 : ▶ 버튼을 클릭하여 빛이 프리즘에 닿으면 어떻게 되는지 보여줍니다.

오늘 배울 순서도 기호

▲ 선택 (마름모)	기호 안에 적힌 내용을 판단하여 적합한 흐름선을 따라갑니다.
▲ 반복 (사각형)	위쪽의 사각형에 적힌 조건을 만족할 때까지 아래 사각형의 내용을 반복합니다.
▲ 입력 (평행사변형)	데이터의 입력 또는 출력을 보여줍니다.

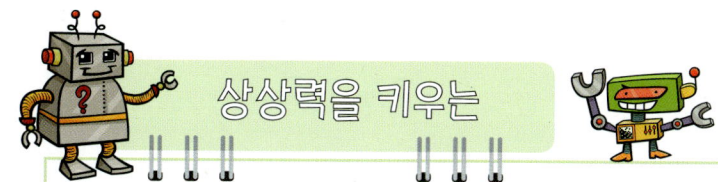 

순서도 해결하기!

철훈이는 어머니를 돕기 위해 설거지를 하려고 합니다. <보기>를 참고하여 <문제>의 빈 칸을 채워 봅시다.

보기

<설거지 하기>

- 그릇을 물속에 담가놓기
- 10번 반복하기
- 그릇들 헹구기
- 그릇에 비누 칠하기
- 주방 정리
- 설거지통에 넣기

문제

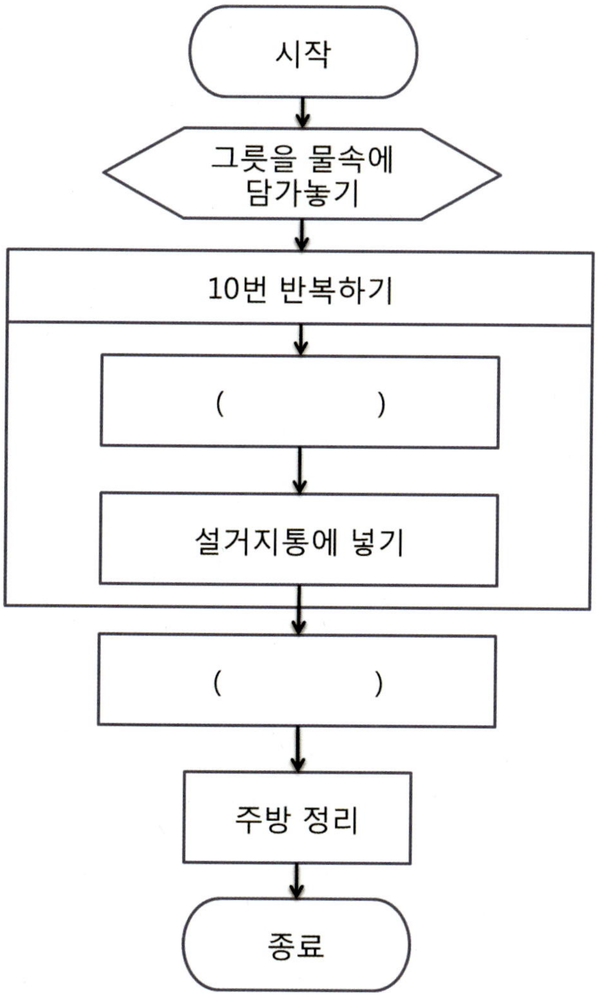

시작
↓
그릇을 물속에 담가놓기
↓
10번 반복하기
↓
(   )
↓
설거지통에 넣기
↓
(   )
↓
주방 정리
↓
종료

오브젝트 소개하기

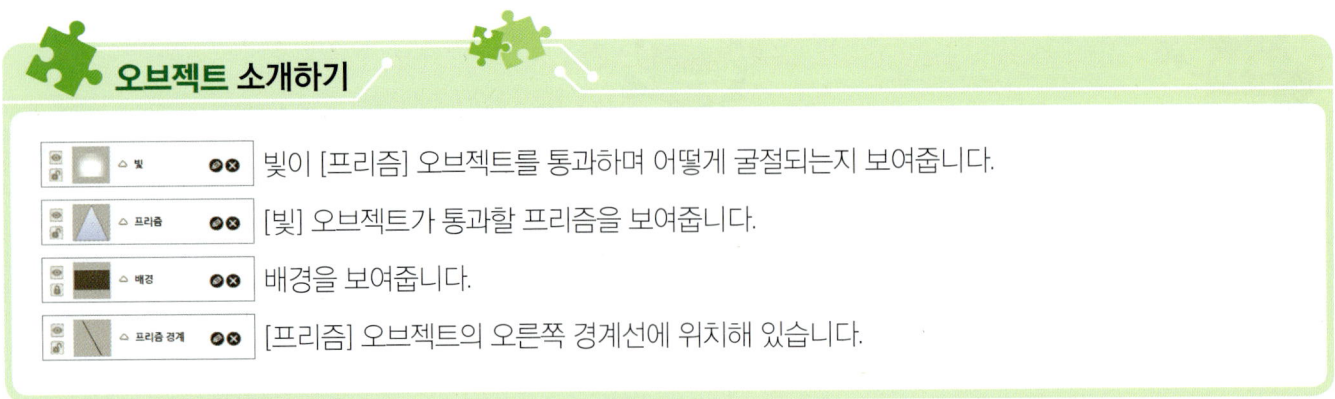

- 빛이 [프리즘] 오브젝트를 통과하며 어떻게 굴절되는지 보여줍니다.
- [빛] 오브젝트가 통과할 프리즘을 보여줍니다.
- 배경을 보여줍니다.
- [프리즘] 오브젝트의 오른쪽 경계선에 위치해 있습니다.

01 [빛] 오브젝트가 프리즘까지 이동하도록 코딩하기

❶ [불러올 파일]-'13차시 불러올 파일.ent' 파일을 불러옵니다. 이어서, [오브젝트 목록]에서 오브젝트가 선택되어 있는지 확인한 후 `시작` 블록 꾸러미에서 `시작하기 버튼을 클릭했을 때`를 [블록 조립소]로 가져다 놓습니다.

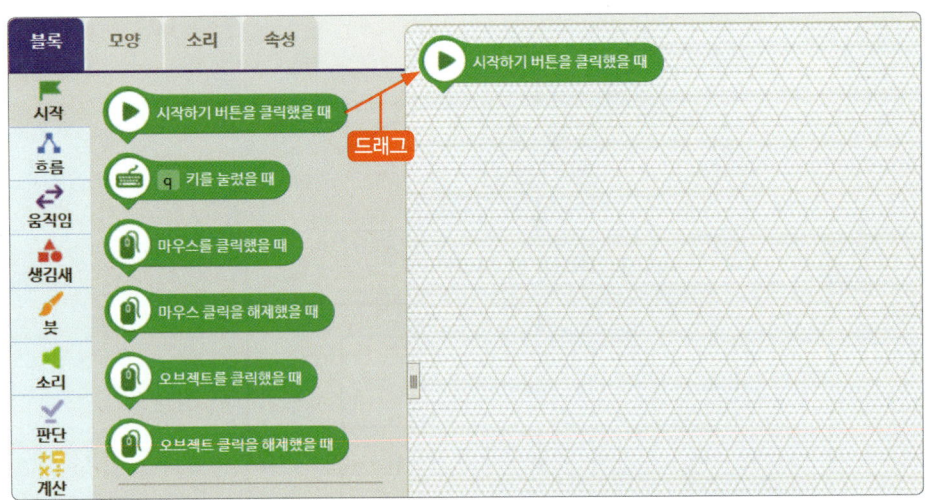

❷ `붓` 블록 꾸러미에서 `그리기 시작하기`를 연결합니다. 이어서, `움직임` 블록 꾸러미에서 `빛▼ 쪽 바라보기`를 연결한 후 `빛▼`을 클릭하여 목록이 나오면 '**프리즘**'을 선택합니다.

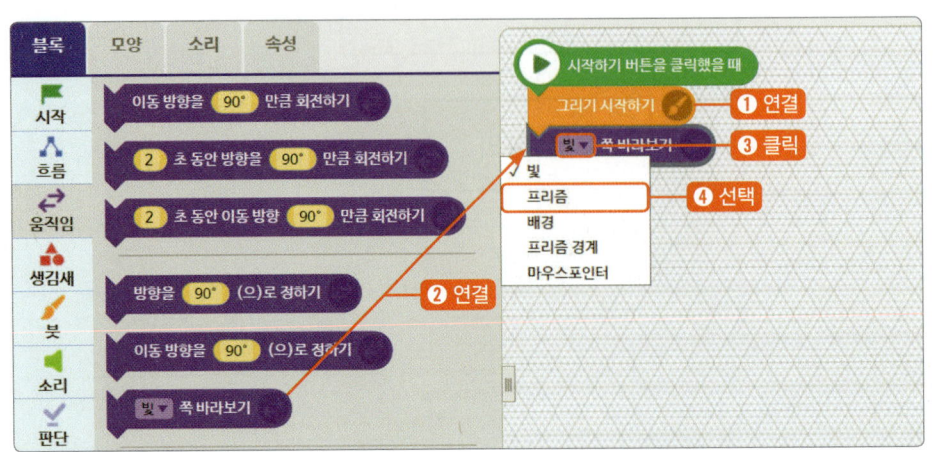

TIP

~쪽 바라보기

오브젝트가 선택한 대상으로 이동할 수 있도록 오브젝트를 회전시킵니다.

❸ 🖌 블록 꾸러미에서 `붓의 색을 ■(으)로 정하기` 를 연결한 후 ■을 클릭하여 색상표가 나오면 '**하얀색(□)**' 을 클릭합니다. 이어서, 🔁 흐름 블록 꾸러미에서 `참 이 될 때까지 반복하기` 를 연결합니다.

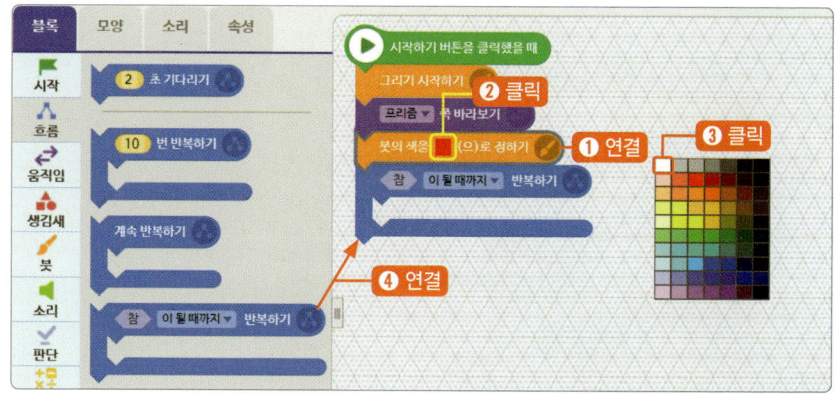

❹ ✓ 판단 블록 꾸러미에서 `마우스포인터 에 닿았는가?` 를 '참'의 위치에 끼워 넣은 후 `마우스포인터` 를 클릭하여 목록이 나오면 '**프리즘**'을 선택합니다. 이어서, 🔁 움직임 블록 꾸러미에서 `이동 방향으로 10 만큼 움직이기` 를 연결한 후 '10'을 '1'로 변경합니다.

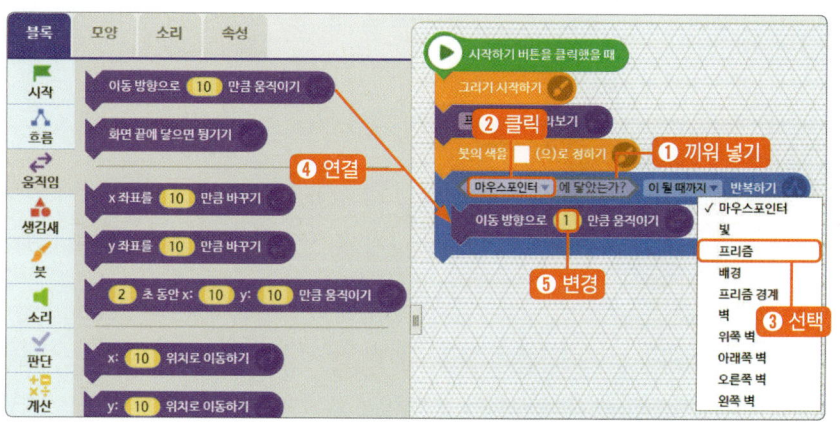

창의력 UP
`프리즘 에 닿았는가?` 블록의 '프리즘'을 '프리즘 경계' 변경한 후 실행하여 결과를 확인해봅시다.

02 프리즘 안에서 빛의 모양이 바뀌고 이동하도록 코딩하기

❶ 🖌 붓 블록 꾸러미에서 `그리기 멈추기` 를 연결합니다. 이어서, 🔁 움직임 블록 꾸러미에서 `방향을 90° 만큼 회전하기` 를 연결한 후 '90°'를 '10°'로 변경합니다.

코딩풀이 빛이 [프리즘] 오브젝트를 향해 이동하며 하얀색 선을 그리다가 [프리즘] 오브젝트에 닿으면 그리기를 멈추고 방향을 회전합니다.

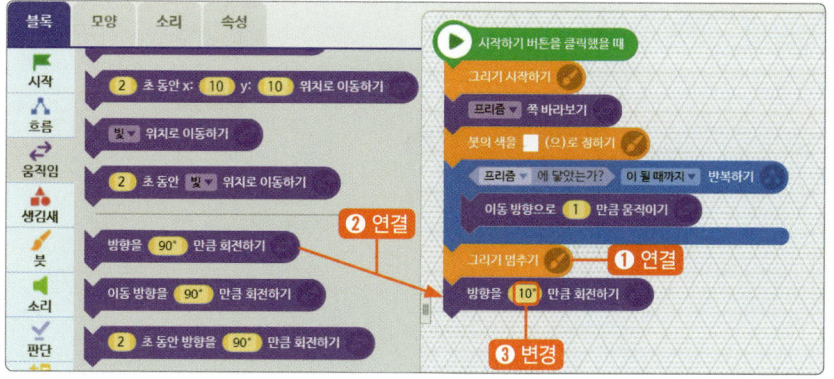

CHAPTER 13 프리즘을 통과하는 빛 **089**

❷ [생김새] 블록 꾸러미에서 [다음 모양으로 바꾸기]를 연결합니다. 이어서, [크기를 100 (으)로 정하기]를 연결한 후 '100'을 '1'로 변경합니다.

코딩풀이 [프리즘] 오브젝트에 닿으면 다음 모양으로 바꾸고 크기를 '1'로 정합니다.

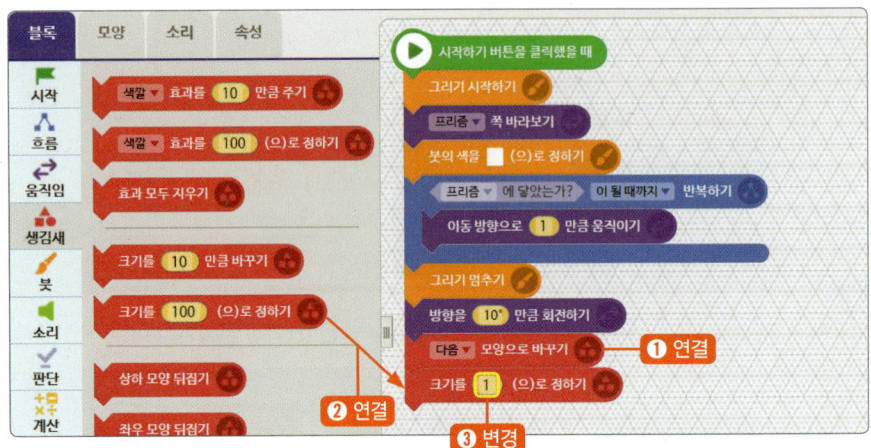

❸ [흐름] 블록 꾸러미에서 [참 이 될 때까지 반복하기]를 연결합니다. 이어서, [판단] 블록 꾸러미에서 [마우스포인터 에 닿았는가?]를 '참'의 위치에 끼워 넣은 후 [마우스포인터]를 클릭하여 목록이 나오면 '**프리즘 경계**'를 선택합니다.

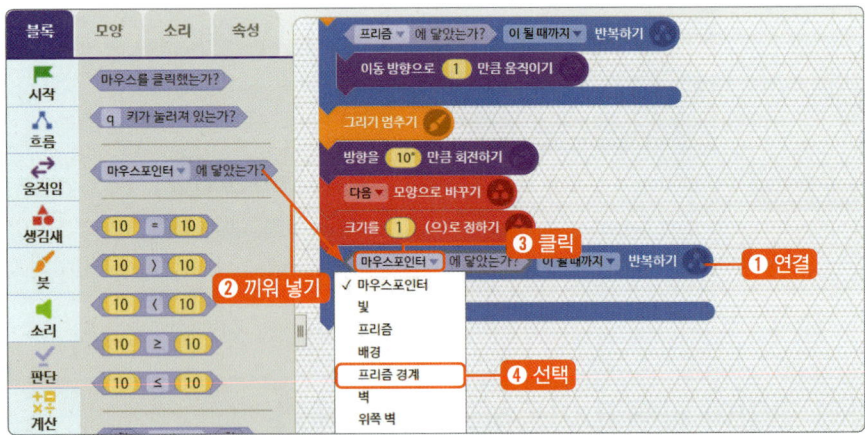

❹ [함수] 블록 꾸러미에서 [함수 만들기]를 클릭합니다.

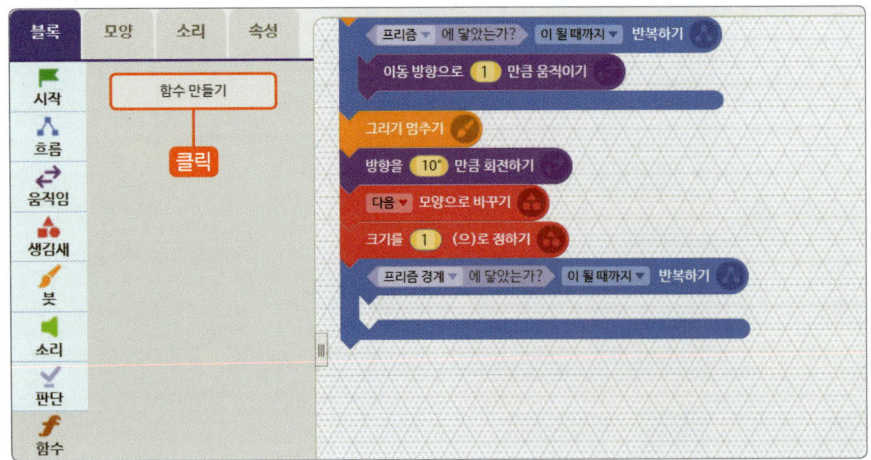

> **TIP**
>
> **함수 추가**
>
> 속성 탭에서 [함수] 탭을 클릭하여 함수의 목록을 확인하고 <+함수 추가>를 클릭하면 함수를 추가할 수 있습니다.

❺ [블록 조립소]의 화면이 바뀌면 '**함수**'를 '**그리기**'로 변경합니다. 이어서, 생김새 블록 꾸러미에서 크기를 10 만큼 바꾸기 를 연결한 후 '10'을 '0.1'로 변경합니다.

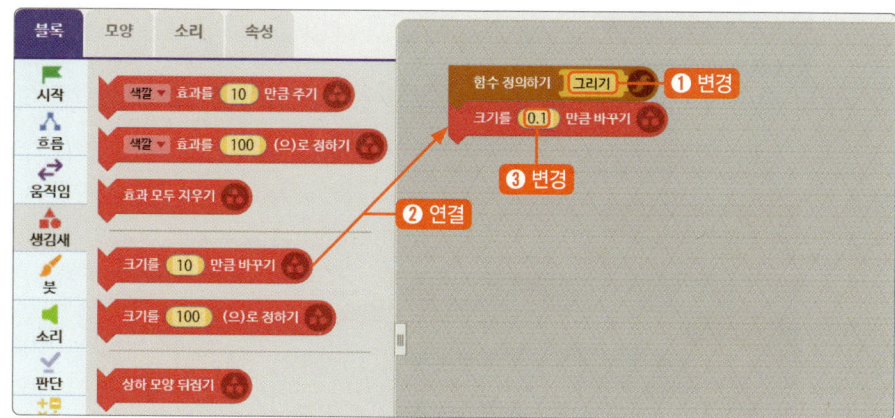

TIP

함수 사용 이유

함수는 길고 반복되는 코드를 줄이고 코드가 어떤 동작을 하는지 이름을 붙여 정의해서 다른 사람이 코드를 분석하기 편리합니다.

❻ 움직임 블록 꾸러미에서 이동 방향으로 10 만큼 움직이기 를 연결한 후 '10'을 '0.5'로 변경합니다. 이어서, 붓 블록 꾸러미에서 도장찍기 를 연결한 후 아래 확인 을 클릭합니다.

코딩풀이 [빛] 오브젝트가 프리즘 안쪽으로 들어오면 무지개색 모양으로 바꾸고 도장을 찍으며 이동합니다.

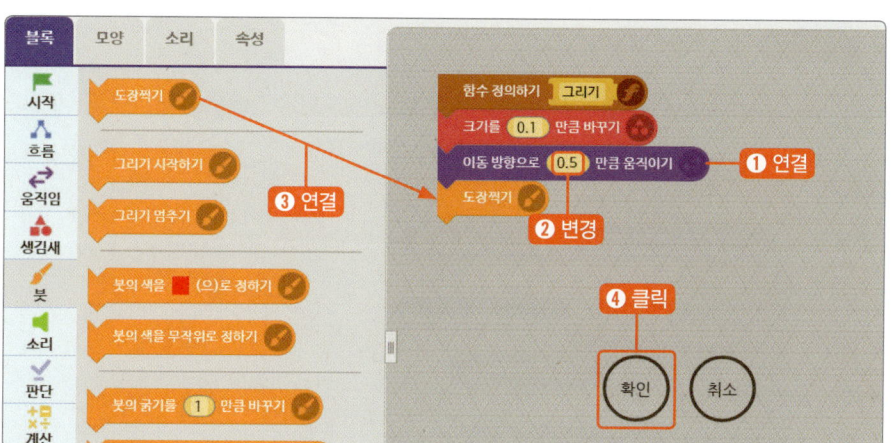

TIP

주의하기

버전에 따라서 <확인>과 <취소> 버튼의 위치가 다를 수 있습니다. <취소> 버튼을 클릭하면 함수가 저장되지 않으니 주의해야 합니다.

❼ 함수 블록 꾸러미에서 그리기 를 연결합니다. 이어서, 움직임 블록 꾸러미에서 방향을 90° 만큼 회전하기 를 연결한 후 '90°'를 '10°'로 변경합니다.

코딩풀이 [프리즘 경계] 오브젝트에 닿으면 다시 방향을 회전하여 굴절을 표현합니다.

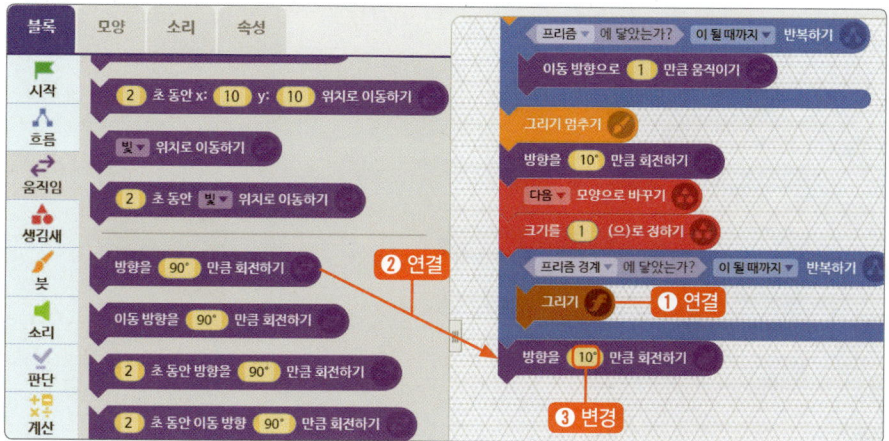

CHAPTER 13 프리즘을 통과하는 빛 **091**

03 ▶ 프리즘을 벗어난 빛이 화면 끝까지 이동하도록 코딩하기

❶ `흐름` 블록 꾸러미에서 `참 이 될 때까지 반복하기`을 연결합니다. 이어서, `판단` 블록 꾸러미에서 `마우스포인터 에 닿았는가?`를 '참'의 위치에 끼워 넣은 후 `마우스포인터`를 클릭하여 목록이 나오면 '**벽**'을 선택합니다.

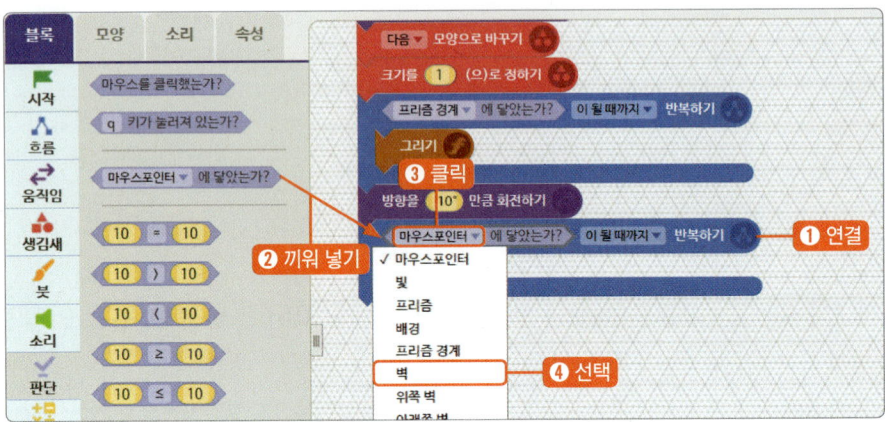

❷ `함수` 블록 꾸러미에서 `그리기`를 연결합니다.

코딩풀이 프리즘 밖으로 나간 [빛] 오브젝트는 이제 화면 끝에 닿을 때까지 같은 방향으로 이동합니다.

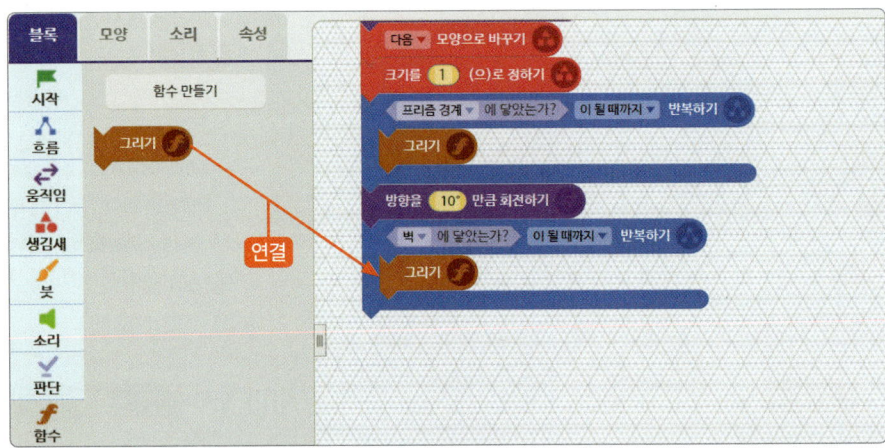

❸ 코딩이 끝나면 ▶를 클릭하여 빛이 이동하다가 프리즘을 통과하면서 모양이 바뀌고 굴절되는지 확인해봅시다.

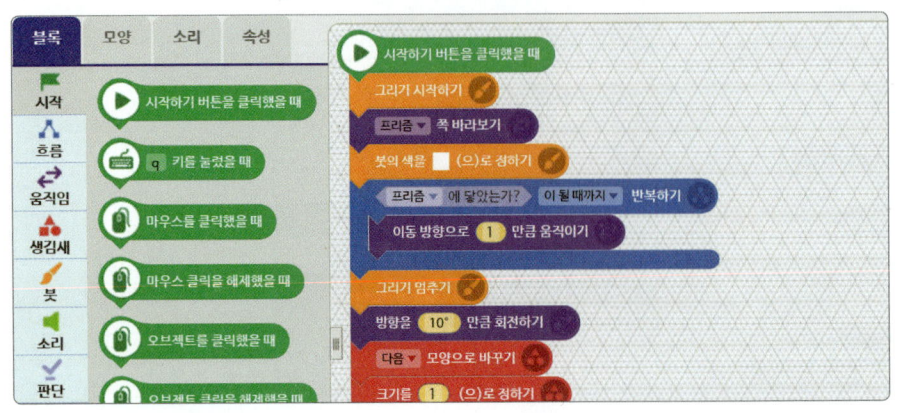

창의력 UP

`그리기` 함수 블록에 만들어진 코드에서 크기를 '0.5'로, 이동 방향으로 '1'만큼 움직이도록 변경한 후 실행하여 결과를 확인해봅시다.

스스로 해결하기

01 다음 순서도 기호들의 기능을 적어봅시다.

02 철훈이는 4명의 친구들과 농구를 한 후 음료수 자판기에서 음료수를 뽑으려고 합니다. <보기>를 참고하여 <문제>의 빈 칸을 채워봅시다.

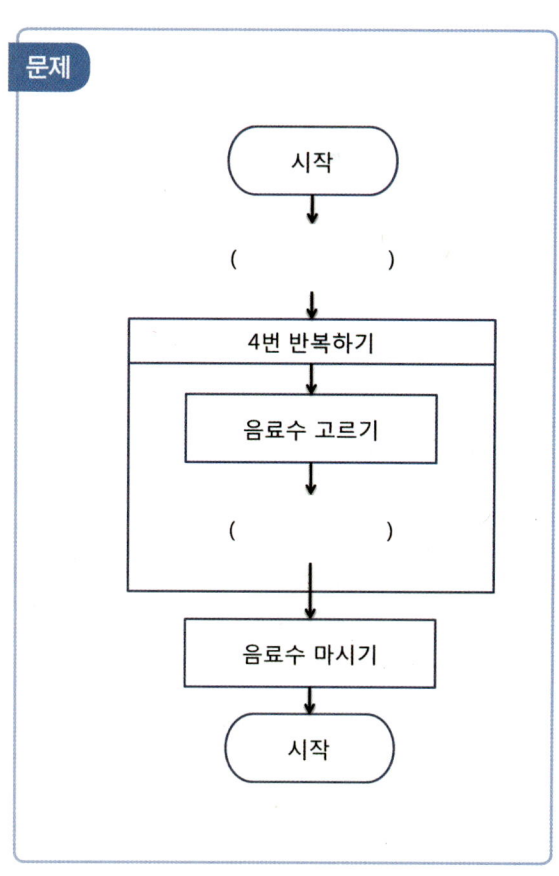

CHAPTER 14 칠교 놀이 만들기

| 학습목표 |

- 오브젝트를 드래그하여 마우스를 따라다니도록 코딩할 수 있습니다.
- 함수를 만든 후 여러 오브젝트에 복사하여 붙여넣을 수 있습니다.

📂 **불러올 파일** : 14차시 불러올 파일.ent   💾 **완성된 파일** : 14차시 완성된 파일.ent

※ 실행 방법 : 조각들을 마우스로 드래그하여 위치를 조절하고, 마우스로 클릭하는 동안 키보드의 ←, → 키를 눌러 회전시킬 수 있습니다.

오늘 배울 순서도 기호

기호	설명
▲ 준비	시작하기 전 준비해야할 사항(변수 추가, 리스트 추가, 변수의 초기화 등)을 보여줍니다.
▲ 호출	미리 정의된 함수를 불러옵니다.
▲ 출력	결과물을 출력하는 것을 알려줍니다.

094 상상력을 키우는 엔트리

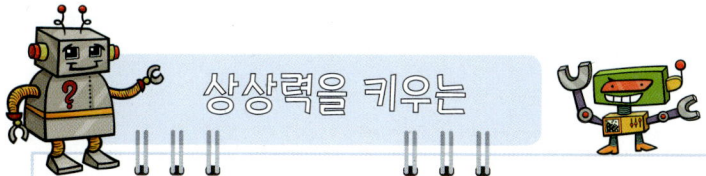

순서도 해결하기!

철훈이는 놀이공원에서 놀이기구를 타려고 합니다. <보기>를 참고하여 <문제>의 빈 칸을 채워봅시다.

보기

<놀이기구 타기>

- 타고 싶은 놀이기구 위치로 이동하기
- 차례가 올 때까지 기다리기
- 놀이기구 타기
- 기다리는 줄이 있는가?

문제

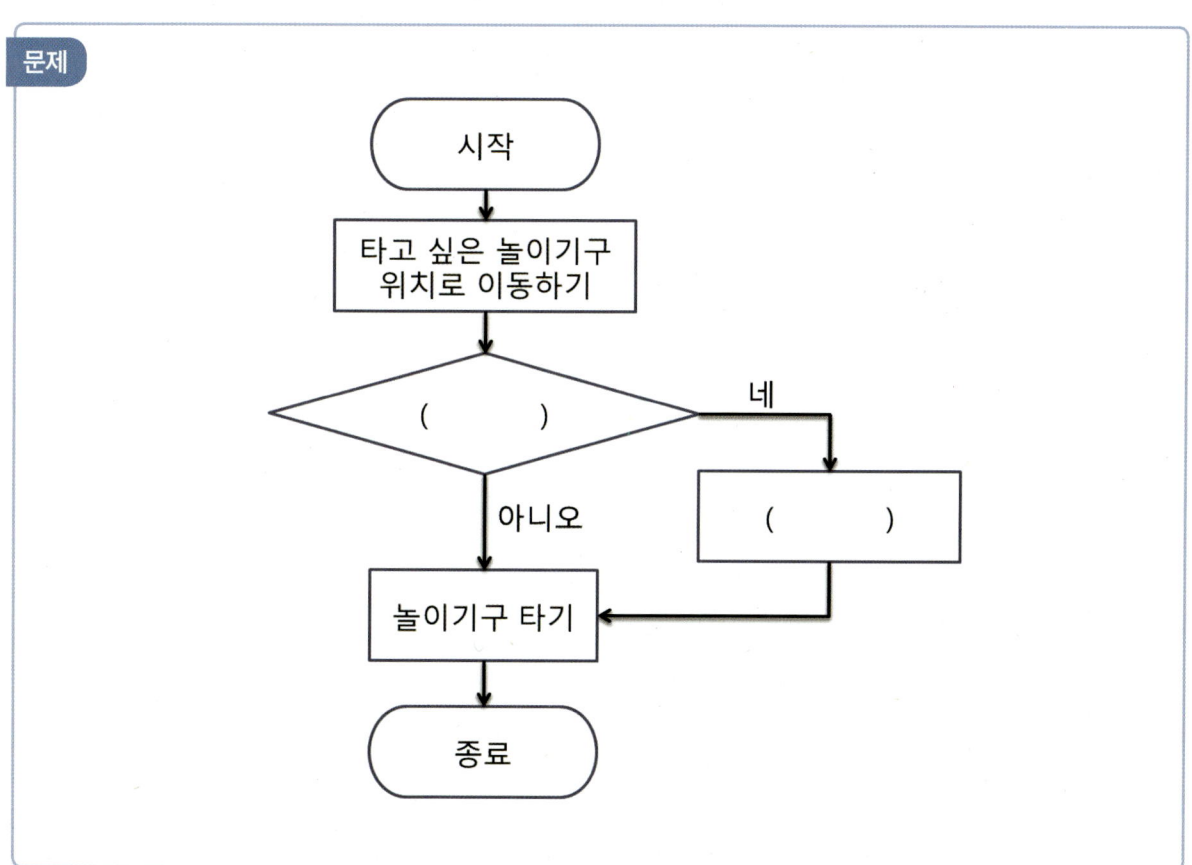

오브젝트 소개하기

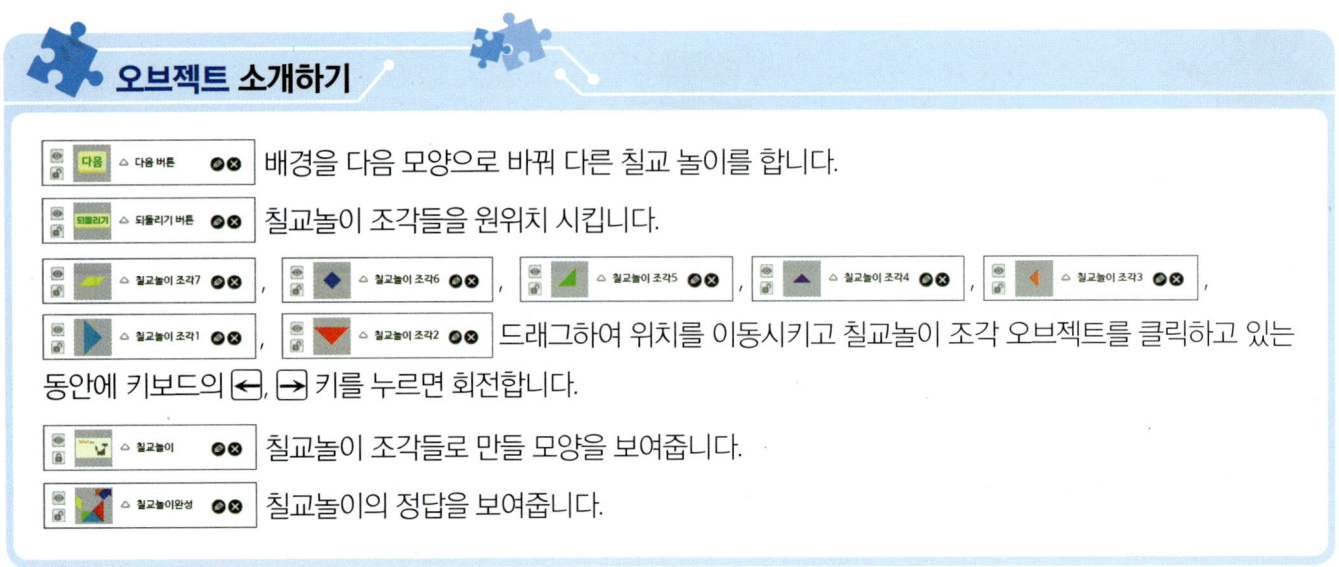

01 칠교 조각을 조종하는 함수를 만들기

① [불러올 파일]-'14차시 불러올 파일.ent' 파일을 불러옵니다. 이어서, 함수 블록 꾸러미에서 함수 만들기 를 클릭한 후 [블록 조립소]의 화면이 바뀌면 '함수'를 '칠교 조각 조종하기'로 변경합니다.

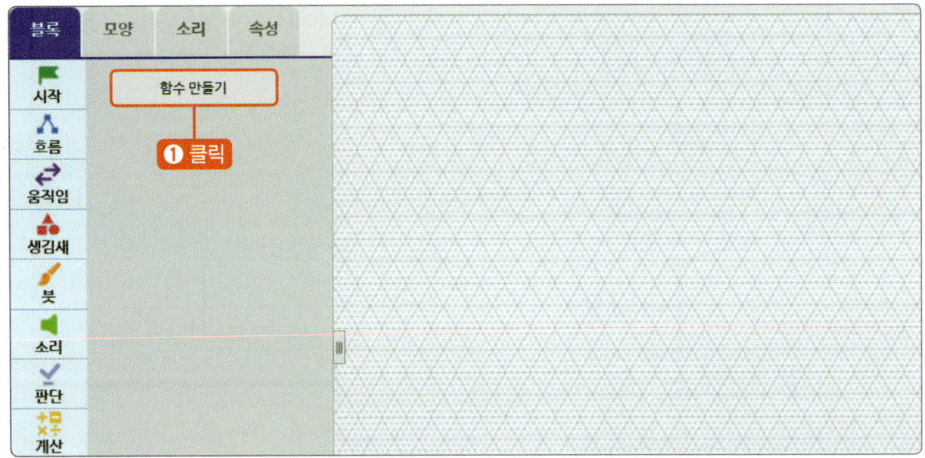

TIP

함수만들기

함수를 만들 때는 어떤 오브젝트가 선택되어 있든지 상관없습니다. 그리고 만들어진 함수는 필요한 오브젝트에서 모두 사용할 수 있습니다.

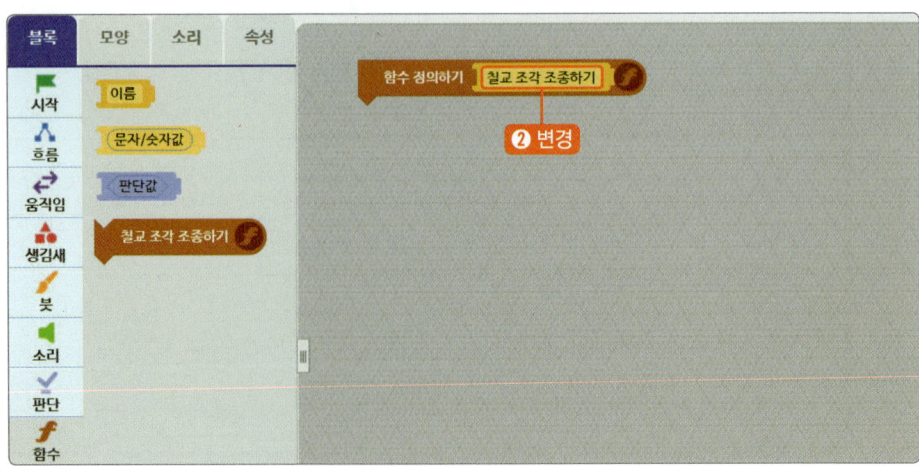

❷ [흐름] 블록 꾸러미에서 [참 이 될 때까지 반복하기]를 연결한 후 [이 될 때까지]를 클릭하여 목록이 나오면 '인 동안'을 선택합니다. 이어서, [판단] 블록 꾸러미에서 [마우스를 클릭했는가?]를 '참'의 위치에 끼워 넣습니다.

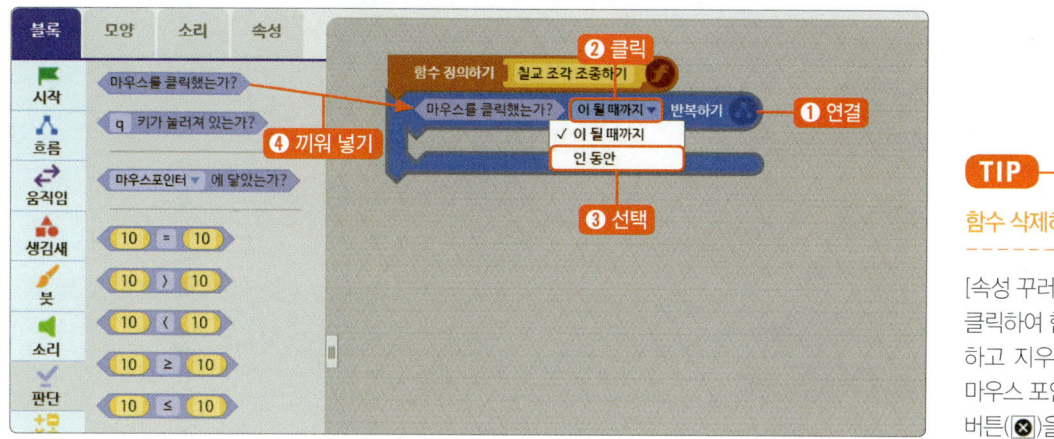

TIP

함수 삭제하기

[속성 꾸러미]에서 [함수] 탭을 클릭하여 함수의 목록을 확인하고 지우고 싶은 함수 위에 마우스 포인터를 올린 후 삭제 버튼(⊗)을 클릭합니다.

❸ [움직임] 블록 꾸러미에서 [확인 버튼 위치로 이동하기]를 연결한 후 [확인 버튼]을 클릭하여 목록이 나오면 '마우스포인터'를 선택합니다.

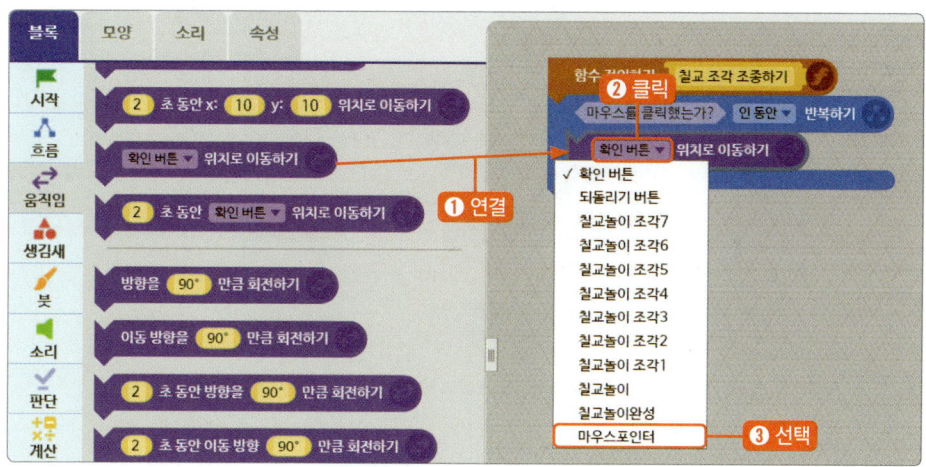

❹ [흐름] 블록 꾸러미에서 [만일 참 이라면]을 연결합니다. 이어서, [판단] 블록 꾸러미에서 [q 키가 눌러져 있는가?]를 '참'의 위치에 끼워 넣은 후 [q]를 클릭하여 키보드 모양의 이미지가 나오면 [←] 키를 누릅니다.

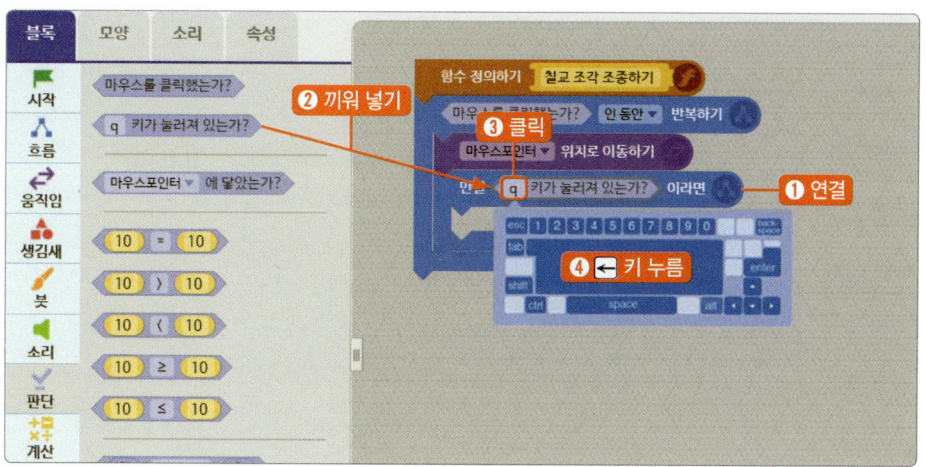

CHAPTER 14 칠교 놀이 만들기 **097**

❺ 　 블록 꾸러미에서 　　　　　　　　　를 연결한 후 '90°'를 '-1'로 변경합니다.

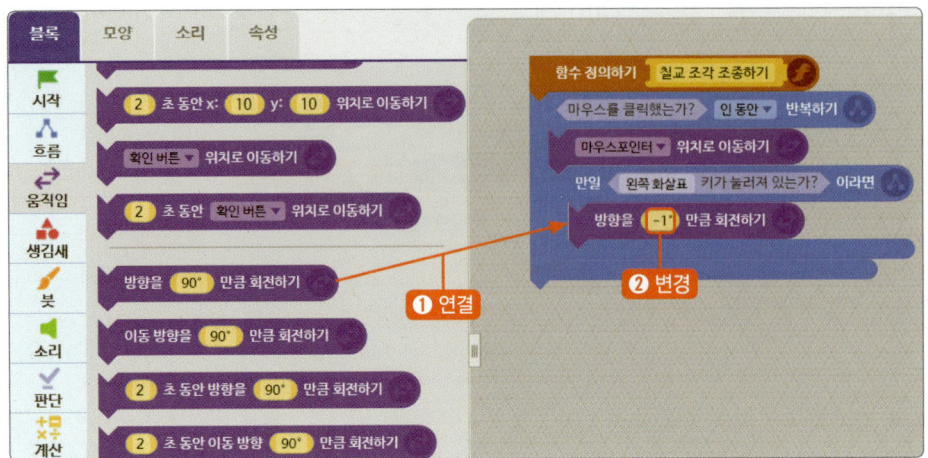

❻ 　　　　　　　　　　　 위에서 마우스 오른쪽 버튼을 눌러 [코드 복사 & 붙여넣기]를 선택합니다. 이어서, 코드가 복사되면 드래그하여 아래쪽에 연결합니다.

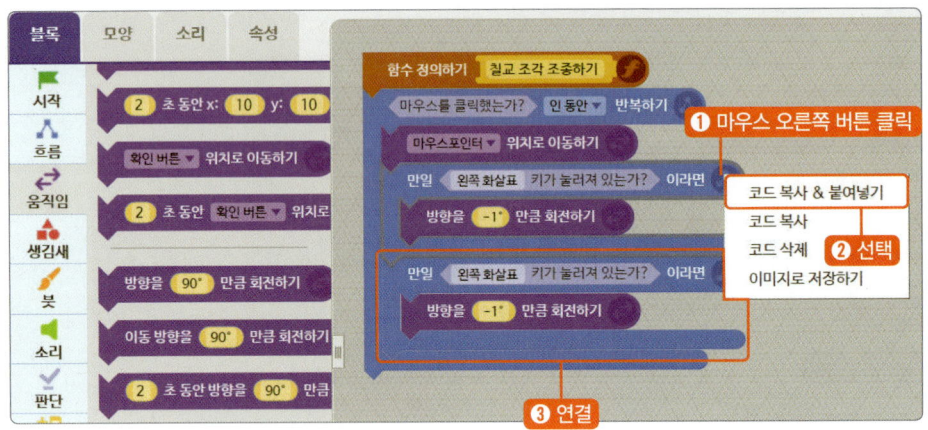

❼ 복사된 코드의 '왼쪽 화살표'를 '오른쪽 화살표'로, '-1°'를 '1°'로 변경합니다. 이어서, 코딩이 끝나면 　　 을 클릭합니다.

코딩풀이 칠교 조각 오브젝트를 마우스로 클릭하면 오브젝트가 마우스의 위치로 이동하며 이동 도중에 ←, → 키를 누르면 방향을 회전하는 함수를 만들었습니다.

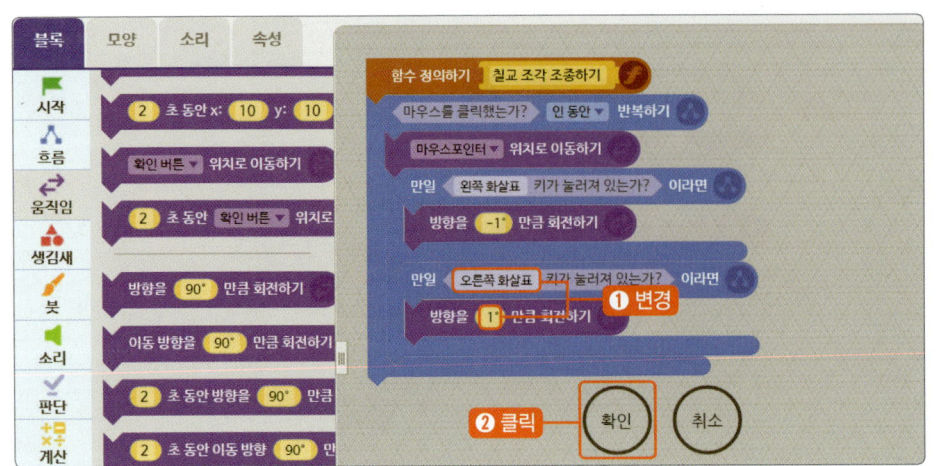

TIP
함수 만들 때 주의할 점

특정 오브젝트의 정보(모양 번호, 모양, 크기, 위치 등)를 이용하여 함수를 만들 경우, 정보가 없는 오브젝트에서는 오류가 생길 확률이 높습니다.

098 상상력을 키우는 엔트리

02 함수를 이용하여 칠교놀이 조각 오브젝트 코딩하기

① [오브젝트 목록]에서 칠교놀이 조각7 오브젝트를 선택합니다. 이어서, 시작 블록 꾸러미에서 오브젝트를 클릭했을 때를 [블록 조립소]로 가져다 놓습니다.

코딩풀이 — 칠교놀이 조각 오브젝트들에 미리 만들어져 있는 코드는 ▶를 클릭했을 때나 [되돌리기 버튼] 오브젝트를 클릭했을 때 칠교 조각들의 위치와 방향을 초기화 해주는 코드입니다.

② 함수 블록 꾸러미에서 칠교 조각 조종하기를 연결한 후 오브젝트를 클릭했을 때 위에서 마우스 오른쪽 버튼을 눌러 [코드 복사]를 선택합니다.

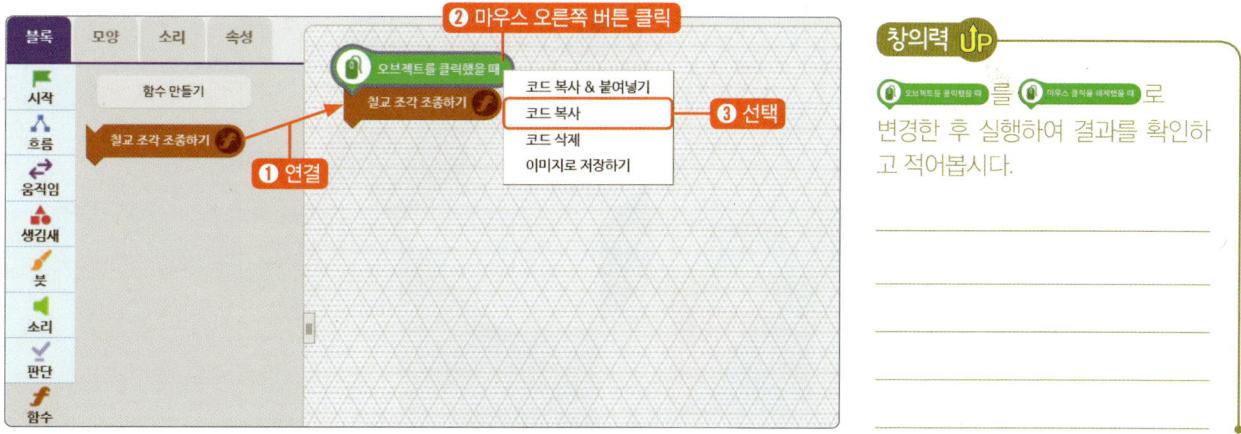

창의력 UP

오브젝트를 클릭했을 때를 마우스 클릭을 해제했을 때로 변경한 후 실행하여 결과를 확인하고 적어봅시다.

③ [오브젝트 목록]에서 칠교놀이 조각6을 선택한 후 [블록 조립소]에서 마우스 오른쪽 버튼을 눌러 [붙여넣기]를 선택합니다.

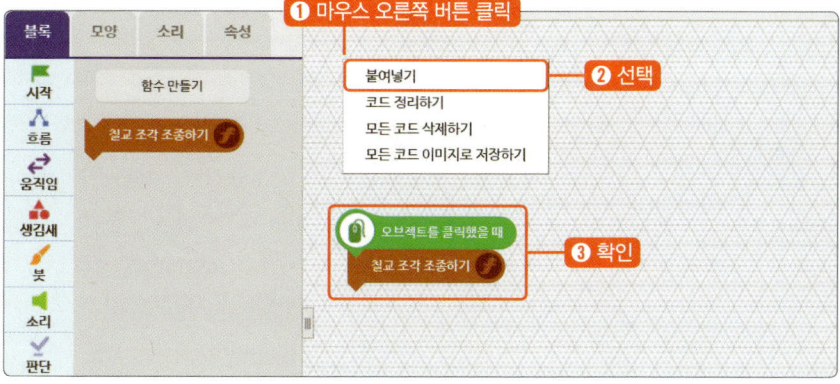

❹ 똑같은 방법으로 나머지 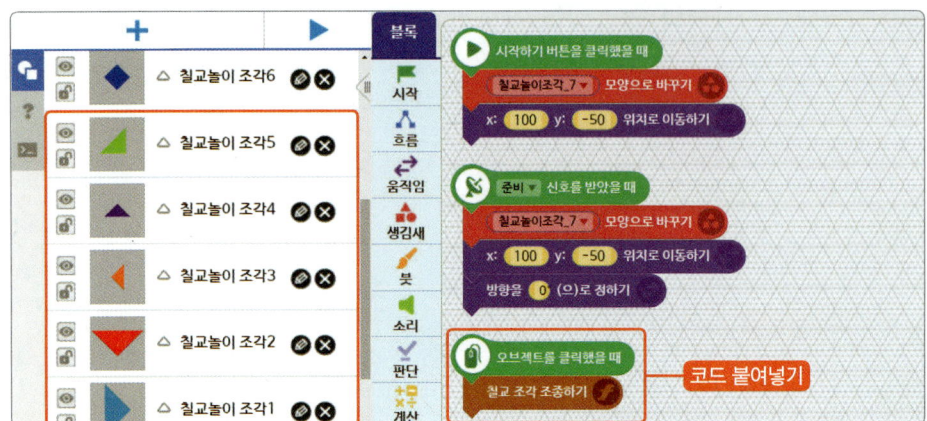 오브젝트에 코드를 붙여 넣습니다.

코딩풀이 '칠교 조각 조종하기' 함수는 마우스를 클릭하면 마우스포인터 위치로 이동하고, 이동 도중에 키보드의 ←, → 키를 누르면 방향을 회전하는 코드로 구성되어 다른 오브젝트에서도 사용이 가능합니다.

❺ 모든 칠교놀이 조각 오브젝트에 코드 복사가 완료되면 ▶ 를 클릭하여 칠교놀이 조각들을 마우스로 움직여봅시다. 또한 오브젝트를 클릭하고 있는 동안 키보드의 ←, → 키를 눌러 방향을 회전시켜 봅시다. 다음 버튼을 클릭하면 배경을 바꿀 수 있습니다.

※ 칠교놀이의 정답을 확인하려면 [칠교놀이완성] 오브젝트를 클릭한 후 [모양 꾸러미]에서 확인할 수 있습니다.

스스로 해결하기

01 다음 순서도 기호들의 기능을 적어봅시다.

02 민희는 선생님의 심부름으로 숙제를 걷으려고 합니다. <보기>를 참고하여 <문제>의 빈 칸을 채워봅시다.

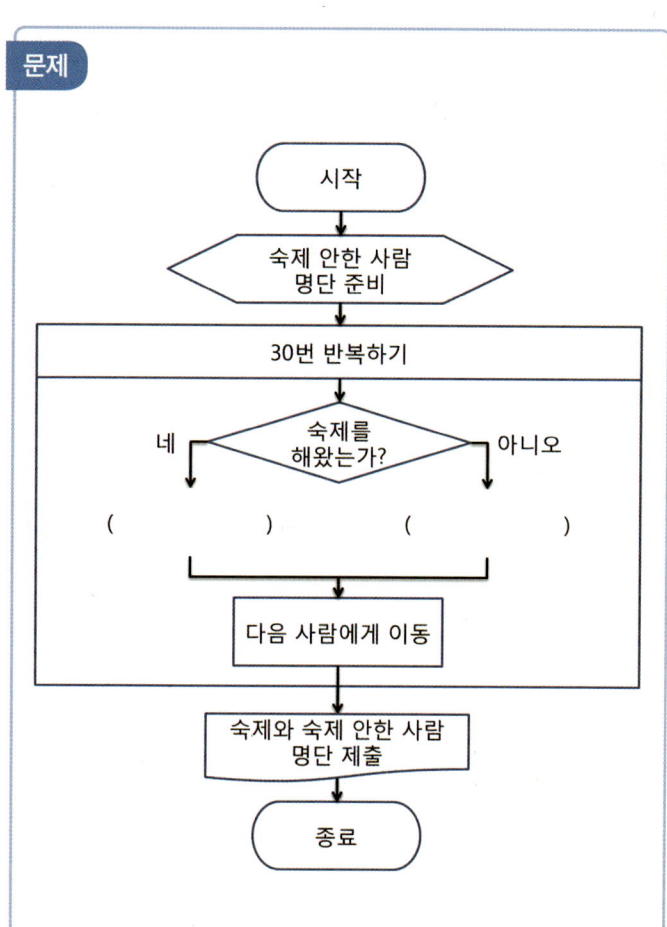

CHAPTER 15 시장가는 엔트리봇

| 학습목표 |
- 두 가지 조건을 연결하여 사용할 수 있습니다.
- 장면을 바꾸도록 코딩할 수 있습니다.

 불러올 파일 : 15차시 불러올 파일.ent    완성된 파일 : 15차시 완성된 파일.ent

※ 실행 방법 : 키보드의 ←, → 키를 눌러 엔트리봇을 이동시키고, 화면의 오른쪽 끝에 닿으면 장면이 바뀝니다.

오늘 배울 순서도 기호

▲ 시작/끝	순서도의 시작과 끝을 알려줍니다.
▲ 처리	기호 안에 적힌 내용을 실행합니다.
▲ 연결자	두 개 이상의 흐름선을 하나로 합쳐줍니다.

순서도 해결하기!

민희는 용돈을 받아 코인노래방을 이용하려 합니다. <보기>를 참고하여 <문제>의 빈 칸을 채워봅시다.

보기

<코인노래방 이용하기>

- 500원 동전 준비
- 500원을 기계에 넣기
- 코인노래방에서 나가기
- 3번 반복하기
- 코인노래방에 들어가기
- 노래하기
- 노래를 더 부를 것인가?

문제

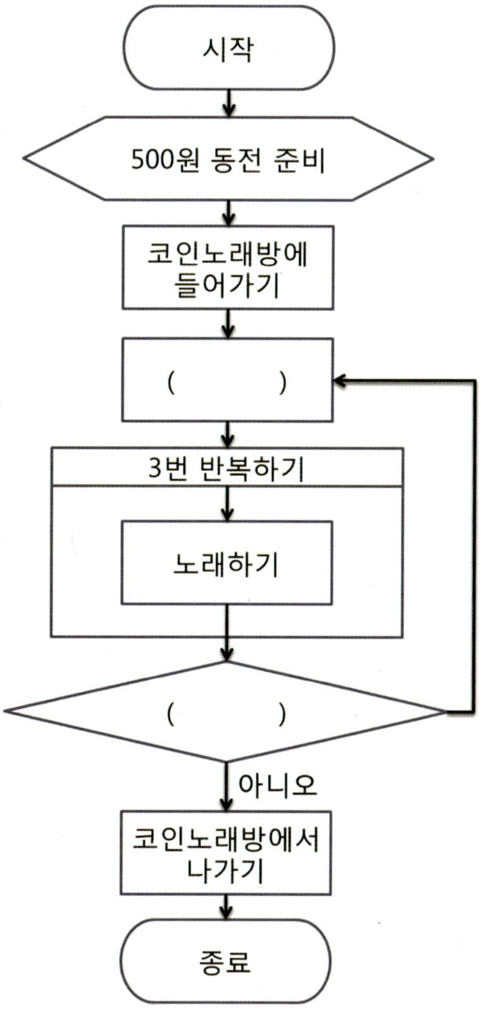

시작 → 500원 동전 준비 → 코인노래방에 들어가기 → ( ) → 3번 반복하기 { 노래하기 } → ( ) →(네: 위로 반복) →(아니오) 코인노래방에서 나가기 → 종료

오브젝트 소개하기

'장면 1'의 오브젝트

- 엔트리봇: 키보드 ←, → 키로 이동하고 오른쪽 벽에 닿으면 '장면 2'로 바뀝니다.
- 거실: '장면 1'의 배경을 보여줍니다.

'장면 2'의 오브젝트

- 엔트리봇: 키보드 ←, → 키로 이동하고 왼쪽 벽에 닿으면 '장면 1'로 바뀝니다.
- 시장: '장면 2'의 배경을 보여줍니다.

01 [엔트리봇] 오브젝트를 움직이는 함수 만들기

❶ [불러올 파일]-'15차시 불러올 파일.ent' 파일을 불러옵니다. 이어서, 함수 블록 꾸러미에서 함수 만들기를 클릭한 후 [블록 조립소]의 화면이 바뀌면 '함수'를 '엔트리봇 움직이기'로 변경합니다.

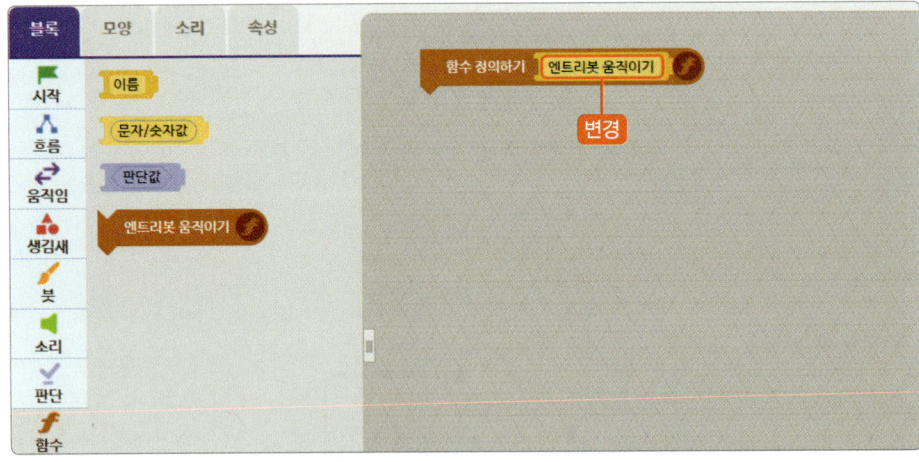

❷ 흐름 블록 꾸러미에서 만일 참 이라면 을 연결합니다. 이어서, 판단 블록 꾸러미에서 q 키가 눌러져 있는가? 를 '참'의 위치에 끼워 넣은 후 q 를 클릭하여 키보드 모양의 이미지가 나오면 ← 키를 누릅니다.

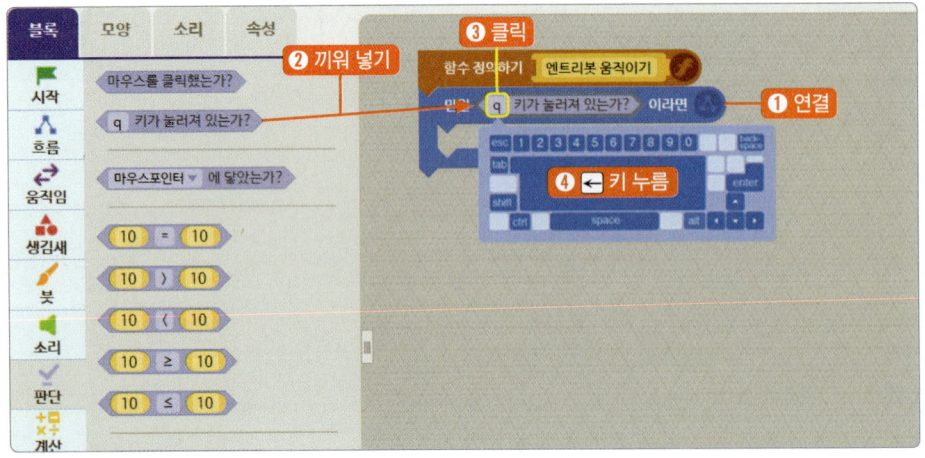

104 상상력을 키우는 엔트리

❸ 움직임 블록 꾸러미에서 이동 방향을 90°(으)로 정하기 와 이동 방향으로 10 만큼 움직이기 를 연결합니다. 이어서, '90°'을 '270°'으로, '10'을 '2'로 각각 변경합니다.

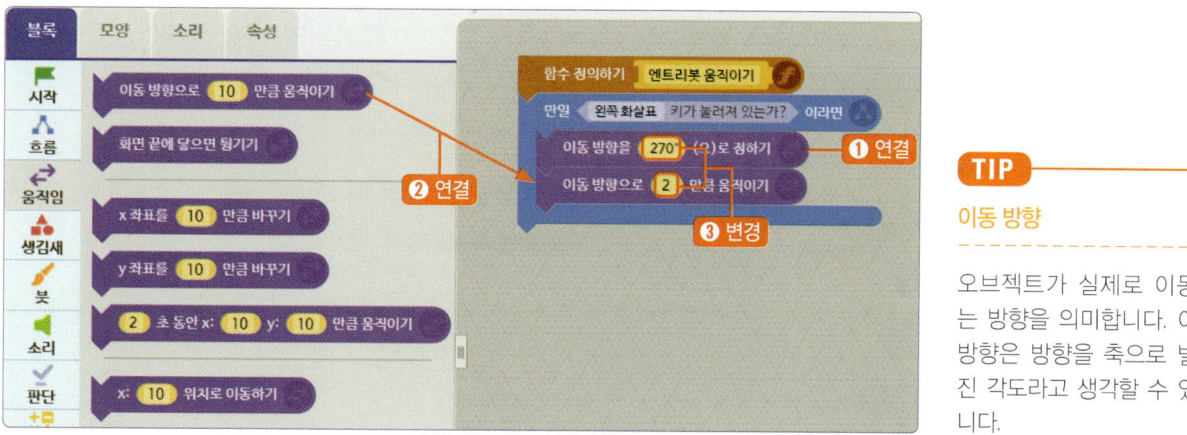

TIP

이동 방향

오브젝트가 실제로 이동하는 방향을 의미합니다. 이동 방향은 방향을 축으로 벌어진 각도라고 생각할 수 있습니다.

❹ 만일 <왼쪽 화살표 키가 눌러져 있는가?> 이라면 위에서 마우스 오른쪽 버튼을 눌러 [코드 복사 & 붙여넣기]를 선택합니다. 이어서, 코드가 복사되면 아래쪽에 연결합니다.

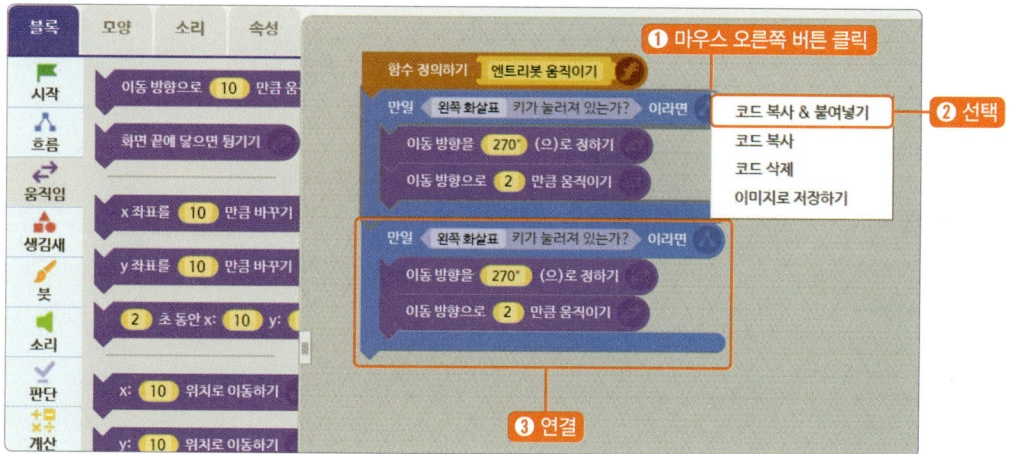

❺ 복사된 코드의 '왼쪽 화살표'를 '오른쪽 화살표'로, '270°'를 '90°'로 변경합니다. 이어서, 아래 확인 을 클릭합니다.

코딩풀이 ← 키를 누르면 왼쪽을 바라보며 이동하고, → 키를 누르면 오른쪽을 바라보며 이동합니다.

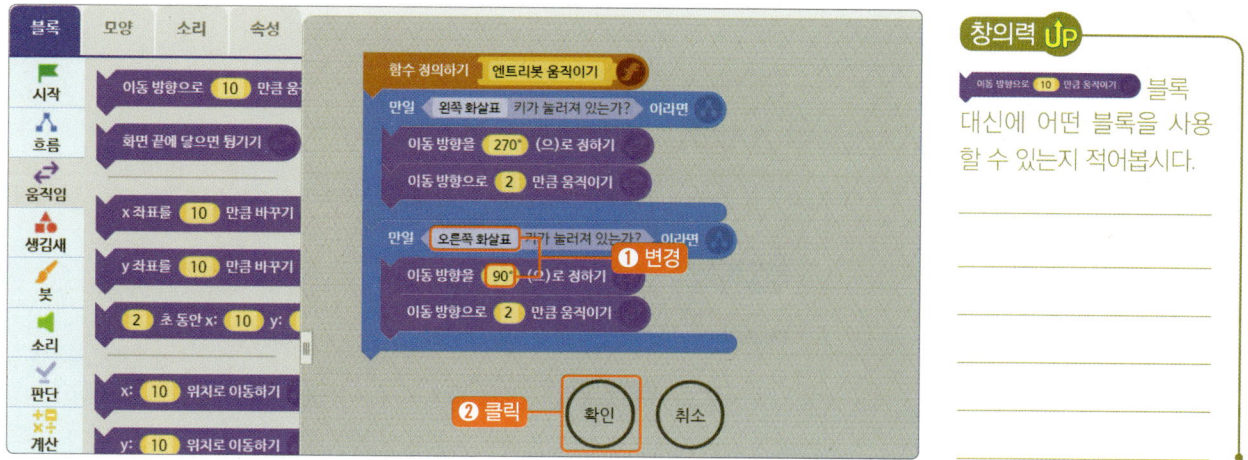

창의력 UP

이동 방향으로 10 만큼 움직이기 블록 대신에 어떤 블록을 사용할 수 있는지 적어봅시다.

CHAPTER 15 시장가는 엔트리봇 **105**

02 두 가지의 조건을 만족하면 다음 장면으로 이동하도록 코딩하기

❶ '장면 1'의 [오브젝트 목록]에서 오브젝트가 선택되어 있는지 확인한 후 블록 꾸러미에서 시작하기 버튼을 클릭했을 때 를 [블록 조립소]로 가져다 놓습니다.

❷ 흐름 블록 꾸러미에서 계속 반복하기 를 연결합니다. 이어서, 함수 블록 꾸러미에서 엔트리봇 움직이기 를 연결합니다.

코딩풀이 ←, → 키로 [엔트리봇] 오브젝트가 좌우로 움직이는 함수를 계속 반복하여 실행합니다.

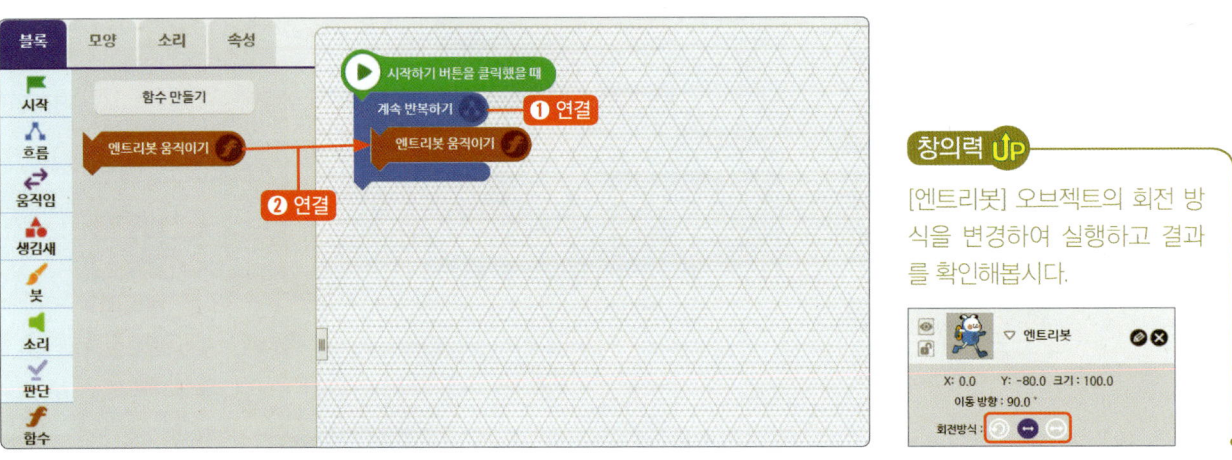

창의력 UP
[엔트리봇] 오브젝트의 회전 방식을 변경하여 실행하고 결과를 확인해봅시다.

❸ 흐름 블록 꾸러미에서 만일 참 이라면 을 연결한 후 판단 블록 꾸러미에서 참 그리고 참 을 '참'의 위치에 끼워 넣습니다.

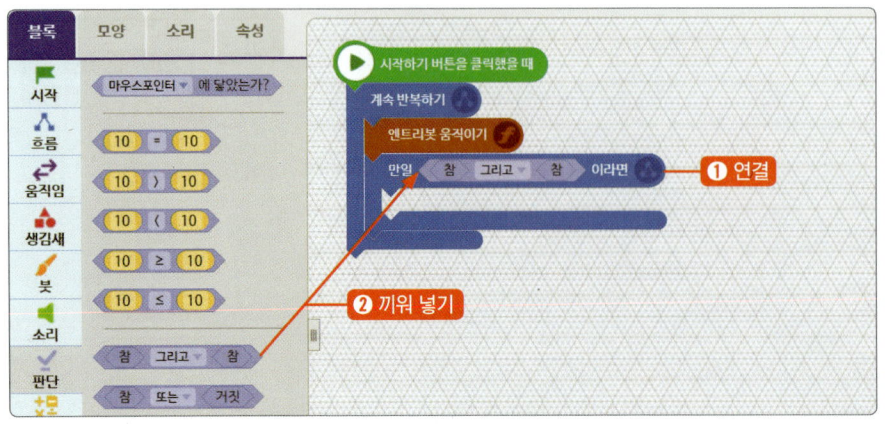

TIP
조건 연결하기
참 그리고 참 블록은 연결한 판단이 모두 참이면 참으로 판단하고, 참 또는 거짓 블록은 연결한 판단 중 하나라도 참이면 참으로 판단합니다.

❹ 판단 블록 꾸러미에서 `마우스포인터▼ 에 닿았는가?`를 첫 번째 '참'의 위치에 끼워 넣은 후 `마우스포인터▼`를 클릭하여 목록이 나오면 '**오른쪽 벽**'을 선택합니다. 이어서, `10 = 10`을 두 번째 '참'의 위치에 끼워 넣습니다.

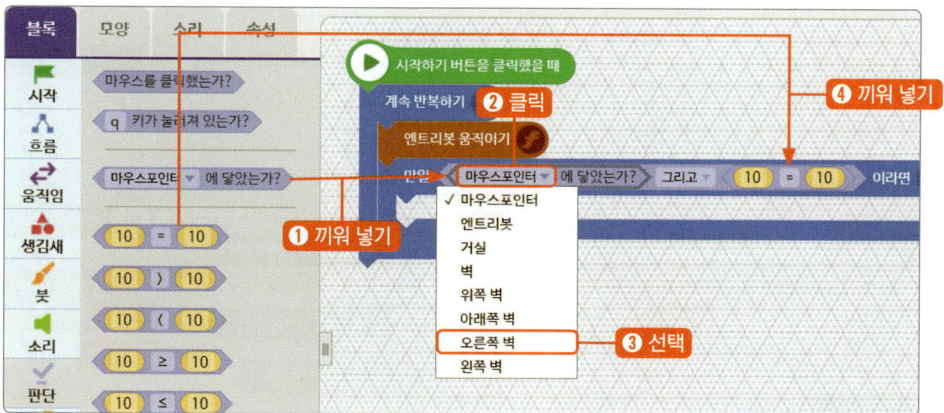

❺ 자료 블록 꾸러미에서 `장면▼ 값`을 첫 번째 '10'의 위치에 끼워 넣습니다. 이어서, 두 번째 '10'을 '1'로 변경합니다.

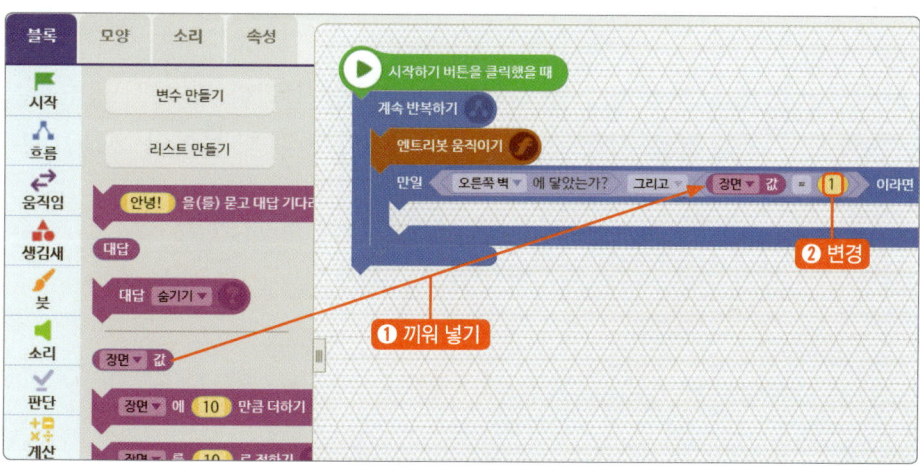

❻ 자료 블록 꾸러미에서 `장면▼ 을 10 로 정하기`를 연결한 후 '10'을 '2'로 변경합니다. 이어서, 시작 블록 꾸러미에서 `다음▼ 장면 시작하기`를 연결합니다.

코딩풀이 오브젝트가 오른쪽 벽에 닿고 '장면' 변수의 값이 '1'일 때만 '장면' 변수의 값을 '2'로 정하고 다음 장면을 시작합니다.

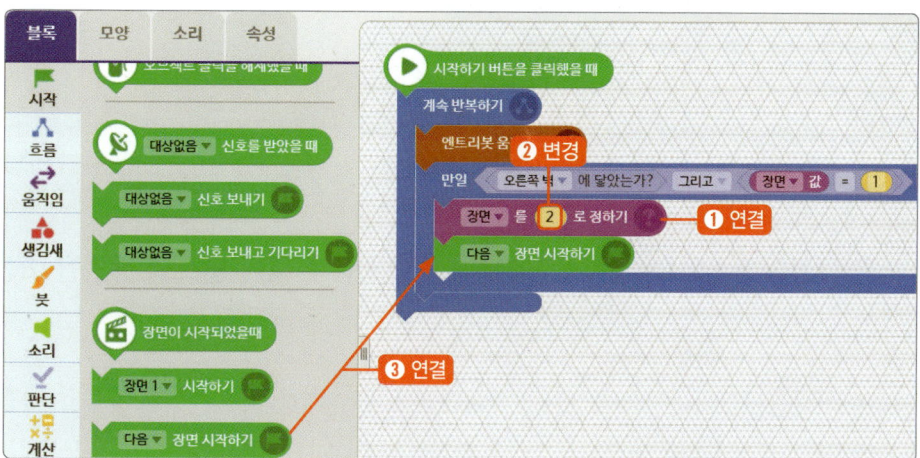

CHAPTER 15 시장가는 엔트리봇 **107**

03 코드를 복사하여 '장면 2'의 [엔트리봇] 오브젝트 코딩하기

❶ `계속 반복하기` 위에서 마우스 오른쪽 버튼을 눌러 [코드 복사]를 선택합니다. 이어서, '장면 2'의 [오브젝트 목록]에서 `엔트리봇` 오브젝트를 선택한 후 `시작` 블록 꾸러미에서 `장면이 시작되었을때`를 [블록 조립소]로 가져다 놓습니다.

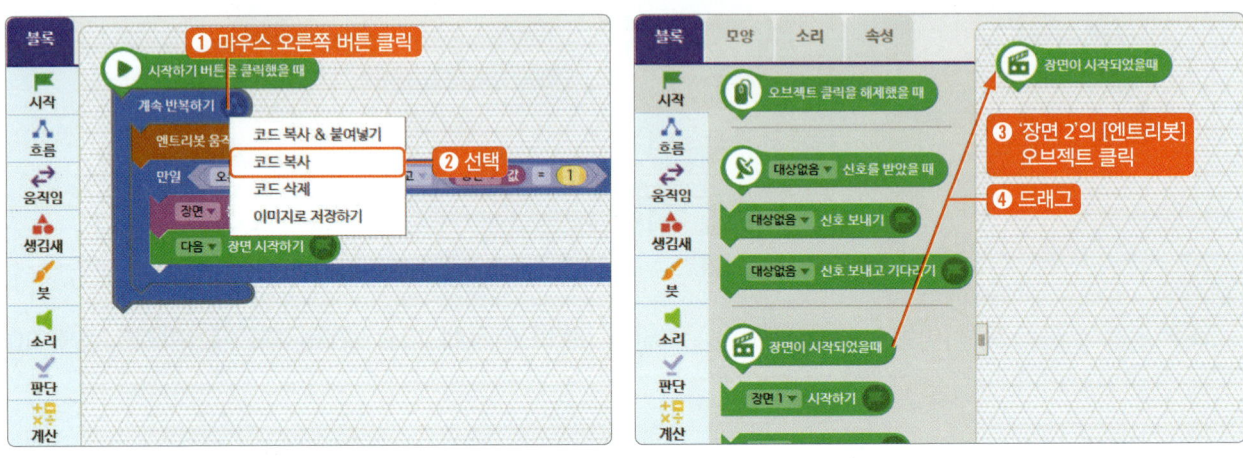

❷ [블록 조립소]의 빈 곳에서 마우스 오른쪽 버튼을 눌러 [붙여넣기]를 선택한 후 복사된 코드를 연결하여 '오른쪽 벽'을 '왼쪽 벽'으로, '1'을 '2'로 각각 변경합니다. 이어서, 아래쪽 블록의 '2'를 '1'로 '다음'을 '이전'으로 각각 변경합니다.

코딩풀이 ➜ '장면 2'에서 [엔트리봇] 오브젝트가 왼쪽 벽에 닿고, '장면' 변수의 값이 '2'일 때 '장면 1'로 다시 돌아갑니다.

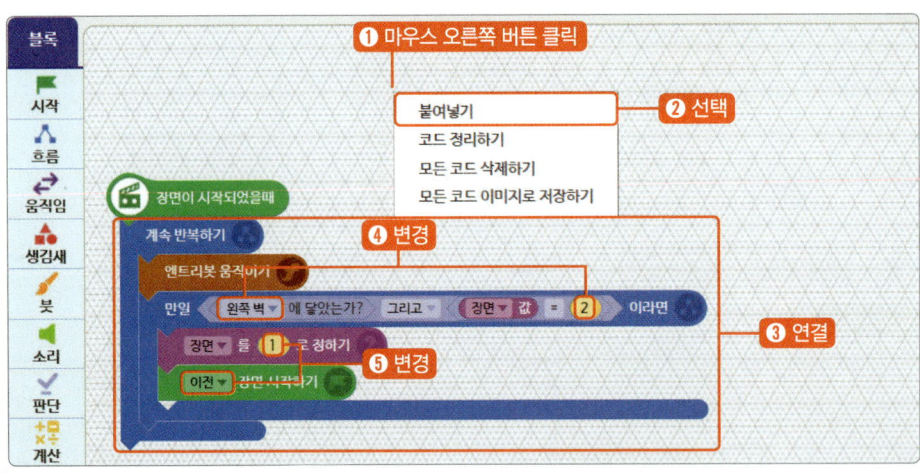

창의력 UP
`왼쪽 벽 에 닿았는가? 그리고 장면 값 = 2` 코드에서 '그리고'를 '또는'으로 변경하여 실행한 후 결과를 확인해봅시다.

❸ '장면 1'에서 ▶ 를 클릭한 후 키보드의 ←, → 키를 눌러 오른쪽 벽에 닿으면 장면을 이동하는지 확인해봅시다.

스스로 해결하기

01 다음 순서도 기호들의 기능을 적어봅시다.

기호	기능
▲ 시작/끝	
▲ 처리	
▲ 연결자	

02 철훈이는 스마트폰으로 앱 스토어에 접속하려고 합니다. <보기>를 참고하여 <문제>의 빈 칸을 채워봅시다.

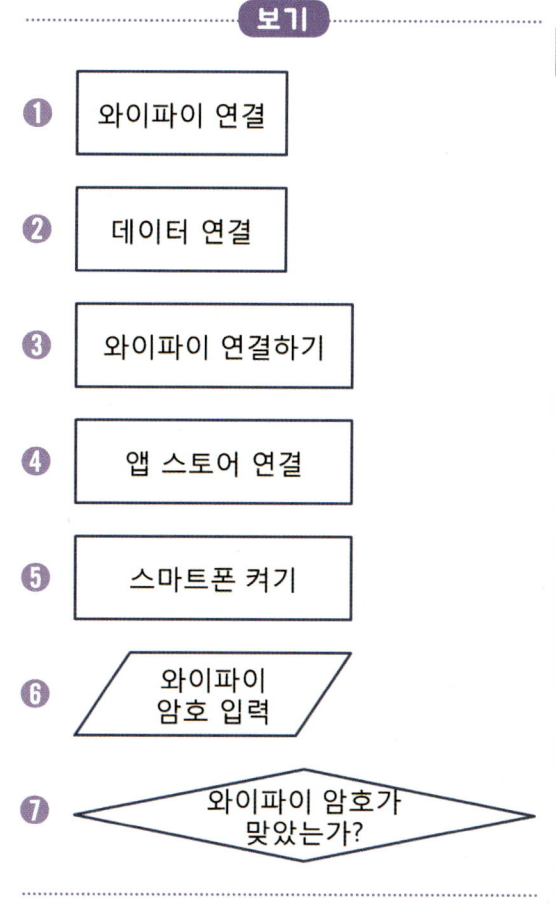

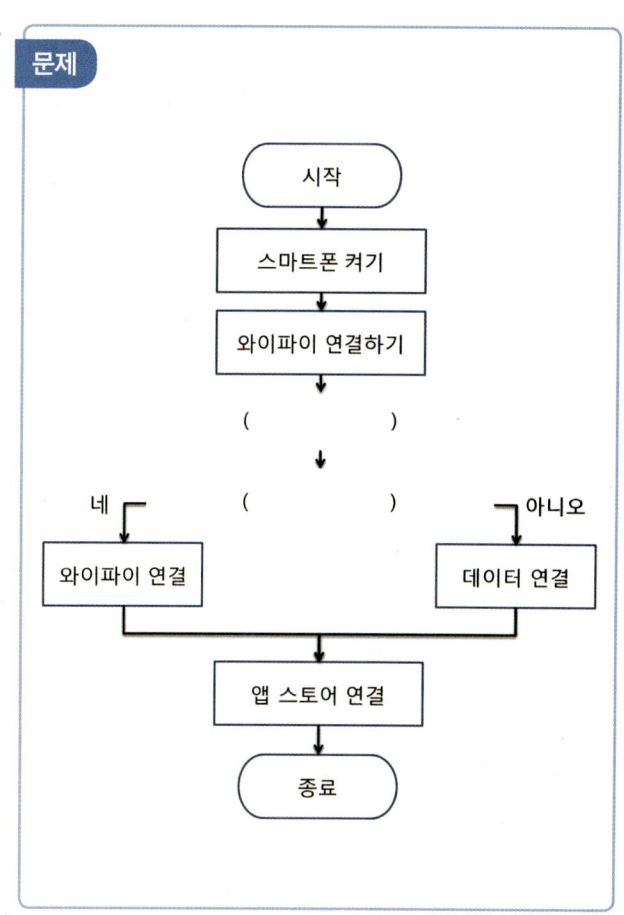

CHAPTER 16 지금까지 배운 내용 확인하기

01 철훈이는 길에서 지갑을 주웠습니다. 지갑의 학생증을 확인해보니 같은 학교를 다니며, 학년도 같아서 지갑의 주인을 직접 찾아주려고 합니다. <보기>를 참고하여 <문제>의 빈 칸을 채워봅시다.

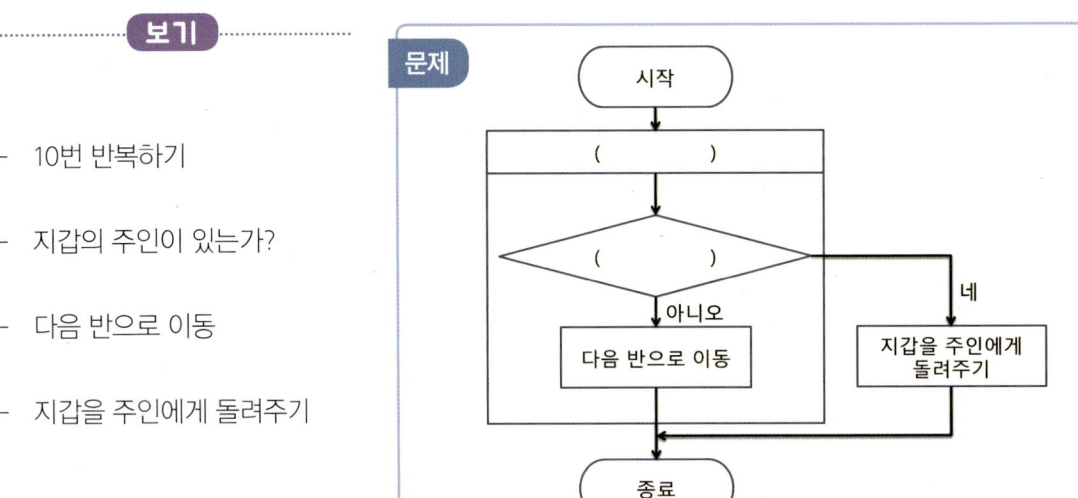

보기
- 10번 반복하기
- 지갑의 주인이 있는가?
- 다음 반으로 이동
- 지갑을 주인에게 돌려주기

02 다음 중 `Space Bar` 키가 눌러져 있고 '변수' 변수의 값이 '5'나 '10'일 때만 '참'이 되는 조건식을 골라봅시다.

① 스페이스 키가 눌러져 있는가? 그리고 변수▼ 값 = 5 그리고 변수▼ 값 = 10
② 스페이스 키가 눌러져 있는가? 또는 변수▼ 값 = 5 그리고 변수▼ 값 = 10
③ 스페이스 키가 눌러져 있는가? 또는 변수▼ 값 = 5 또는 변수▼ 값 = 10
④ 스페이스 키가 눌러져 있는가? 그리고 변수▼ 값 = 5 또는 변수▼ 값 = 10

03 다음 코드를 [엔트리봇] 오브젝트에 코딩한다면 [엔트리봇] 오브젝트는 어떻게 움직일지 적어봅시다.

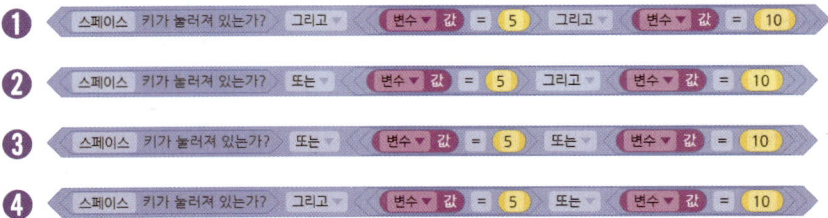

04 민희와 철훈이는 야채로 산소 만들기 실험을 하려고 합니다. <보기>를 참고하여 <문제>의 빈 칸을 채워봅시다.

보기

- 과산화수소, 양파, 당근, 무, 물이 들어있는 시험관 3개 준비
- 시험관에 과산화수소 넣기
- 다음 시험관으로
- 어떤 야채가 산소 거품이 많이 발생하였는지 기록하기
- 3번 반복하기
- 시험관에서 산소 거품이 올라오는지 확인하기
- 양파, 당근, 무를 각각 믹서기에 갈기
- 물이 들어있는 시험관에 각각의 야채를 따로 넣기

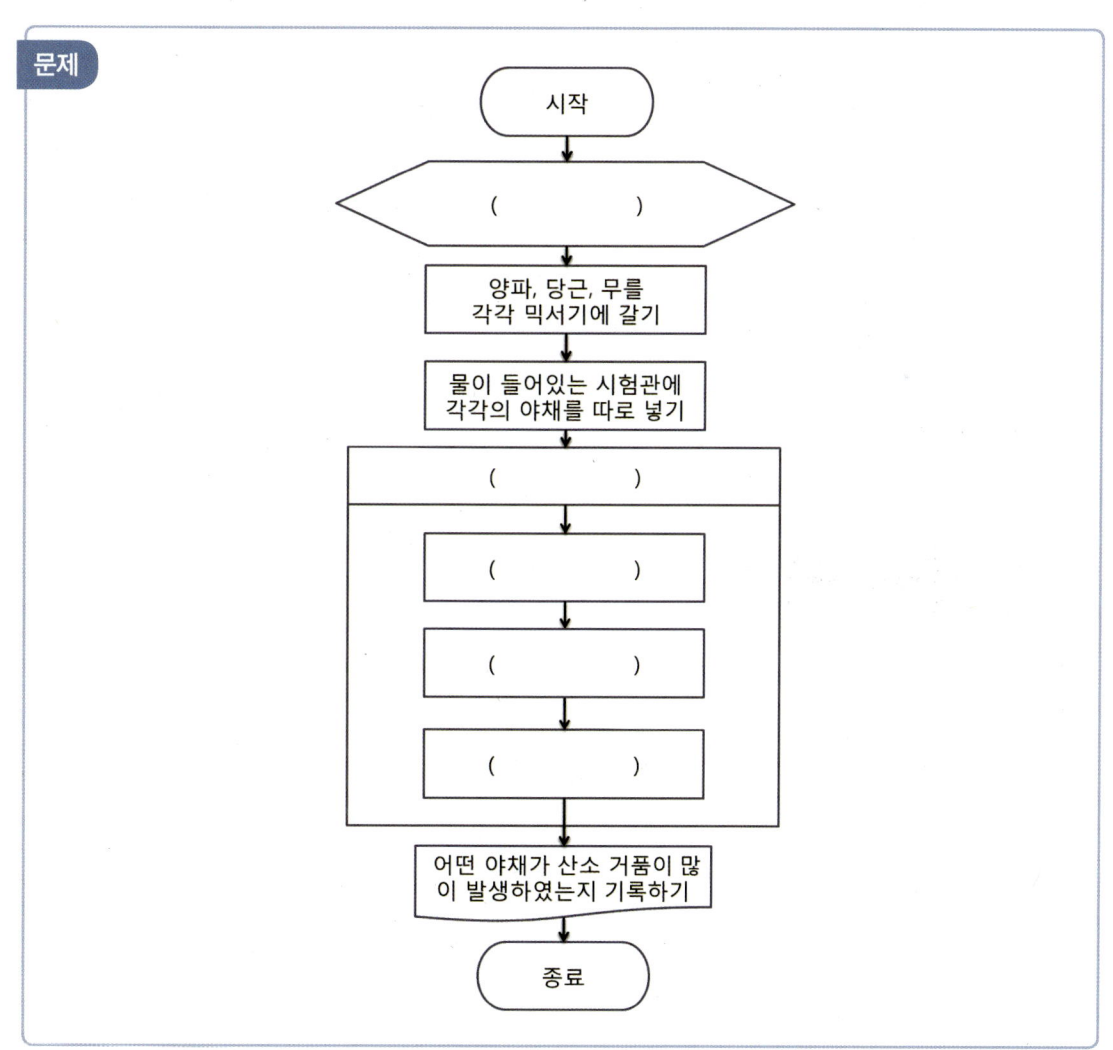

PART 3

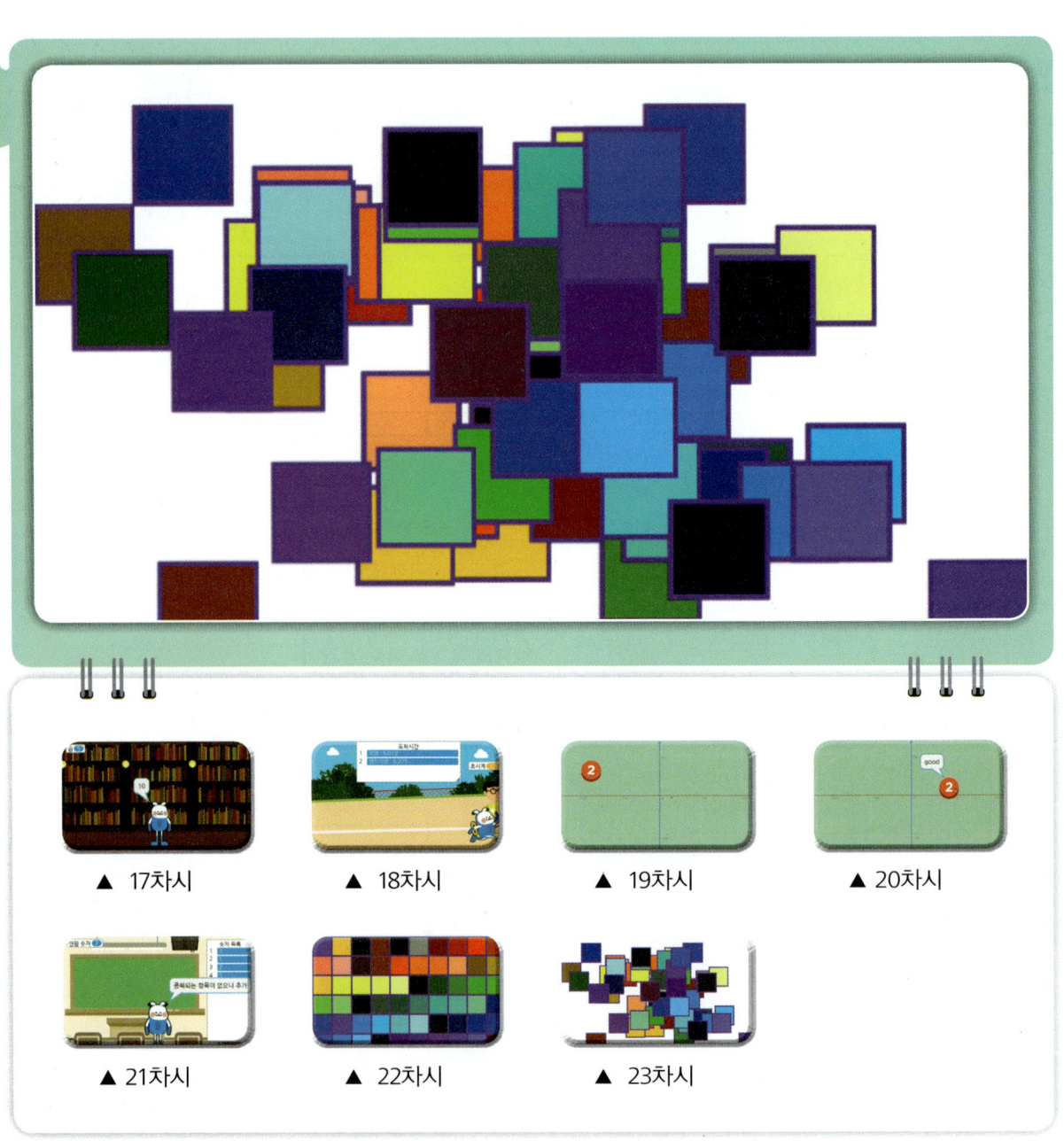

▲ 17차시　　▲ 18차시　　▲ 19차시　　▲ 20차시

▲ 21차시　　▲ 22차시　　▲ 23차시

Chapter 17 함수 안에 함수로 구구단 말하기 ········· • 114

Chapter 18 달리기 기록을 표시하는 리스트 보여주기 ········· • 122

Chapter 19 숫자버튼 위치 기억하기 ① ········· • 130

Chapter 20 숫자버튼 위치 기억하기 ② ········· • 138

Chapter 21 중복되지 않는 숫자 리스트에 넣기 ········· • 146

Chapter 22 화면에 가득찬 복제본을 무작위 위치로 이동시키기 ① ········· • 154

Chapter 23 화면에 가득찬 복제본을 무작위 위치로 이동시키기 ② ········· • 162

Chapter 24 지금까지 배운 내용 확인하기 ········· • 170

파트 구성

코딩 수준을 한 단계 끌어올릴 수 있도록 엔트리의 고급 기능인 리스트, 함수, 변수 등을 학습하며, SW코딩자격 시험을 대비하여 주어진 조건에 맞추어 다양한 문제를 코딩할 수 있도록 구성하였습니다.

CHAPTER 17 함수 안에 함수로 구구단 말하기

| 학습목표 |
- 매개변수를 사용할 수 있습니다.
- 함수 안에서 다시 함수를 호출하도록 만들 수 있습니다.

 불러올 파일 : 17차시 불러올 파일.ent　 완성된 파일 : 17차시 완성된 파일.ent

※ 실행 방법 : 함수에 원하는 구구단 숫자를 입력한 후 ▶ 버튼을 클릭하면 [엔트리봇]이 구구단을 말합니다.

오늘 배울 블록

블록	설명
함수	자주 쓰는 코드를 이 블록 아래에 조립하여 함수로 만듭니다.
이름	함수 정의하기 블록 안에 조립하고, 이름을 입력하여 함수의 이름을 정해줍니다.
문자/숫자값	해당 함수를 실행하는데 문자/숫자값이 필요한 경우 빈칸 안에 조립하여 매개변수로 사용합니다. 이 블록 내부의 문자/숫자값1 블록을 분리하여 함수의 코드 중 필요한 부분에 넣어 사용합니다.
모든▼ 코드 멈추기	모든 오브젝트들이 즉시 실행을 멈춥니다.

코딩 파헤치기!

이번 차시에서 코딩할 내용은 반복하기 블록을 사용하지 않고 [엔트리봇] 오브젝트가 구구단을 말하는 코딩으로 그 전에 알아야할 것이 있습니다. 바로 '재귀함수'입니다. 재귀함수는 함수가 종료 조건을 만족할 때까지 함수 자신을 다시 호출하여 반복 실행하는 것입니다.

재귀함수를 만화로 그려보았습니다. 실행 과정을 설명하면 아래와 같습니다.

① 함수를 호출하여 실행합니다.(청소봇이 명령을 받아 청소를 시작)
② 함수의 코드를 실행합니다. (청소봇이 바닥 전체를 한 바퀴 돌면서 청소)
③ 함수의 코드를 실행한 후 종료 조건을 판단하여 만족하지 않는다면 함수 자신을 다시 호출합니다.
   (청소봇이 쓰레기를 감지하고 다시 청소를 시작)
④ 함수를 다시 시작하여 코드를 실행한 후 종료 조건을 다시 판단하여 만족한다면 함수를 종료합니다.
   (바닥에 쓰레기가 없다면 청소를 종료)

※ 종료 조건이 없는 경우 재귀함수는 멈추지 않고 계속 반복하기 때문에 재귀함수를 사용할 때 종료 조건을 꼭 설정해야 합니다.

CHAPTER 17 함수 안에 함수로 구구단 말하기 **115**

오브젝트 소개하기

엔트리봇	함수에 매개변수를 입력하고 실행하여 구구단을 차례대로 말합니다.
도서관	배경을 보여줍니다.

01 함수에 매개변수 설정하기

❶ [불러올 파일] - '17차시 불러올 파일.ent' 파일을 불러옵니다. 이어서,  블록 꾸러미에서 `함수 만들기`를 클릭한 후 [블록 조립소]의 화면이 바뀌면 '**함수**'를 '**구구단**'으로 변경합니다.

TIP

매개변수란?

매개변수란 함수 블록을 호출할 때 함수 블록에 입력하는 문자, 숫자, 판단 등의 값을 말합니다. 간단하게 생각하면 함수 안쪽의 코드를 실행할 때 필요한 값을 전달한다고 생각할 수 있습니다. 그리고 함수 블록은 입력받은 매개변수를 이용해 여러 가지 코드를 실행할 수 있습니다.

❷  블록 꾸러미에서 `문자/숫자값`을 `구구단` 함수 이름 옆에 연결합니다. 이어서, `이름`을 `문자/숫자값 1` 옆에 연결한 후 '**이름**'을 '**단**'으로 변경합니다.

코딩풀이 함수의 매개변수 옆의 '단'이라는 이름을 추가한 것은 매개변수가 왜 필요한지 어떤 역할을 하는지 알려주기 위해서입니다.

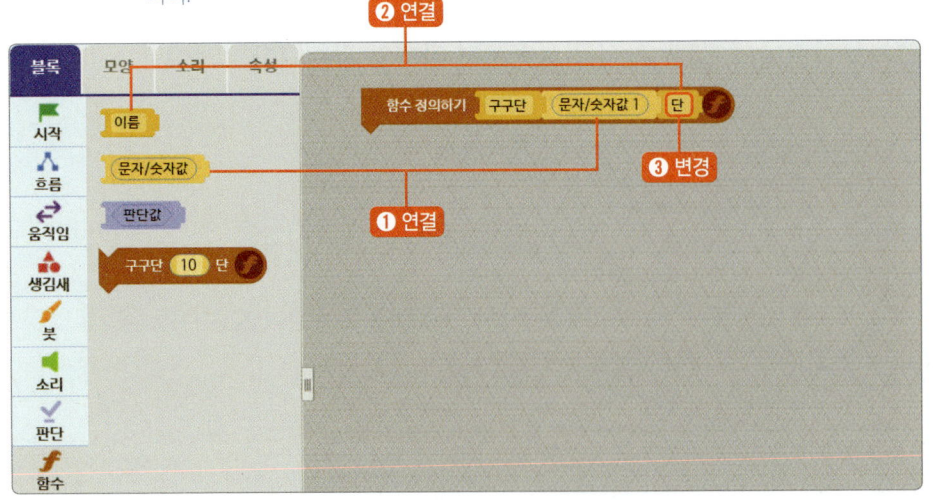

TIP

`이름` **블록의 입력**

'단'을 입력할 때  블록 꾸러미를 확인하여 '단'이 아닌 '다'(`구구단 10 다`)로 보일 경우 '단'을 입력 하고 `Space Bar` 키를 눌러 한 칸 띄어운 후 `Back space` 키를 눌러 빈 칸을 삭제합니다.

02 매개변수와 '곱' 변수를 사용해 구구단을 말하도록 코딩하기

❶ 　블록 꾸러미에서 　안녕! 을(를) 4 초 동안 말하기 　를 연결한 후 '4'를 '1'로 변경합니다. 이어서, 　계산　블록 꾸러미에서 (10 × 10)을 '안녕!'의 위치에 끼워 넣습니다.

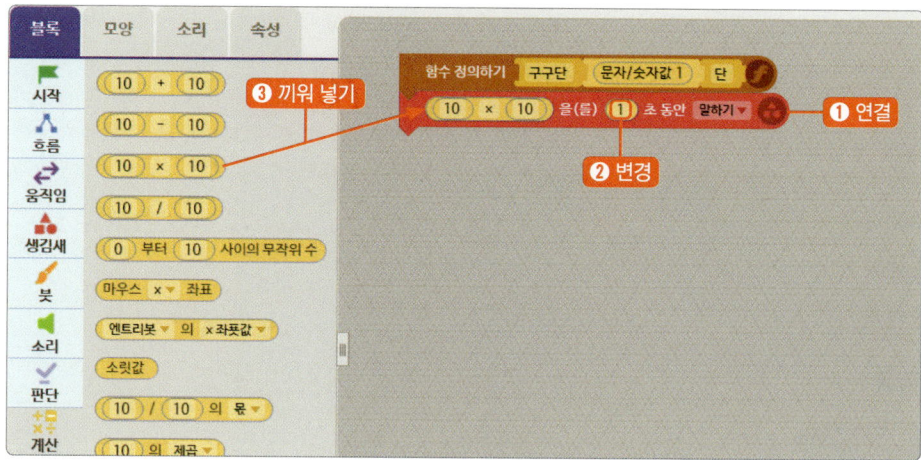

❷ 　함수 정의하기 구구단 문자/숫자값 1 단 　에서 　문자/숫자값 1 　을 첫 번째 '10'의 위치에 끼워 넣습니다.

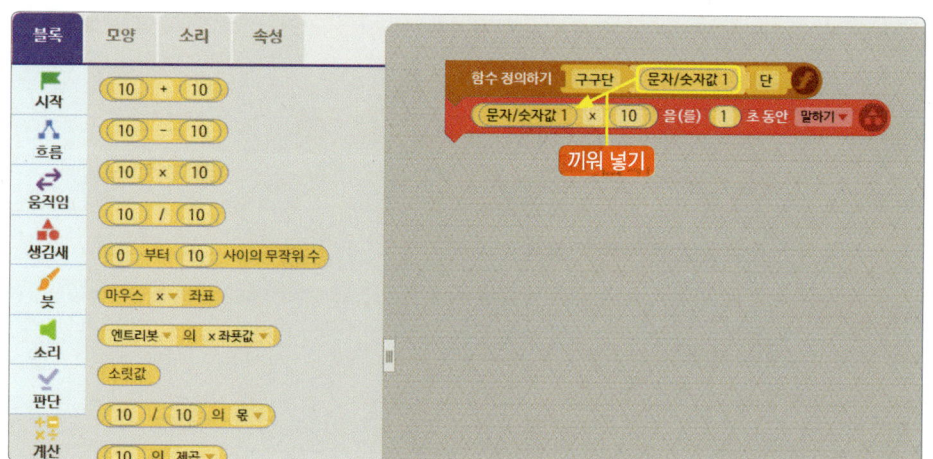

> **TIP**
>
> 매개변수 사용
>
> 　문자/숫자값　블록에서 　문자/숫자값 1　을 드래그하여 사용하고 싶은 위치에 끼워 넣습니다.

❸ 　?　블록 꾸러미에서 　곱▼ 값 　을 두 번째 '10'의 위치에 끼워 넣습니다.

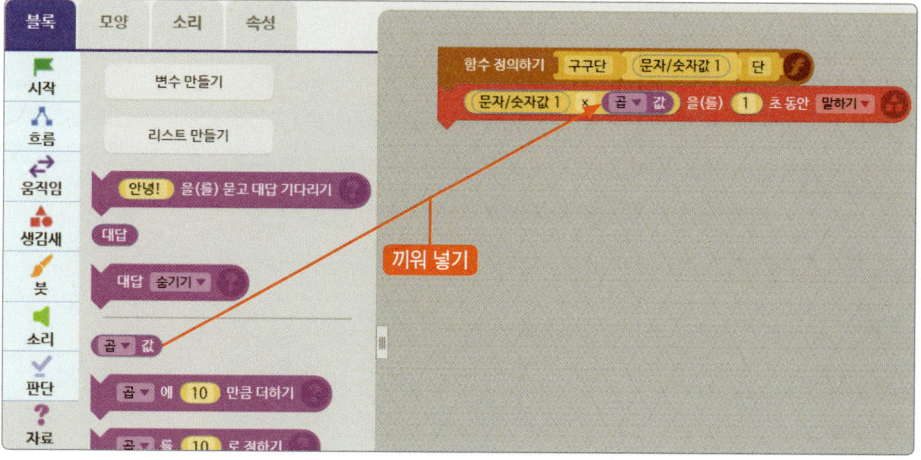

CHAPTER 17 함수 안에 함수로 구구단 말하기 **117**

03 함수를 종료할 조건을 설정하고 다시 자신을 호출하도록 코딩하기

❶ [자료] 블록 꾸러미에서 [곱▼ 에 10 만큼 더하기]를 연결한 후 '10'을 '1'로 변경합니다. 이어서, [흐름] 블록 꾸러미에서 [만일 참 이라면]을 연결합니다.

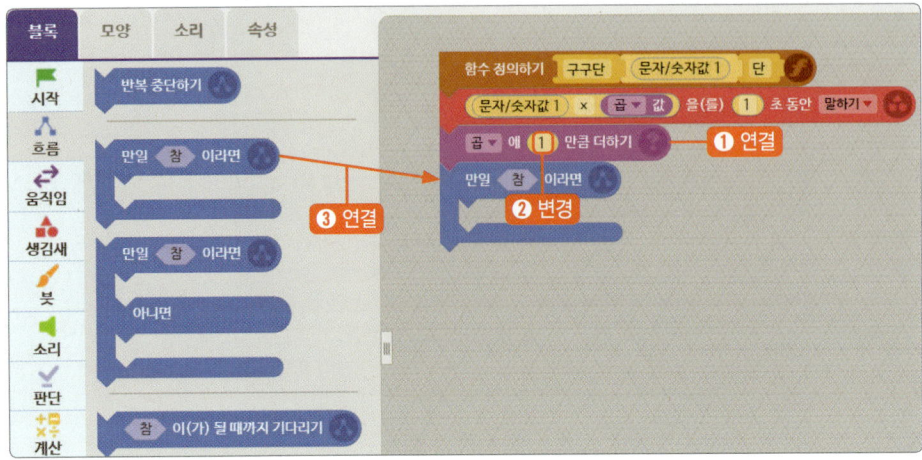

❷ [판단] 블록 꾸러미에서 [10 > 10]을 '참'의 위치에 끼워 넣은 후 두 번째 '10'을 '9'로 변경합니다.

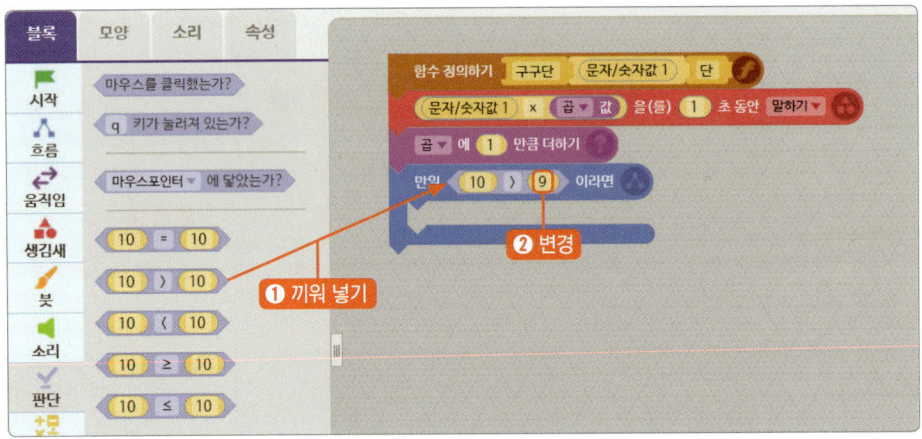

❸ [자료] 블록 꾸러미에서 [곱▼ 값]을 첫 번째 '10'의 위치에 끼워 넣습니다.

❹ 　흐름　블록 꾸러미에서 `모든▼ 코드 멈추기`를 연결한 후 　함수　블록 꾸러미에서 `구구단 10 단`을 연결합니다.

　코딩풀이　함수가 구구단 말하기를 계속 반복하지 않도록 '곱' 변수의 값이 '9'보다 커지면 종료하도록 코딩합니다.

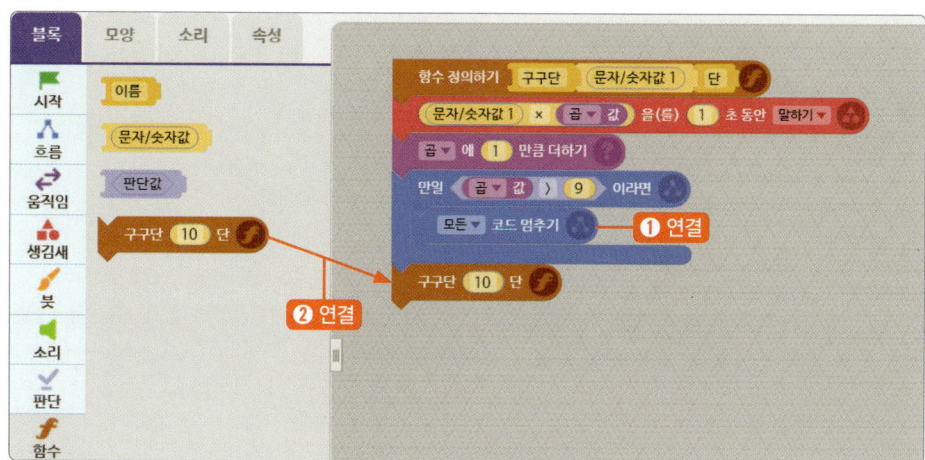

TIP

모든 코드 멈추기

`모든▼ 코드 멈추기` 블록은 실행되고 있는 모든 오브젝트의 모든 코드를 멈추기 때문에 주의해서 사용합니다.

❺ `함수 정의하기 구구단 문자/숫자값 1 단`에서 `문자/숫자값 1`을 '10'의 위치에 끼워 넣은 후 아래 `확인`을 클릭합니다.

　코딩풀이　매개변수(`문자/숫자값 1`)에 '곱' 변수를 곱해 구구단을 말하고 '곱' 변수의 값에 '1'을 증가시킨 후 구구단 함수(`구구단 10 단`)를 다시 호출하여 다음 구구단을 준비합니다. 이어서, 만일 '곱' 변수의 값이 '9' 보다 크면 모든 코드를 종료합니다.

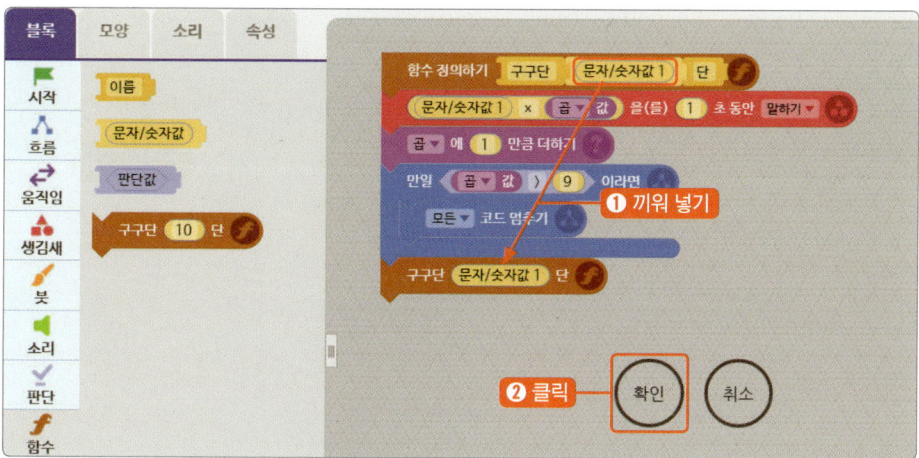

❻ [오브젝트 목록]에서 　엔트리봇　오브젝트가 선택되어 있는지 확인한 후 　시작　블록 꾸러미에서 `▶ 시작하기 버튼을 클릭했을 때`를 [블록 조립소]로 가져다 놓습니다.

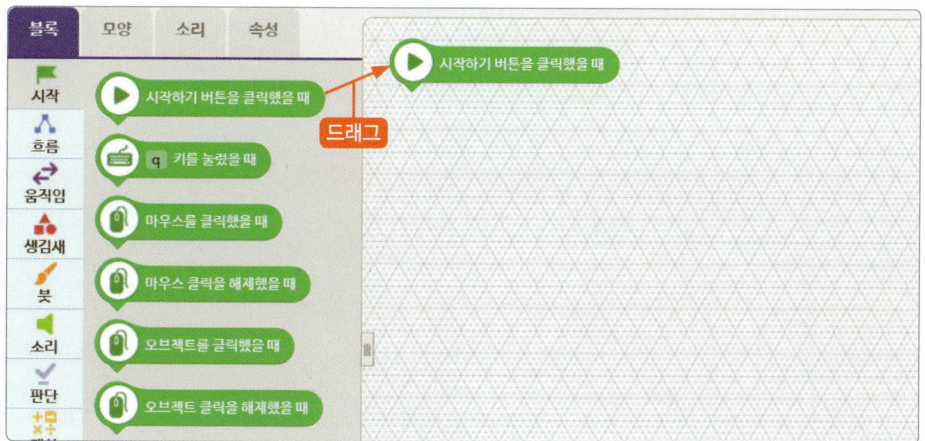

CHAPTER 17 함수 안에 함수로 구구단 말하기 **119**

❼ `f 함수` 블록 꾸러미에서 `구구단 10 단`을 연결한 후 '10'을 '2'로 변경합니다.

❽ 코딩이 끝나면 ▶ 를 클릭하여 엔트리봇이 구구단을 말하는지 확인해봅시다.

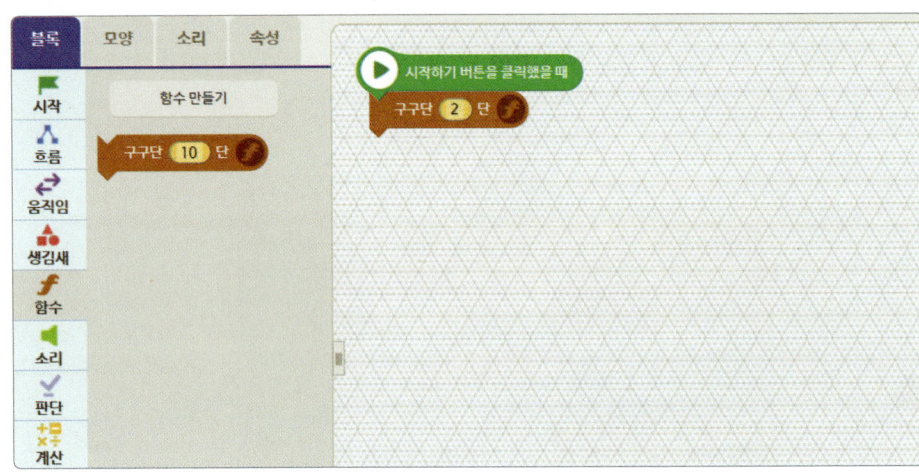

창의력 UP

[엔트리봇] 오브젝트가 다른 구구단(3~9단)을 말하도록 매개 변수를 수정해봅시다.

스스로 해결하기

01 철훈이는 농구의 점프슛을 연습하려고 합니다. <보기>를 참고하여 <문제>의 빈 칸을 채워봅시다.

보기

- 공을 줍기

- 농구공 준비

- 자유투 라인에서 슛하기

- 100번 반복하기

- 농구 골대로 이동

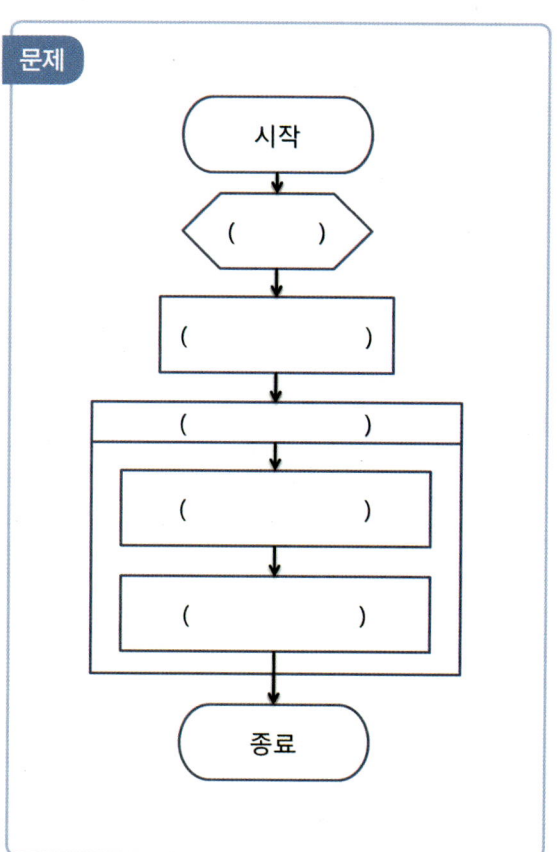

02 함수를 사용하지 않고 [엔트리봇] 오브젝트가 구구단을 말하도록, 아래 <조건>에 맞게 코딩해 봅시다.

📁 **불러올 파일** : 17차시-2 불러올 파일.ent   📁 **완성된 파일** : 17차시-2 완성된 파일.ent

조건

- [블록 조립소]에 주어진 블록만을 모두 사용합니다.
- 시작하기 버튼을 클릭했을 때 '9'번 반복합니다.
- '곱' 변수와 '2'를 곱한 값을 '1'초 동안 말합니다.
- '곱' 변수에 '1' 만큼 더합니다.

CHAPTER 17 함수 안에 함수로 구구단 말하기

CHAPTER 18 달리기 기록을 표시하는 리스트 보여주기

| 학습목표 |
- 리스트를 만들 수 있습니다.
- 초시계를 사용하여 기록을 리스트에 저장할 수 있습니다.

📂 **불러올 파일 :** 18차시 불러올 파일.ent   💾 **완성된 파일 :** 18차시 완성된 파일.ent

※ 실행 방법 : ▶ 버튼을 클릭하면 [엔트리봇] 오브젝트와 [안경쓴 학생] 오브젝트가 오른쪽 벽까지 달리기 경주를 하고 도착한 시간을 리스트에 저장합니다.

오늘 배울 블록

블록	설명
자신의 ▼ 코드 멈추기	해당 오브젝트의 모든 실행을 멈춥니다.
초시계 시작하기 ▼	초시계를 시작합니다. ※ 이 블록을 [블록조립소]로 가져오면 실행화면에 '초시계 창'이 생성됩니다.
초시계 값	이 블록이 실행될 때 초시계 값입니다.
안녕! 과(와) 엔트리 를 합치기	입력한 두 자료를 결합한 값입니다.
10 항목을 리스트 ▼ 에 추가하기	입력한 값이 선택한 리스트의 마지막 항목으로 추가됩니다.

122 상상력을 키우는 엔트리

코딩 파헤치기!

이번 차시에서 코딩할 내용은 [엔트리봇]과 [안경쓴 학생] 오브젝트가 동시에 출발한 후 오른쪽 벽에 닿는 시간을 리스트에 저장하여 실행화면에 보여주는 것입니다.

리스트에 값을 저장할 때에는 리스트의 첫 번째 항목에 저장되며, 다음 값을 저장하면 두 번째 항목에, 그다음은 세 번째 항목에 저장됩니다.

먹고 싶은 음식을 리스트에 저장할 경우, 아래 <저장하는 순서>를 참고하여 올바른 답을 골라봅시다.

<저장하는 순서>

피자 ⇨ 닭강정 ⇨ 라면

①
1. 라면
2. 닭강정
3. 피자

②
1. 피자
2. 라면
3. 닭강정

③
1. 피자
2. 닭강정
3. 라면

이번 차시에서는 리스트와 신호를 이용하여 도착한 순서대로 오브젝트의 이름과 이동에 걸린 시간을 리스트에 저장하여 보여줄 것입니다. 그 과정을 정리하면 다음과 같습니다.

① 오브젝트들이 동시에 출발합니다.
② 오브젝트는 이동 방향으로 '0'부터 '10'까지 무작위 수만큼 이동합니다.
③ 오브젝트 중에서 먼저 오른쪽 벽에 닿은 오브젝트가 도착 신호를 보냅니다.
④ [운동장] 오브젝트가 받은 신호에 따라서 오브젝트의 이름과 시간을 리스트에 저장합니다.
⑤ 나중에 오른쪽 벽에 닿은 오브젝트도 신호를 보냅니다.
⑥ [운동장] 오브젝트가 받은 신호에 따라서 오브젝트의 이름과 시간을 리스트에 저장합니다.

오브젝트 소개하기

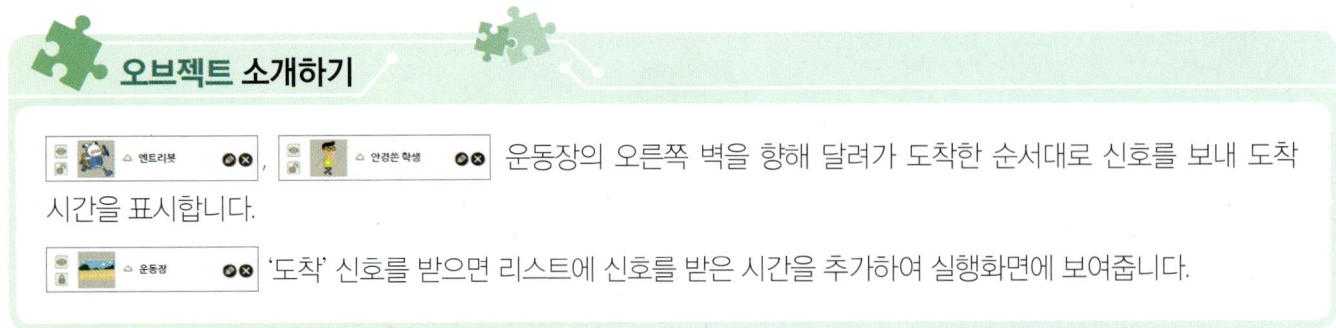

, 운동장의 오른쪽 벽을 향해 달려가 도착한 순서대로 신호를 보내 도착 시간을 표시합니다.

'도착' 신호를 받으면 리스트에 신호를 받은 시간을 추가하여 실행화면에 보여줍니다.

01 ▶ [엔트리봇] 오브젝트가 화면의 오른쪽을 향해 달리도록 코딩하기

❶ [불러올 파일]-'18차시 불러올 파일.ent' 파일을 불러옵니다. 이어서, [오브젝트 목록]에서 오브젝트가 선택되어 있는지 확인한 후 `시작` 블록 꾸러미에서 `시작하기 버튼을 클릭했을 때` 를 [블록 조립소]로 가져다 놓습니다.

❷ `흐름` 블록 꾸러미에서 `참 이 될 때까지 반복하기` 를 연결합니다. 이어서, `판단` 블록 꾸러미에서 `마우스포인터 에 닿았는가?` 를 '참'의 위치에 끼워 넣은 후 `마우스포인터` 를 클릭하여 목록이 나오면 '**오른쪽 벽**'을 선택합니다.

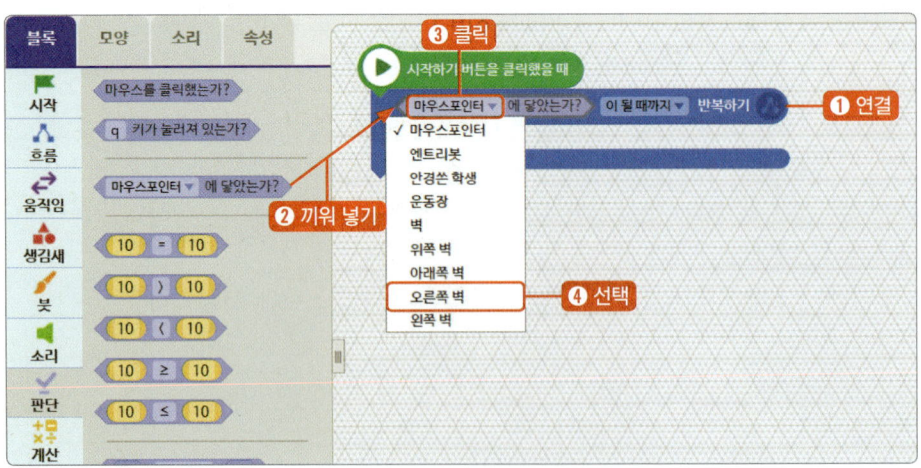

❸ ![생김새] 블록 꾸러미에서 ![다음 모양으로 바꾸기]를 연결합니다. 이어서, ![흐름] 블록 꾸러미에서 ![2 초 기다리기]를 연결한 후 '2'를 '0.05'로 변경합니다.

코딩풀이 오브젝트가 시작한 위치부터 오른쪽 벽에 닿을 때까지 달리는 모습처럼 보이기 위해 빠르게 모양을 바꿉니다.

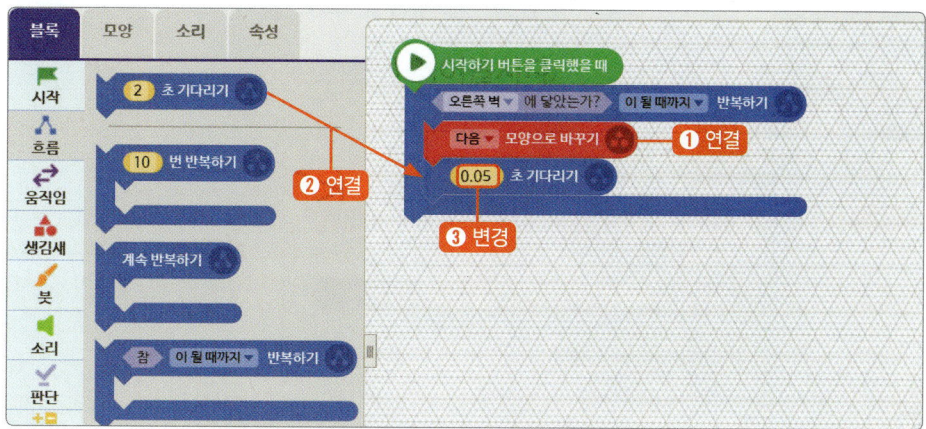

❹ ![움직임] 블록 꾸러미에서 ![이동 방향으로 10 만큼 움직이기]를 연결합니다. 이어서, ![계산] 블록 꾸러미에서 ![0 부터 10 사이의 무작위 수]를 '10'의 위치에 끼워 넣습니다.

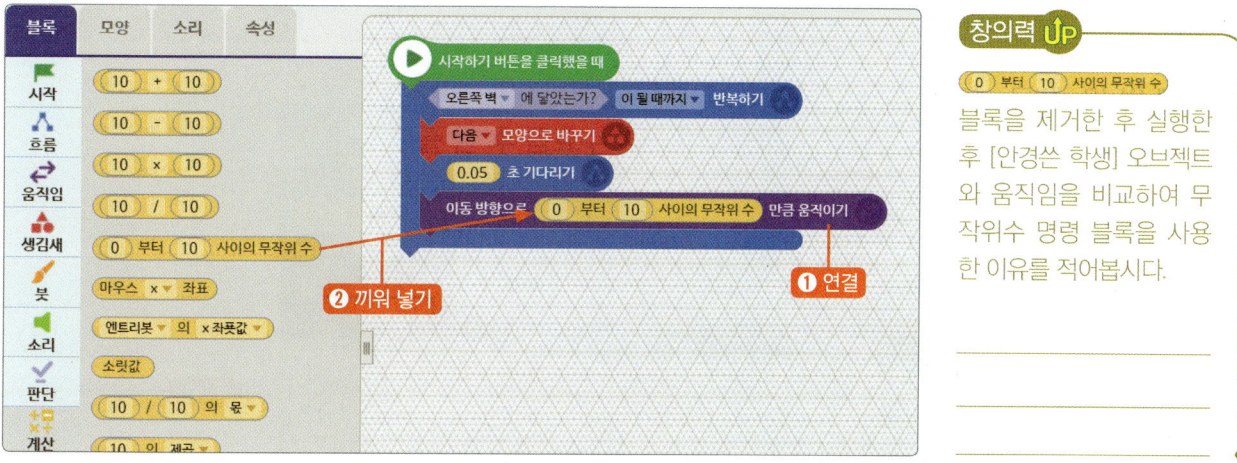

창의력 UP

![0 부터 10 사이의 무작위 수]
블록을 제거한 후 실행한 후 [안경쓴 학생] 오브젝트와 움직임을 비교하여 무작위수 명령 블록을 사용한 이유를 적어봅시다.

❺ ![시작] 블록 꾸러미에서 ![엔트리봇 도착 신호 보내기]를 연결합니다. 이어서, ![흐름] 블록 꾸러미에서 ![모든 코드 멈추기]를 연결한 후 ![모든]을 클릭하여 목록이 나오면 '자신의'를 선택합니다.

코딩풀이 오브젝트가 이동하다가 오른쪽 벽에 닿으면 도착 신호를 보낸 후 자신의 코드를 멈춰 벽을 넘어가거나 신호를 계속 보내지 않도록 합니다.

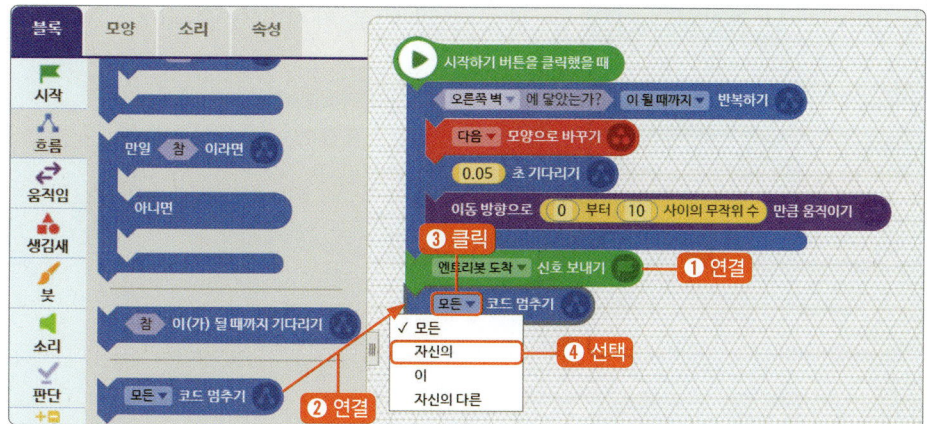

02 리스트를 만들고 초시계를 시작하기

① 속성 - 리스트 - +리스트 추가 를 클릭한 후 리스트 이름을 '도착시간'으로 입력하고 확인 버튼을 선택합니다.

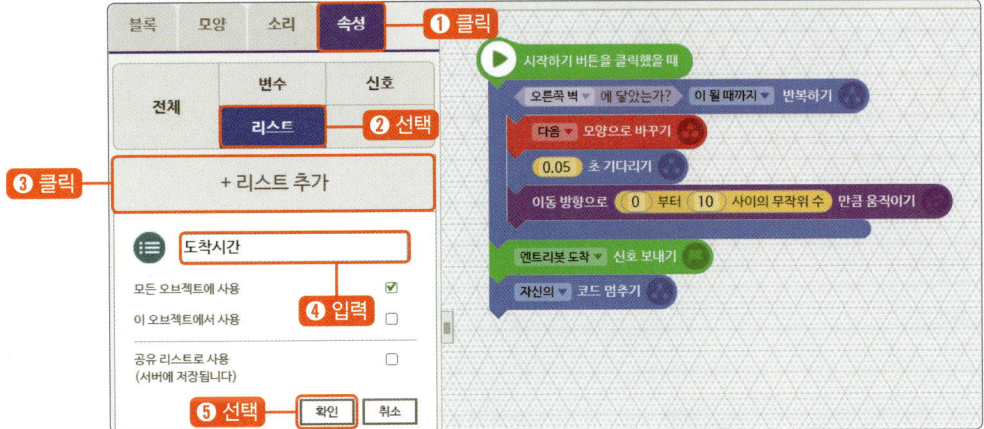

TIP 리스트

리스트는 하나 밖에 저장하지 못하는 변수와 달리 여러 개의 문자/숫자값을 순서대로 저장하고, 원하는 값을 불러와 사용할 수 있어 편리합니다.

② 실행화면에서 리스트가 추가되면 아래 그림처럼 마우스로 드래그하여 위치를 변경한 후 크기를 조절합니다.

TIP 리스트의 크기 조절

리스트의 크기를 조절하려면 오른쪽 아래의 파란색 삼각형(◢) 부분을 드래그하여 조절합니다.

③ 리스트가 추가되면 [오브젝트 목록]에서 운동장 오브젝트를 선택한 후 블록을 클릭합니다. 이어서, 시작 블록 꾸러미에서 시작하기 버튼을 클릭했을 때 를 [블록 조립소]로 가져다 놓습니다.

❹ [계산] 블록 꾸러미에서 `초시계 시작하기`를 연결합니다.

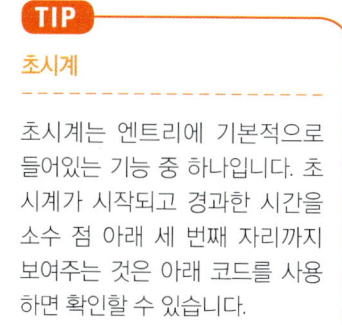

TIP

초시계

초시계는 엔트리에 기본적으로 들어있는 기능 중 하나입니다. 초시계가 시작되고 경과한 시간을 소수 점 아래 세 번째 자리까지 보여주는 것은 아래 코드를 사용하면 확인할 수 있습니다.

03 ▶ 신호를 받으면 리스트에 신호를 받은 시간을 추가하기

❶ [시작] 블록 꾸러미에서 `엔트리봇 도착 신호를 받았을 때`를 [블록 조립소]로 가져다 놓습니다. 이어서, [자료] 블록 꾸러미에서 `10 항목을 도착시간 에 추가하기`를 연결합니다.

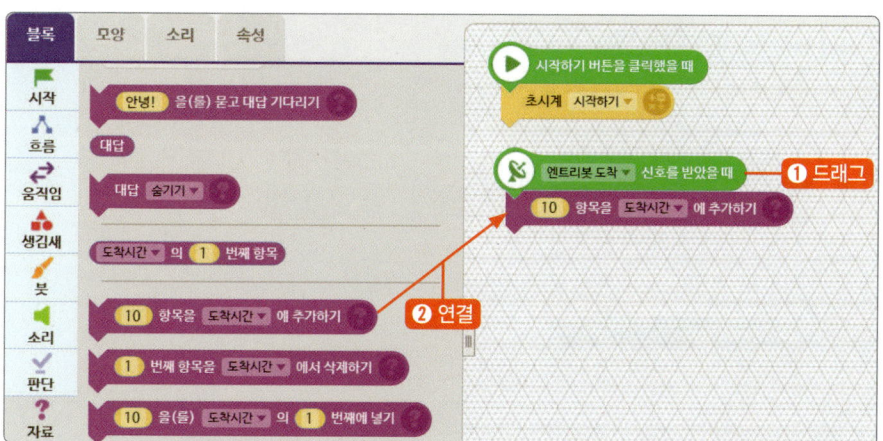

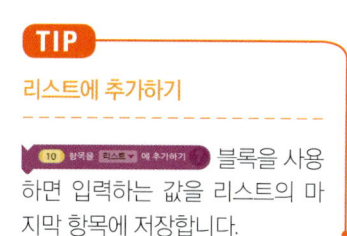

TIP

리스트에 추가하기

`10 항목을 리스트 에 추가하기` 블록을 사용하면 입력하는 값을 리스트의 마지막 항목에 저장합니다.

❷ [계산] 블록 꾸러미에서 `안녕! 과(와) 엔트리 를 합치기`를 '10'의 위치에 끼워 넣은 후 '안녕!'을 '엔트리봇 : '으로 변경합니다. 이어서, `초시계 값`을 '엔트리'의 위치에 끼워 넣습니다.

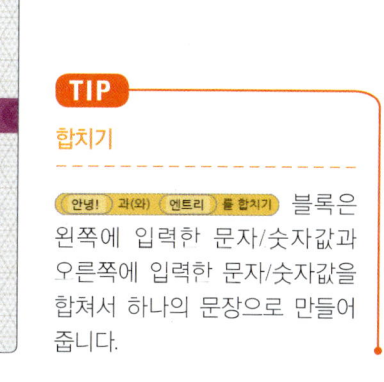

TIP

합치기

`안녕! 과(와) 엔트리 를 합치기` 블록은 왼쪽에 입력한 문자/숫자값과 오른쪽에 입력한 문자/숫자값을 합쳐서 하나의 문장으로 만들어 줍니다.

CHAPTER 18 달리기 기록을 표시하는 리스트 보여주기 **127**

❸ [블록 조립소]의 블록 위에서 마우스 오른쪽 버튼을 눌러 [코드 복사 & 붙여넣기]를 선택합니다.

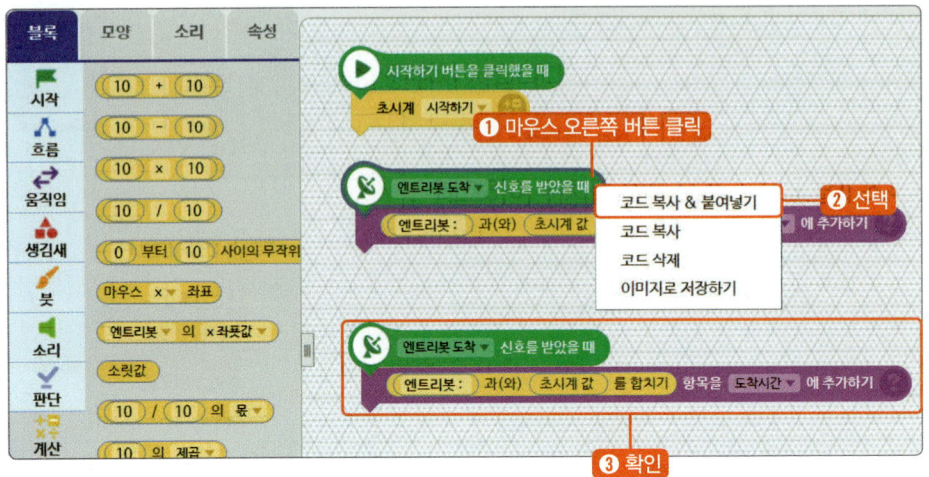

❹ 코드를 복사한 후 엔트리봇 도착 을 클릭하여 목록이 나오면 '학생 도착'을 선택합니다. 이어서, '엔트리봇 :'을 '학생 :'으로 변경합니다.

코딩풀이 ⟶ 먼저 도착한 오브젝트에서 신호를 보내면 받은 신호에 따라서 순서대로 리스트에 도착한 시간이 추가되어 실행화면에 보입니다.

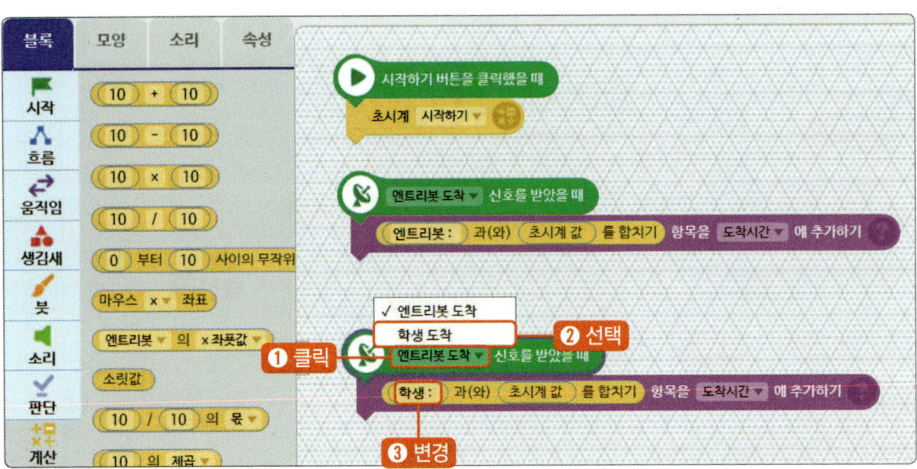

❺ ▶ 버튼을 클릭하여 엔트리봇과 학생이 달리기를 하고, 오른쪽 벽에 닿은 순서대로 리스트에 표시되는지 확인해봅시다.

스스로 해결하기

01 민희는 자전거를 타려고 합니다. <보기>를 참고하여 <문제>의 빈 칸을 채워봅시다.

보기

- 자전거 수리점으로 이동

- 집으로 돌아가기

- 안전장비를 갖추었는가?

- 자전거 도로에서 자전거 타기

- 자전거에 문제가 없는가?

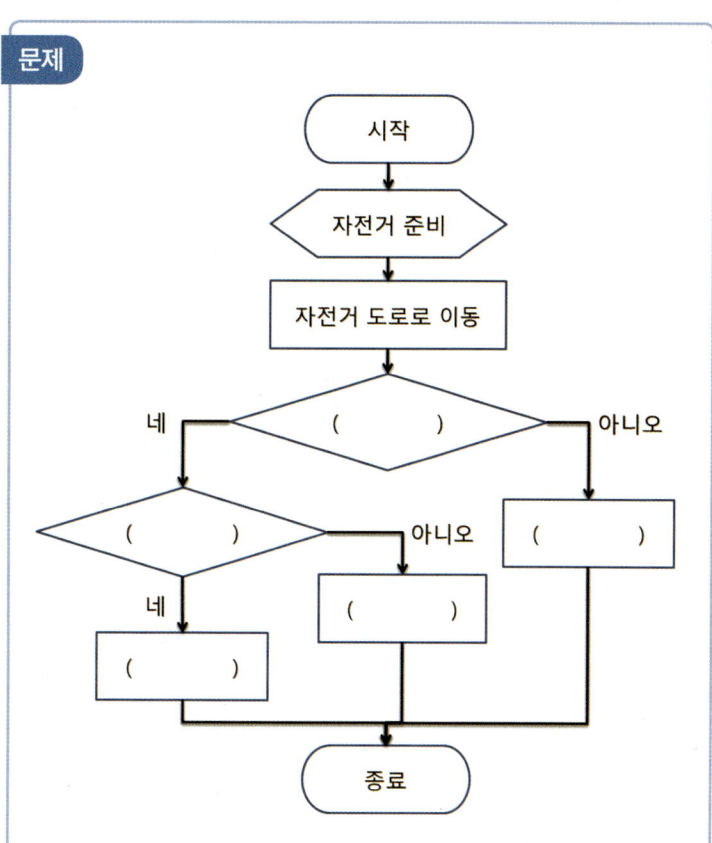

02 [엔트리봇] 오브젝트가 특정 키를 누르면 이동하도록, 아래 <조건>에 맞게 코딩해봅시다.

📁 **불러올 파일 :** 18차시-2 불러올 파일.ent   📄 **완성된 파일 :** 18차시-2 완성된 파일.ent

조건

- [블록 조립소]에 주어진 블록만을 모두 사용합니다.
- 시작하기 버튼을 클릭했을 때 계속 반복하다가 Space Bar 키를 눌렀을 때 ①~③의 동작이 이어지도록 합니다.
  ① '0.05'초 기다립니다.
  ② 다음 모양으로 바꿉니다.
  ③ 이동 방향으로 '0'부터 '10'사이의 무작위 수만큼 이동합니다.

CHAPTER 19 숫자버튼 위치 기억하기 ①

| 학습목표 |
- 오브젝트를 무작위 위치로 이동시킬 수 있습니다.
- 오브젝트가 이동한 위치를 리스트에 저장할 수 있습니다.

 **불러올 파일**: 19차시 불러올 파일.ent    **완성된 파일**: 19차시 완성된 파일.ent

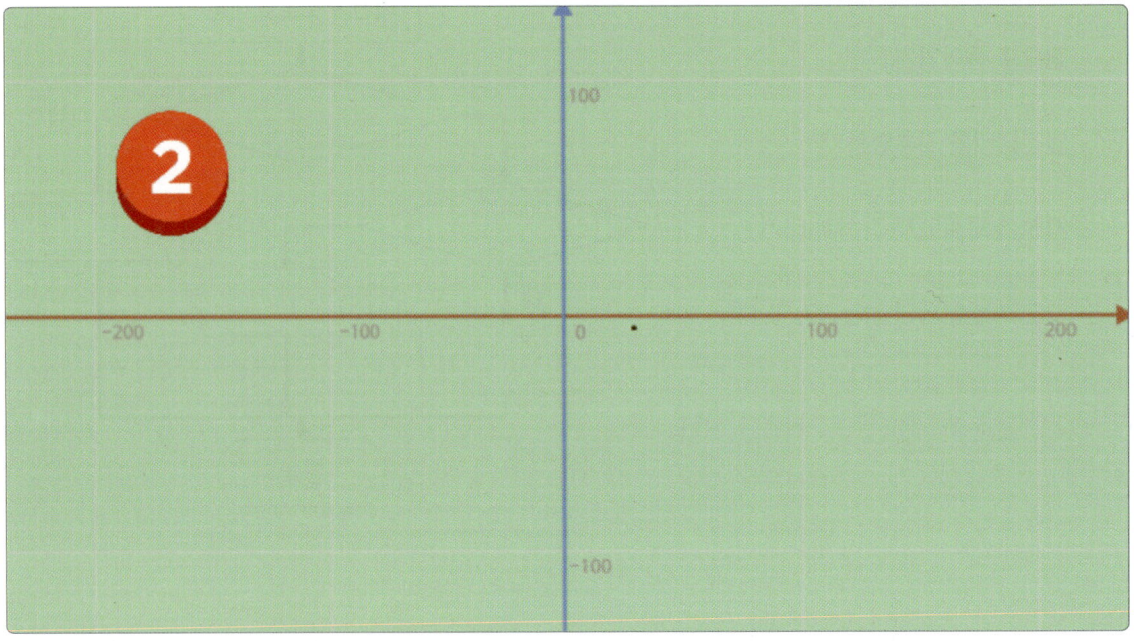

※ 실행 방법 : ▶ 버튼을 클릭하면 [동그란 버튼] 오브젝트가 실행화면에 무작위 위치로 이동합니다.

오늘 배울 블록

블록	설명
맨 앞으로▼ 보내기	해당 오브젝트를 화면의 가장 앞쪽으로 가져옵니다.
맨 뒤로▼ 보내기	해당 오브젝트를 화면의 가장 뒤쪽으로 보냅니다.
0 부터 10 사이의 무작위 수	입력한 두 수 사이에서 선택된 무작위 수의 값입니다.
엔트리봇▼ 의 x 좌푯값▼	선택한 오브젝트 또는 자신의 각종 정보값(x좌표, y좌표, 방향, 이동 방향, 크기, 모양 번호, 모양 이름)입니다.
10 항목을 리스트▼ 에 추가하기	입력한 값이 선택한 리스트의 마지막 항목으로 추가됩니다.

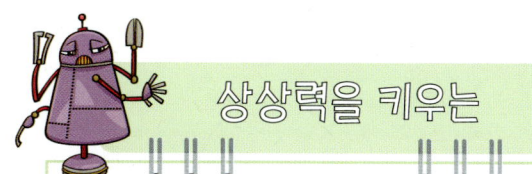

코딩 파헤치기!

이번 차시에서 코딩할 내용은 [동그란 버튼] 오브젝트가 실행화면의 무작위 위치로 이동하는 좌표를 리스트에 저장하는 것입니다.

오브젝트는 X, Y 좌표 값으로 실행화면에서의 위치가 결정되기 때문에 X, Y 좌표의 값을 각각의 리스트에 저장하면 오브젝트가 이동한 위치를 저장할 수 있습니다.

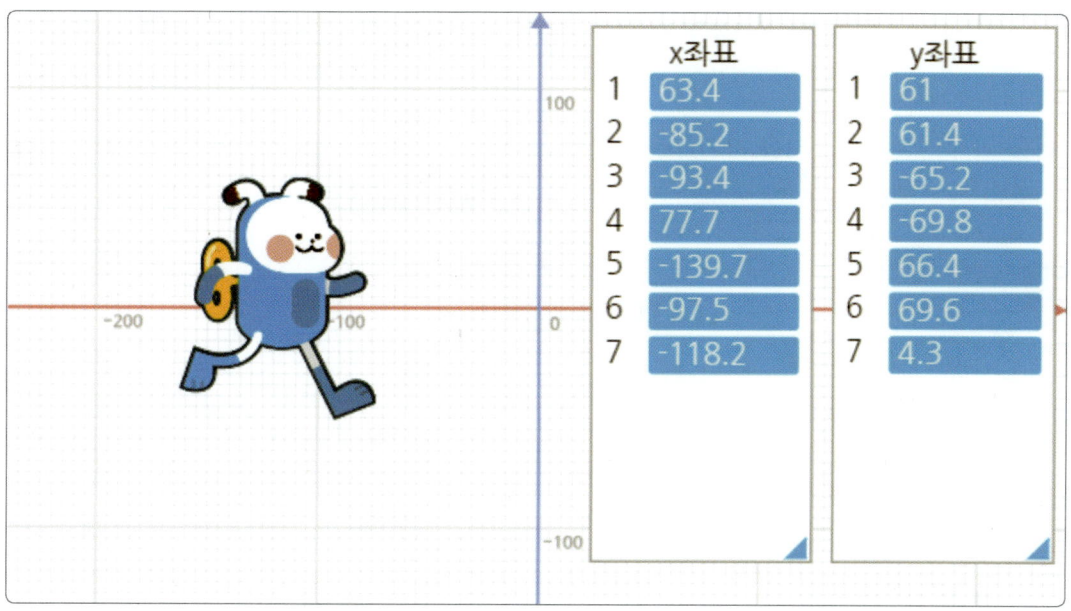

여기서 한 가지 주의할 점은 리스트의 값을 추가, 삭제, 변경할 때에는 두 개의 리스트에 같은 작업을 해야 한다는 점입니다. 두 개의 리스트에는 오브젝트의 좌푯값만 저장되기 때문에 리스트의 순서를 이용하여 오브젝트의 이동 위치를 알아낼 수 있습니다. 하지만 한 쪽의 리스트만 순서가 바뀌면 순서가 엇나가기 때문에 저장했던 위치를 알 수 없게 됩니다.

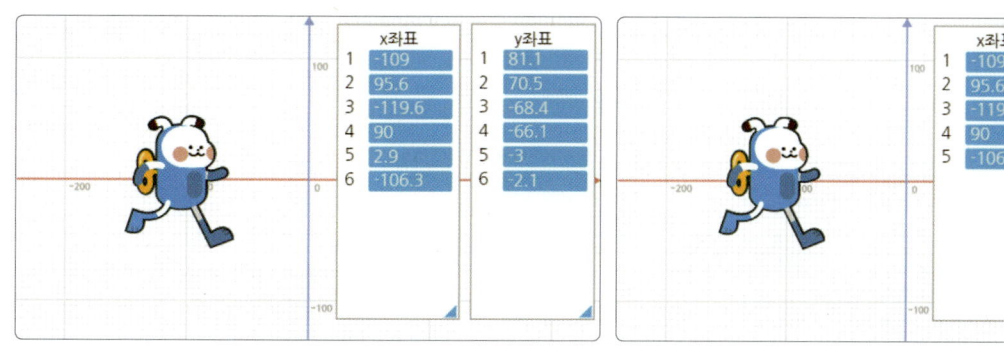

< 올바른 저장 >   < 잘못된 저장 >

CHAPTER 19 숫자버튼 위치 기억하기 ① **131**

오브젝트 소개하기

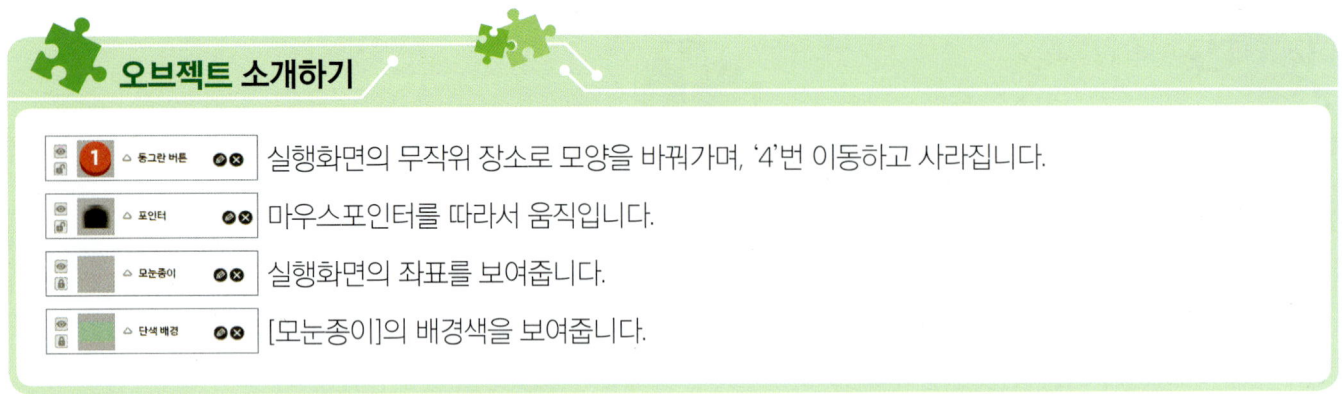

01 [포인터] 오브젝트가 마우스포인터를 따라 움직이도록 코딩하기

① [불러올 파일]-'19차시 불러올 파일.ent' 파일을 불러옵니다. 이어서, [오브젝트 목록]에서 오브젝트를 선택한 후 [시작] 블록 꾸러미에서 시작하기 버튼을 클릭했을 때 를 [블록 조립소]로 가져다 놓습니다.

② [흐름] 블록 꾸러미에서 계속 반복하기 를 연결합니다. 이어서, [움직임] 블록 꾸러미에서 동그란 버튼▼ 위치로 이동하기 를 연결한 후 동그란 버튼▼ 을 클릭하여 목록이 나오면 '마우스포인터'를 선택합니다.

코딩풀이 [포인터] 오브젝트는 다음 차시에서 [동그란 버튼] 오브젝트들이 보였던 위치를 제대로 클릭했는지 알아보기 위해 사용할 예정입니다.

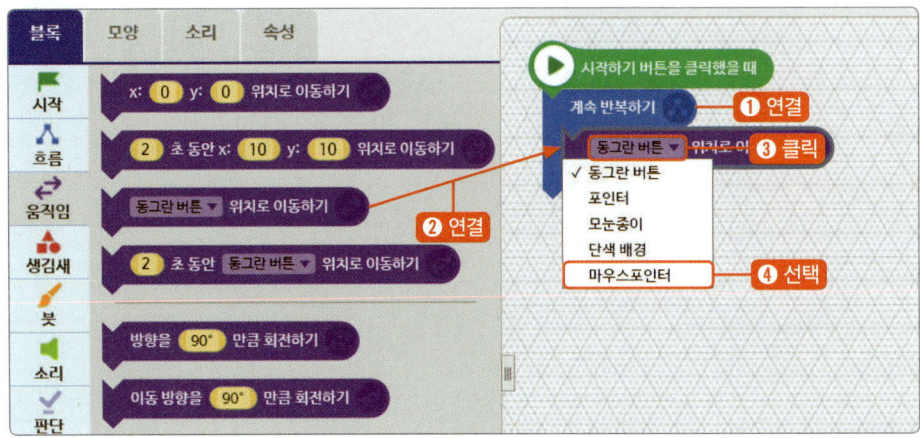

132 상상력을 키우는 엔트리

02 위치를 저장할 리스트 만들기

❶ 속성 - 리스트 - +리스트 추가 를 클릭한 후 리스트 이름을 'x좌표'로 입력하고 확인 버튼을 선택합니다. 이어서, 리스트가 만들어지면 리스트 보이기 체크박스를 클릭하여 체크를 해제합니다.

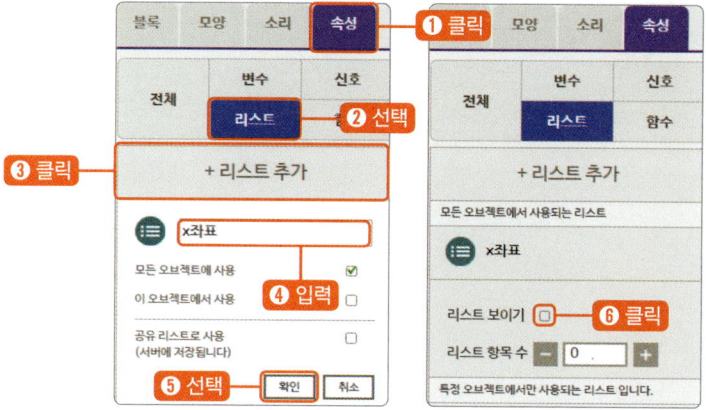

❷ 'y좌표' 리스트도 위와 동일한 작업으로 만들어줍니다.

> **TIP**
> **리스트를 두 개 만드는 이유**
>
> 리스트에는 여러 개의 값이 들어가지만 항목에는 하나만 저장해야합니다. 그래서 오브젝트의 위치를 저장하기 위해 'x좌표' 하나, 'y좌표' 하나 총 두 개의 리스트를 만들어 사용합니다.

03 [동그란 버튼] 오브젝트가 실행화면의 무작위 위치로 이동하기

❶ 리스트가 추가되면 [오브젝트 목록]에서 [동그란 버튼] 오브젝트를 선택한 후 블록 을 클릭합니다. 이어서, 시작 블록 꾸러미에서 시작하기 버튼을 클릭했을 때 를 [블록 조립소]로 가져다 놓습니다.

❷ 　생김새　블록 꾸러미에서 　맨 앞으로 보내기　를 연결한 후 　맨 앞으로　를 클릭하여 목록이 나오면 '**맨 뒤로**'를 선택합니다. 이어서, 　흐름　블록 꾸러미에서 　10 번 반복하기　를 연결한 후 '10'을 '4'로 변경합니다.

코딩풀이 오브젝트의 모양이 보이지 않도록 배경 뒤쪽으로 보냅니다.

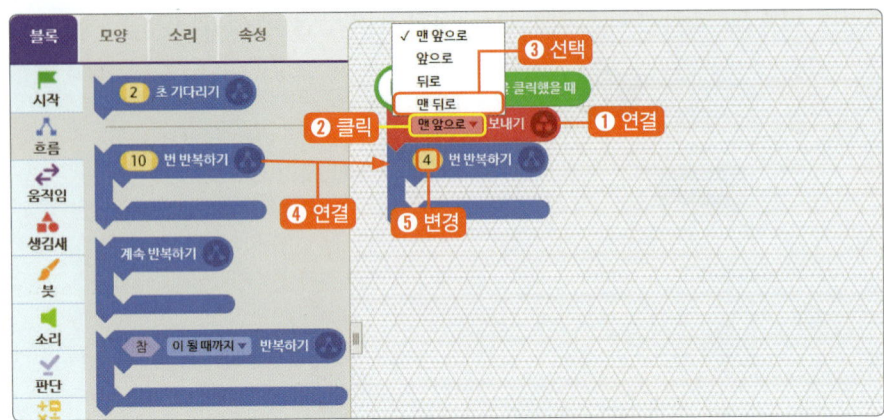

❸ 　움직임　블록 꾸러미에서 　x: 0 y: 0 위치로 이동하기　를 연결합니다. 이어서, 　계산　블록 꾸러미에서 　0 부터 10 사이의 무작위 수　를 　x: 0 y: 0 위치로 이동하기　블록의 첫 번째 '0'의 위치에 끼워 넣은 후 '0'을 '-200'으로, '10'을 '200'으로 각각 변경합니다.

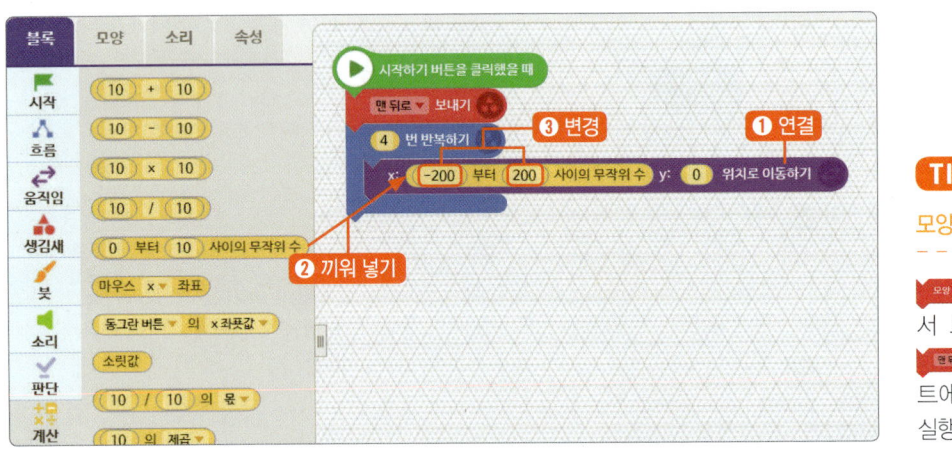

TIP

모양 숨기기 & 맨 뒤로 보내기

　모양 숨기기　블록은 실행화면에서 오브젝트를 완전히 숨기며, 　맨 뒤로 보내기　블록은 배경 오브젝트에 가려져서 보이지는 않지만 실행화면에 존재하고 있습니다.

❹ 　계산　블록 꾸러미에서 　0 부터 10 사이의 무작위 수　를 　x: 0 y: 0 위치로 이동하기　블록의 두 번째 '0'의 위치에 끼워 넣은 후 '0'을 '-100'으로, '10'을 '100'으로 각각 변경합니다.

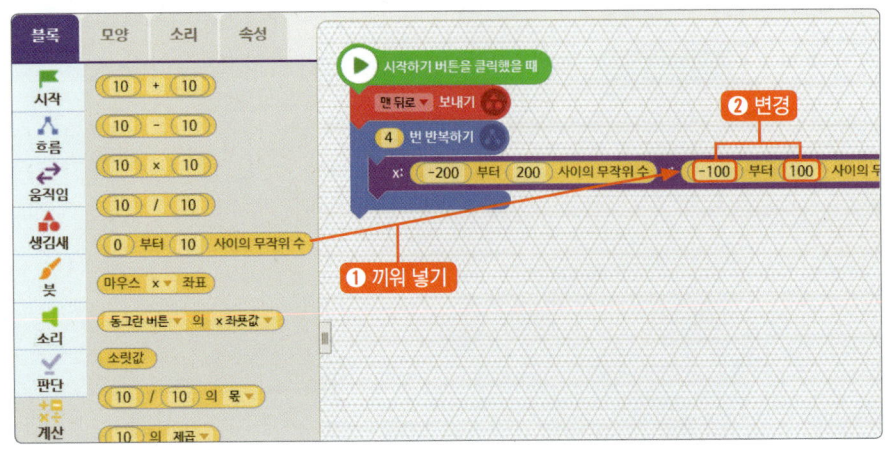

창의력 UP

오브젝트를 '맨 앞으로' 보내기(　맨 앞으로 보내기　)로 변경하고 반복하기 블록 안에 '1'초 기다리기 블록을 연결한 후 실행하여 오브젝트가 이동하는 범위를 확인합니다.

04 이동한 위치를 리스트에 저장하기

❶ 　 생김새 　 블록 꾸러미에서 　맨 앞으로 보내기　를 연결합니다. 이어서, 　자료　 블록 꾸러미에서 　10 항목을 y좌표에 추가하기　를 연결한 후 　y좌표▼　를 클릭하여 목록이 나오면 'x좌표'를 선택합니다.

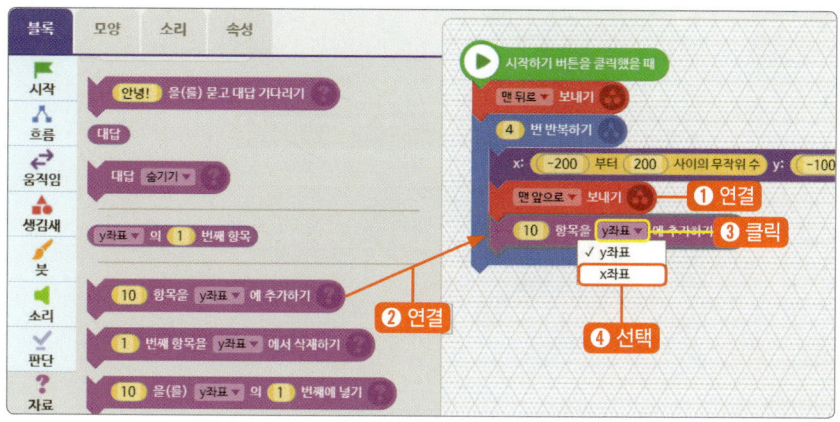

❷ 　 계산 　 블록 꾸러미에서 　동그란 버튼▼ 의 x좌푯값▼　을 '10'의 위치에 끼워 넣습니다. 이어서, 　자료　 블록 꾸러미에서 　10 항목을 y좌표에 추가하기　를 연결합니다.

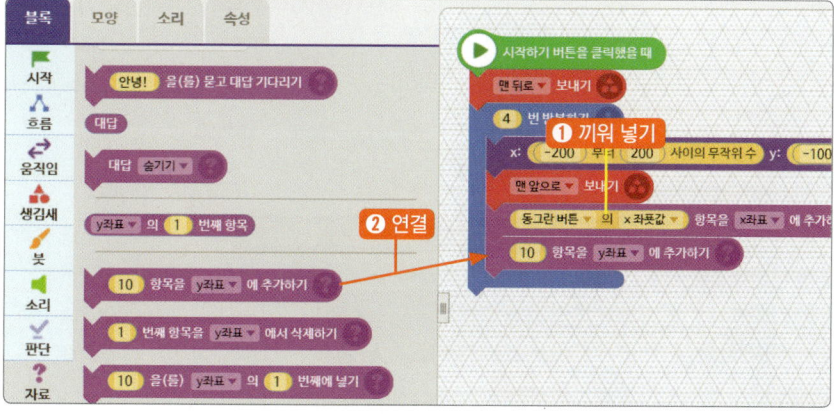

> **창의력 UP**
> 리스트를 실행화면에 보이도록 설정한 후 실행하여 좌푯값들이 저장되는 것을 확인해봅시다.
> ※ 힌트 : 속성 - 리스트 - 리스트의 수정 버튼(⚙)클릭-리스트 보이기 항목 체크

❸ 　 계산 　 블록 꾸러미에서 　동그란 버튼▼ 의 x좌푯값▼　을 '10'의 위치에 끼워 넣은 후 　x좌푯값▼　을 클릭하여 목록이 나오면 'y좌푯값'을 선택합니다.

코딩풀이 ― 실행화면에서 무작위 위치로 이동하는 오브젝트의 x좌표와 y좌표를 각각 해당하는 리스트에 추가합니다.

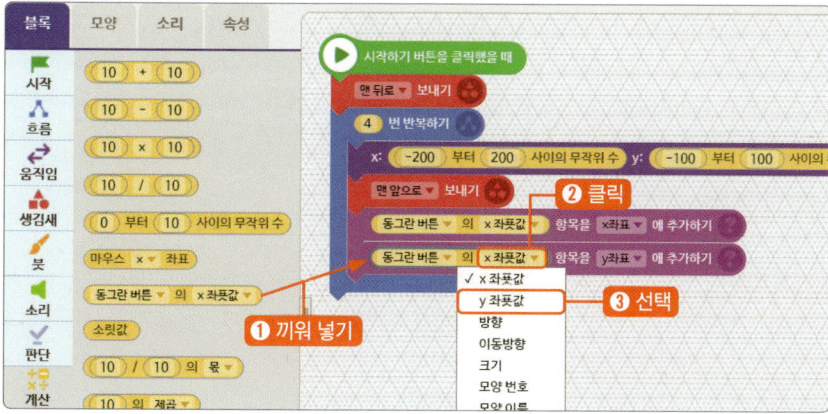

❹ 🔺흐름 블록 꾸러미에서 `2 초 기다리기`를 연결한 후 '2'를 '1'로 변경합니다. 이어서, 🔺생김새 블록 꾸러미에서 `다음 모양으로 바꾸기`를 연결합니다.

> **코딩풀이** [동그란 버튼] 오브젝트의 위치를 보여주고 '1'초 기다려서 다음 모양(다음 숫자)으로 바꾼 후 다른 무작위 위치로 이동합니다.

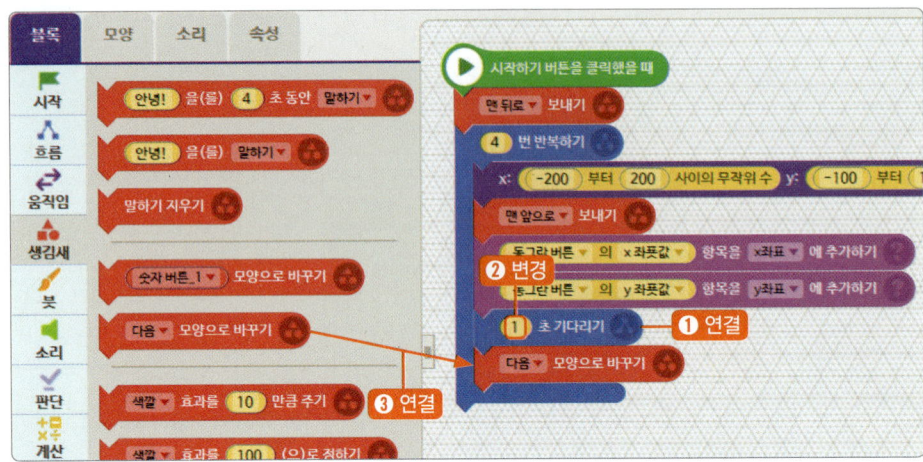

❺ 🔺생김새 블록 꾸러미에서 `맨 앞으로 보내기`를 연결한 후 `맨 앞으로`를 클릭하여 목록이 나오면 **'맨 뒤로'**를 선택합니다. 이어서, 🚩시작 블록 꾸러미에서 `시작 신호 보내기`를 바깥쪽에 연결합니다.

> **코딩풀이** [동그란 버튼] 오브젝트가 실행화면의 무작위 위치로 '4'번 이동하는 것을 보여준 후 실행화면의 배경 뒤쪽으로 보내 보이지 않게 합니다.
>
> ※ '시작' 신호는 다음 차시에서 [동그란 버튼] 오브젝트가 보였던 위치를 클릭하는 게임을 시작하기 위한 신호입니다.

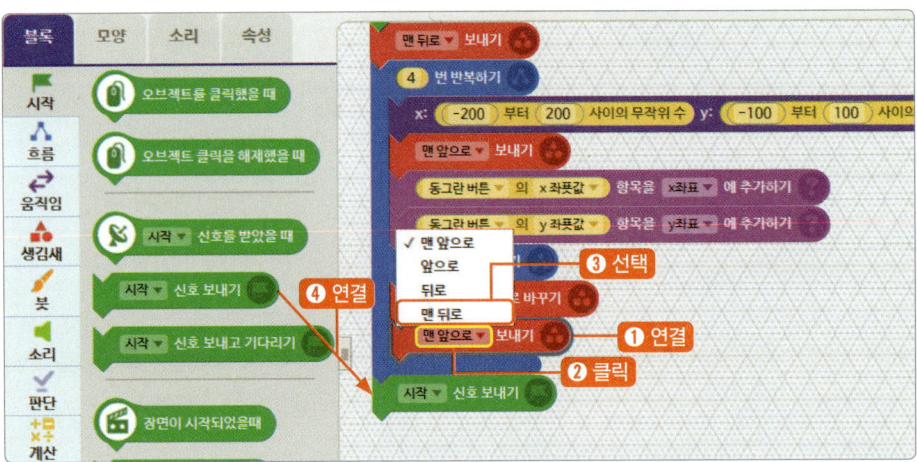

❻ ▶를 클릭하여 화면의 숫자 버튼이 모양을 바꿔가며 실행화면 여기저기 무작위로 이동하는지 확인해봅시다.

스스로 해결하기

01 철훈이는 친구에게 일반 유선 전화기로 전화를 걸려고 합니다. <보기>를 참고하여 <문제>의 빈 칸을 채워봅시다.

보기

- 11번 반복하기

- 수화기 들기

- 친구의 전화번호 확인

- 전화번호에 맞게 숫자 버튼을 눌렀는가?

- 친구와 통화하기

- 수화기 내려놓기

- 숫자 버튼 누르기

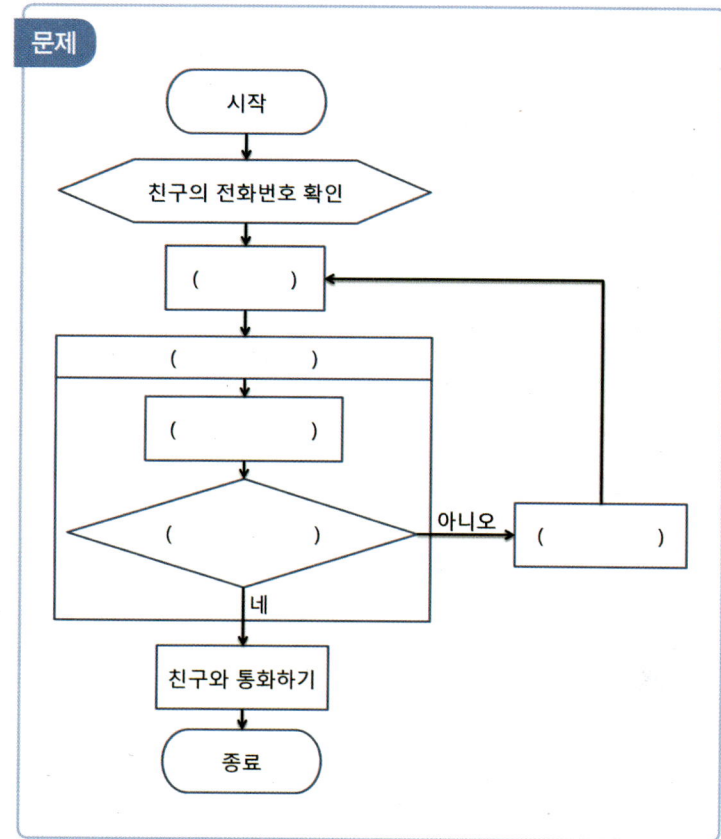

02 [엔트리봇] 오브젝트가 마우스포인터를 따라다니다가 실행화면을 클릭하면 오브젝트의 위치를 저장하도록, 아래 <조건>에 맞게 코딩해봅시다.

📁 **불러올 파일 :** 19차시-2 불러올 파일.ent   📗 **완성된 파일 :** 19차시-2 완성된 파일.ent

조건

- [블록 조립소]에 주어진 블록만을 모두 사용합니다.
- 시작하기 버튼을 클릭했을 때 ①~④ 항목을 계속 반복합니다.
  ① 마우스포인터의 위치로 이동합니다.
  ② 마우스를 클릭하면 [엔트리봇] 오브젝트의 x 좌푯값을 'x좌표' 리스트에 추가합니다.
  ③ 마우스를 클릭하면 [엔트리봇] 오브젝트의 y 좌푯값을 'y좌표' 리스트에 추가합니다.
  ④ '0.1'초 기다립니다.

CHAPTER 20 숫자버튼 위치 기억하기 ②

| 학습목표 |
- 리스트에 저장된 위치로 오브젝트를 이동시킵니다.
- 실행화면을 클릭했을 때 동그란 버튼이 보였던 위치인지 판단합니다.

📂 **불러올 파일** : 20차시 불러올 파일.ent   📄 **완성된 파일** : 20차시 완성된 파일.ent

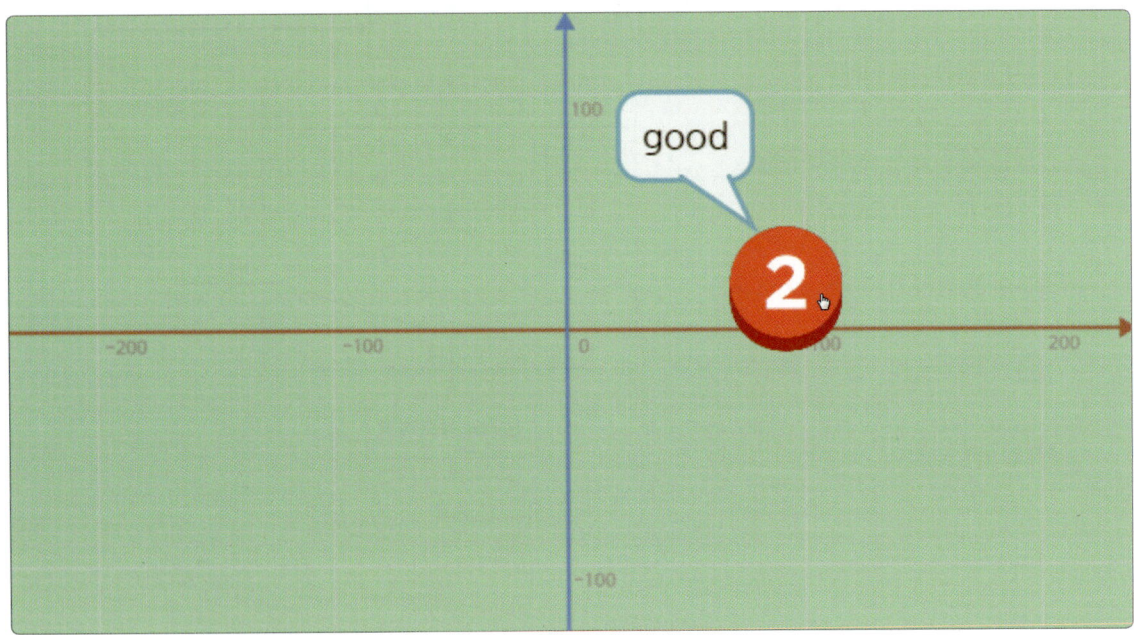

※ 실행 방법 : ▶ 버튼을 클릭하면 [동그란 버튼] 오브젝트가 실행화면에 무작위 위치로 이동합니다. 이어서, 마우스로 [동그란 버튼] 오브젝트가 보였던 위치를 순서대로 클릭합니다.

🧩 오늘 배울 블록

블록	설명
처음부터 다시 실행하기	모든 오브젝트를 처음부터 다시 실행합니다.
리스트▼ 항목 수	선택한 리스트가 보유한 총 항목의 개수입니다.
리스트▼ 의 1 번째 항목	선택한 리스트에서 선택한 값의 순서에 있는 항목 값을 의미합니다.
변수▼ 값	선택된 변수에 저장된 값입니다.
변수▼ 에 10 만큼 더하기	선택한 변수에 입력한 값을 더합니다.

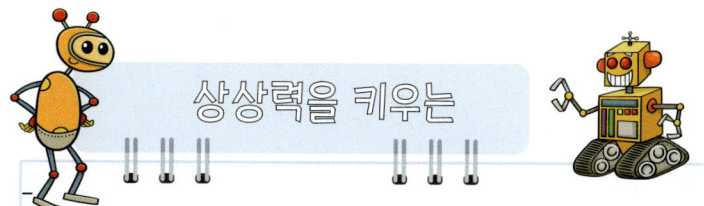

퀴즈 풀어보기!

포스터에 사용할 글자를 만들었지만 누군가 아래 그림처럼 수정해 버렸습니다. 아래 그림에는 원래 어떤 글자가 적혀 있었는지 생각한 후 글자를 적어봅시다.

※ 그림이 어렵다면 아래 힌트를 참고하세요.

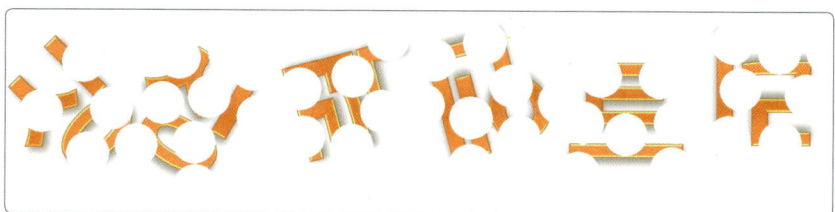

정답

〈힌트〉

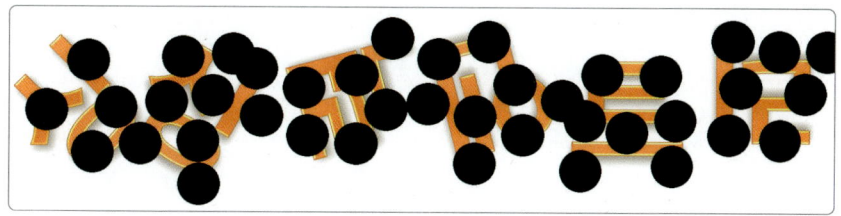

다른 글자들도 확인해 보니 또 수정된 글자가 있었습니다. 이 그림에서도 원래 어떤 글자가 적혀 있었는지 생각한 후 글자를 적어봅시다.

정답

〈힌트〉

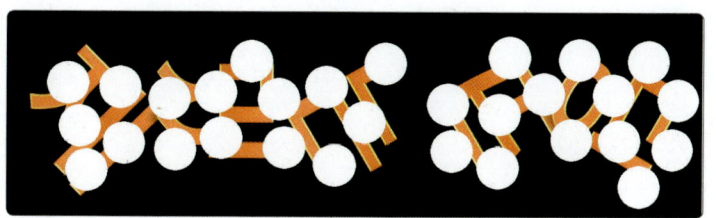

CHAPTER 20 숫자버튼 위치 기억하기 ② **139**

오브젝트 소개하기

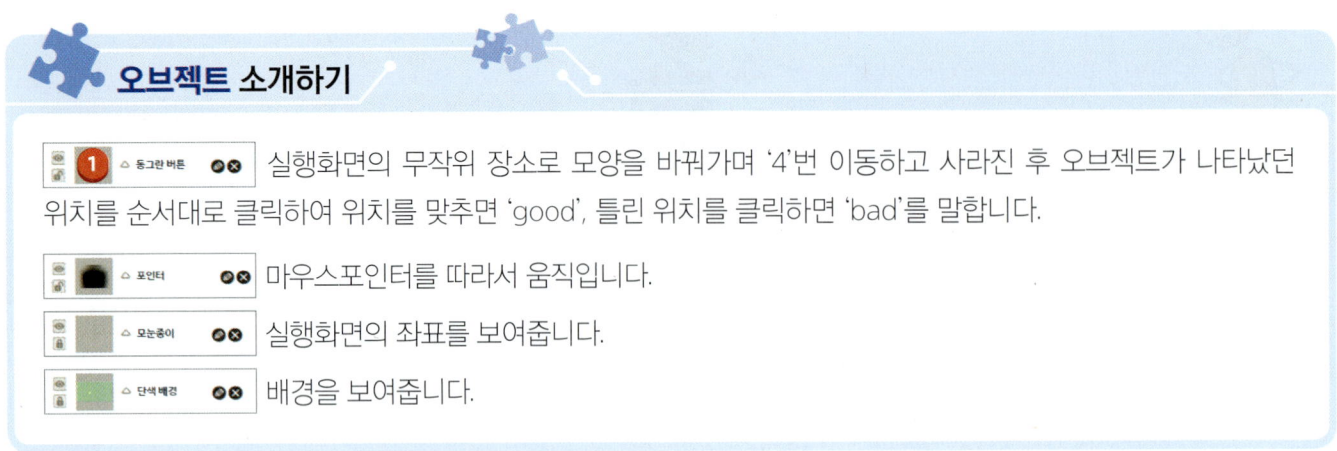

실행화면의 무작위 장소로 모양을 바꿔가며 '4'번 이동하고 사라진 후 오브젝트가 나타났던 위치를 순서대로 클릭하여 위치를 맞추면 'good', 틀린 위치를 클릭하면 'bad'를 말합니다.

마우스포인터를 따라서 움직입니다.

실행화면의 좌표를 보여줍니다.

배경을 보여줍니다.

01 변수를 만들고 리스트의 저장된 위치로 오브젝트 이동시키기

❶ [불러올 파일]-'20차시 불러올 파일.ent' 파일을 불러옵니다. 이어서, 속성 - 변수 - +변수 추가 를 클릭한 후 변수 이름을 '증감변수'로 입력하고 확인 버튼을 선택합니다.

TIP

변수 만들기

'이 오브젝트에서 사용' 항목을 체크하면 변수를 만들 때 선택한 오브젝트에서만 사용하도록 만들 수 있습니다.

❷ 변수가 추가되면 '변수 보이기' 체크박스를 클릭하여 체크를 해제한 후 기본 값을 '1'로 변경합니다.

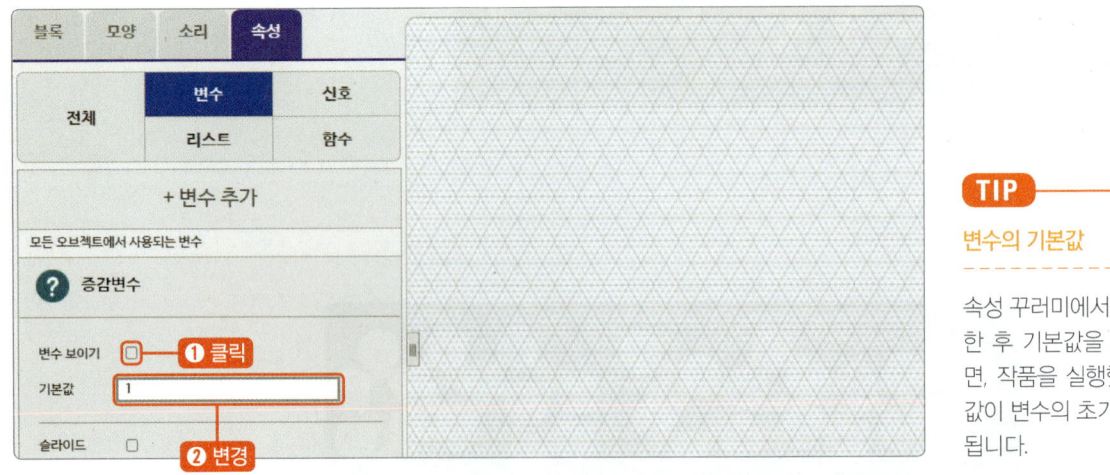

TIP

변수의 기본값

속성 꾸러미에서 변수를 선택한 후 기본값을 미리 지정하면, 작품을 실행했을 때 해당 값이 변수의 초기값으로 지정됩니다.

❸ 변수가 추가되면 [오브젝트 목록]에서 오브젝트가 선택되어 있는지 확인한 후 블록 을 클릭합니다. 이어서, 시작 블록 꾸러미에서 시작 신호를 받았을 때 를 [블록 조립소]로 가져다 놓습니다.

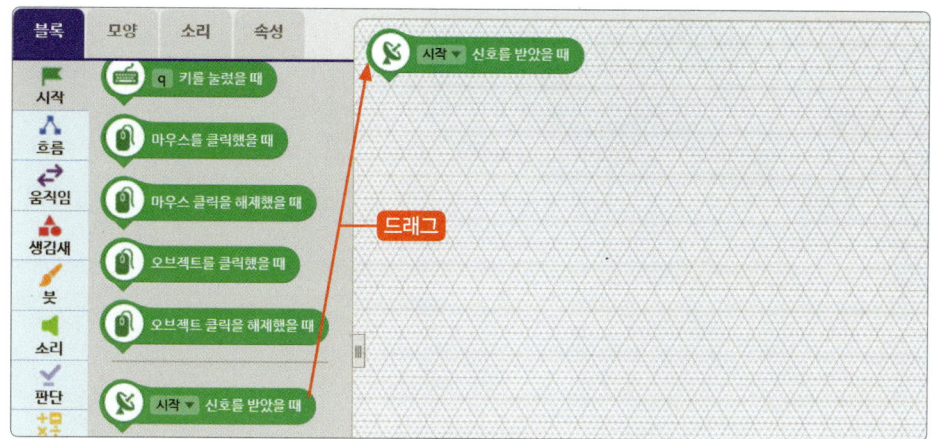

❹ 생김새 블록 꾸러미에서 숫자 버튼_1 모양으로 바꾸기 를 연결한 후 흐름 블록 꾸러미에서 10 번 반복하기 를 연결합니다.

코딩풀이 [동그란 버튼] 오브젝트의 모양을 '숫자 버튼_1'로 변경하는 것은 첫 번째 위치를 보여줄 때 모양을 처음 모양('1'번 모양)으로 바꿔주기 위해서 입니다.

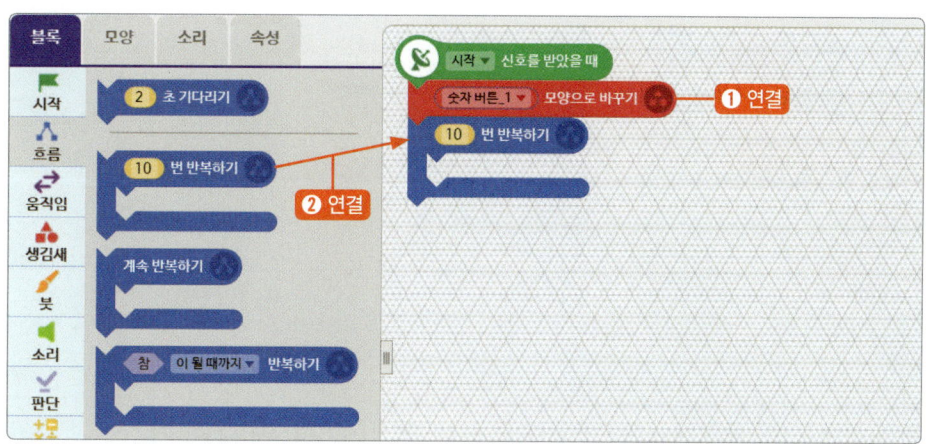

❺ 자료 블록 꾸러미에서 x좌표 항목 수 를 '10'의 위치에 끼워 넣습니다. 이어서, 움직임 블록 꾸러미에서 x: 0 y: 0 위치로 이동하기 를 연결합니다.

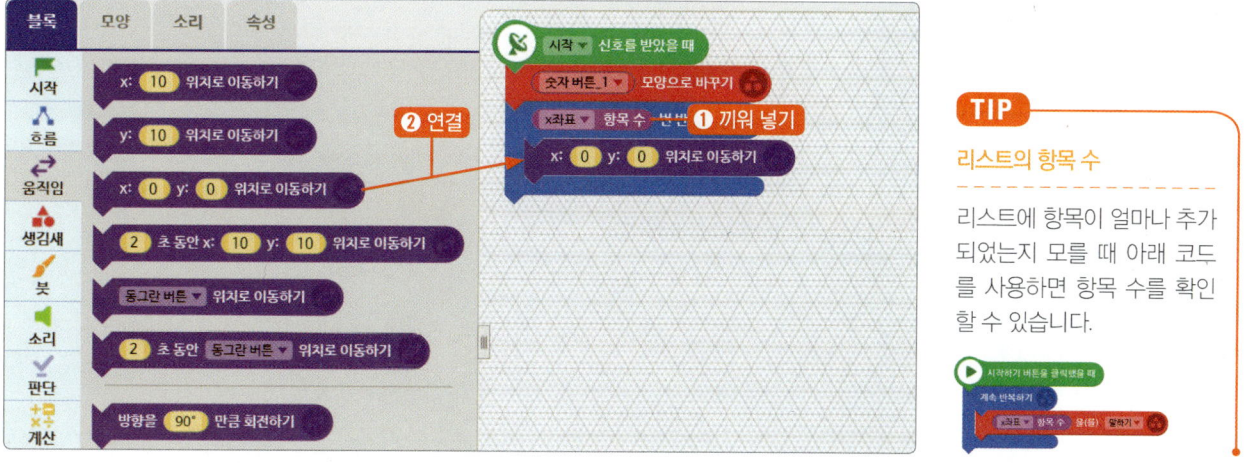

TIP

리스트의 항목 수

리스트에 항목이 얼마나 추가 되었는지 모를 때 아래 코드 를 사용하면 항목 수를 확인 할 수 있습니다.

CHAPTER 20 숫자버튼 위치 기억하기 ② **141**

❻ ![자료] 블록 꾸러미에서 `x좌표의 1번째 항목`을 첫 번째 '0'의 위치에 끼워 넣습니다. 이어서, `증감변수 값`을 '1'의 위치에 끼워 넣습니다.

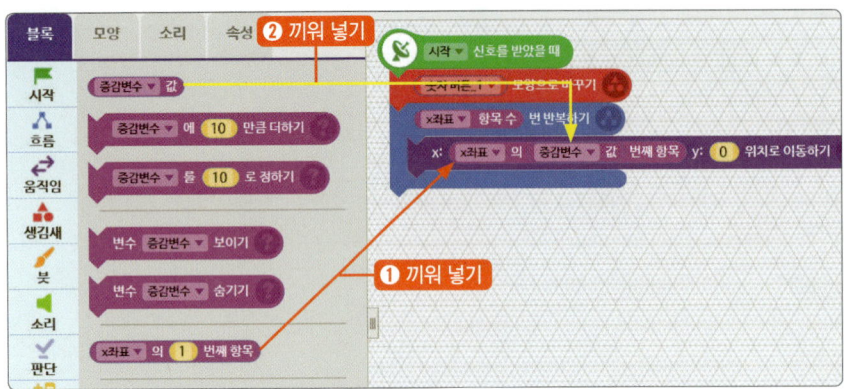

❼ ![자료] 블록 꾸러미에서 `x좌표의 1번째 항목`을 두 번째 '0'의 위치에 끼워 넣은 후 `x좌표`를 클릭하여 목록이 나오면 **'y좌표'**를 선택합니다. 이어서, `증감변수 값`을 '1'의 위치에 끼워 넣습니다.

코딩풀이 x좌표 리스트와 y좌표 리스트의 첫 번째 항목의 값은 [동그란 버튼] 오브젝트의 첫 번째 x-y 좌표가 저장되어 있습니다.

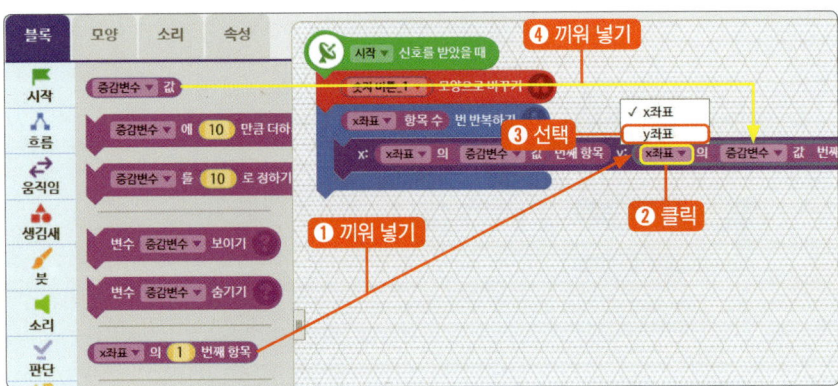

TIP

리스트 항목 위치

증감변수(초기값 : 1)를 이용해 리스트에 저장된 좌표를 불러올 때 증감변수의 기본값을 '1'로 정한 것은 리스트에서는 '0' 번째 항목이 없고 '1' 번째 항목부터 저장되기 때문에 '0' 번째 항목을 불러오면 에러가 발생합니다.

02 실행화면을 클릭했을 때 숫자버튼이 나타났던 위치인지 판단하기

❶ ![흐름] 블록 꾸러미에서 `참 이(가) 될 때까지 기다리기`를 연결합니다. 이어서, ![판단] 블록 꾸러미에서 `마우스를 클릭했는가?`를 '참'의 위치에 끼워 넣습니다.

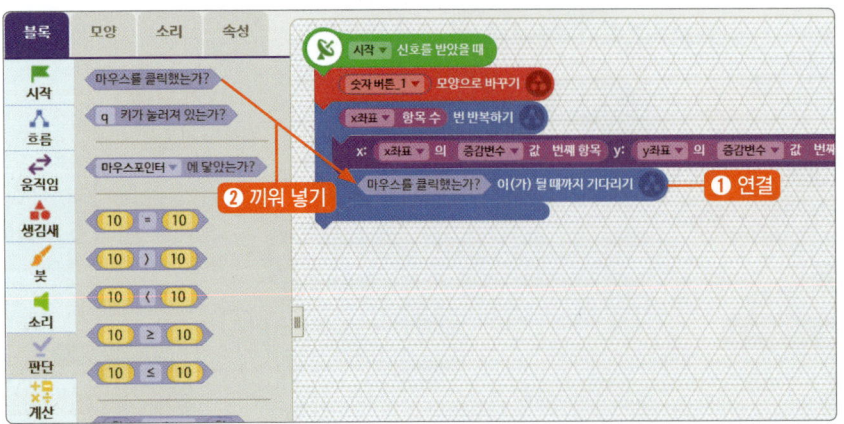

❷ 흐름 블록 꾸러미에서 만일~이라면~아니면 을 연결합니다. 이어서, 판단 블록 꾸러미에서 마우스포인터에 닿았는가? 를 '참'의 위치에 끼워 넣은 후 마우스포인터를 클릭하여 목록이 나오면 '포인터'를 선택합니다.

코딩풀이 ▷ 오브젝트가 이동한 후 마우스를 클릭할 때까지 기다립니다. 이어서, 마우스를 클릭했을 때 [포인터] 오브젝트에 닿았는지 판단합니다.

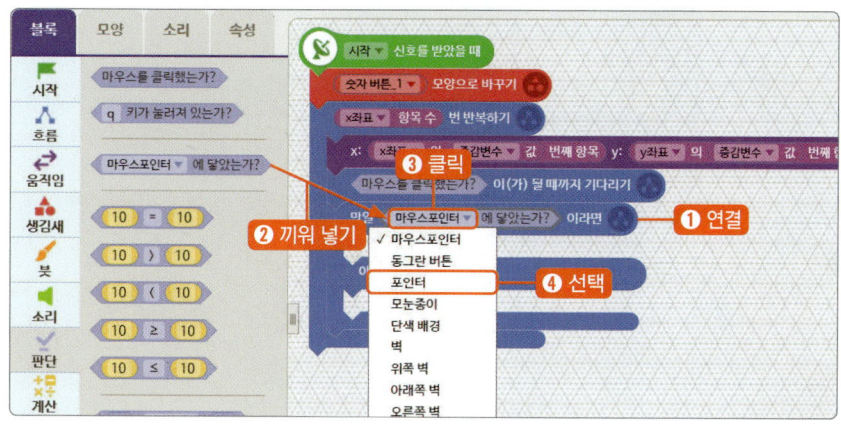

❸ 생김새 블록 꾸러미에서 맨 앞으로 보내기 를 연결합니다. 이어서, 안녕! 을(를) 4 초 동안 말하기 를 연결한 후 '안녕!'을 'good'으로, '4'를 '1'로 각각 변경합니다.

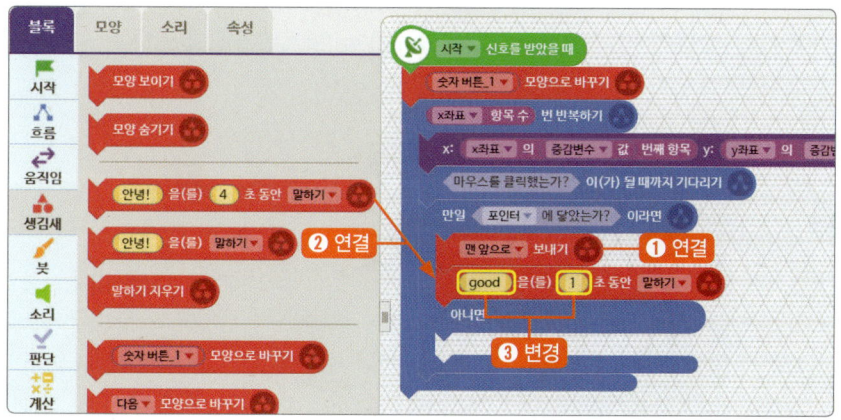

❹ 생김새 블록 꾸러미에서 맨 앞으로 보내기 를 연결합니다. 이어서, 안녕! 을(를) 4 초 동안 말하기 를 연결한 후 '안녕!'을 'bad'로, '4'를 '1'로 각각 변경합니다.

코딩풀이 ▷ 마우스를 클릭하여 [동그란 버튼] 오브젝트에 [포인터] 오브젝트가 닿았다면 'good'을, 닿지 않았다면 'bad'를 말합니다.

CHAPTER 20 숫자버튼 위치 기억하기 ② **143**

❺ [자료] 블록 꾸러미에서 [증감변수에 10 만큼 더하기]를 연결한 후 '10'을 '1'로 변경합니다. 이어서, [생김새] 블록 꾸러미에서 [다음 모양으로 바꾸기]를 연결합니다.

코딩풀이 '증감변수' 변수의 값을 '1'만큼 증가시켜야 'x좌표', 'y좌표' 리스트에서 다음 항목의 값을 이용해 오브젝트를 이동시킬 수 있습니다.

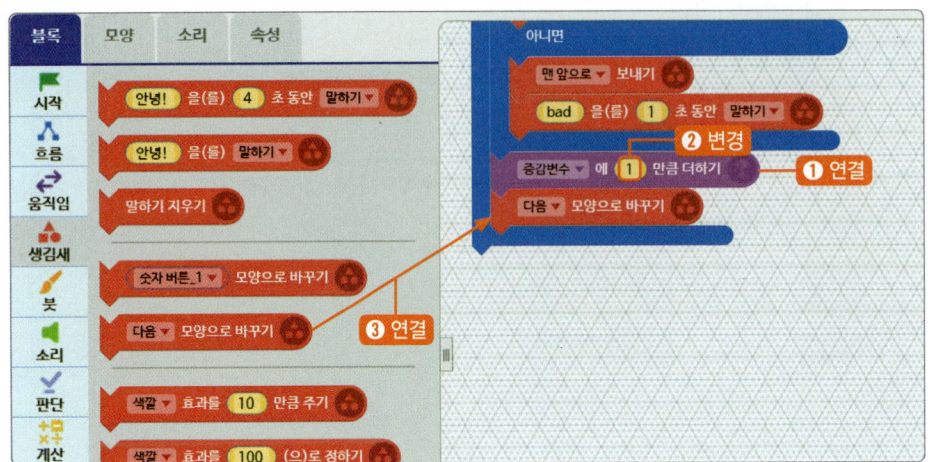

❻ [생김새] 블록 꾸러미에서 [맨 앞으로 보내기]를 연결한 후 [맨 앞으로]를 클릭하여 목록이 나오면 '맨 뒤로'를 선택합니다. 이어서, [흐름] 블록 꾸러미에서 [처음부터 다시 실행하기]를 연결합니다.

코딩풀이 총 '4'번의 판단이 끝나면 반복하기 블록을 종료하고, 처음부터 다시 실행하기 블록을 실행하여 [동그란 버튼] 오브젝트의 위치를 보여주는 것부터 다시 시작합니다.

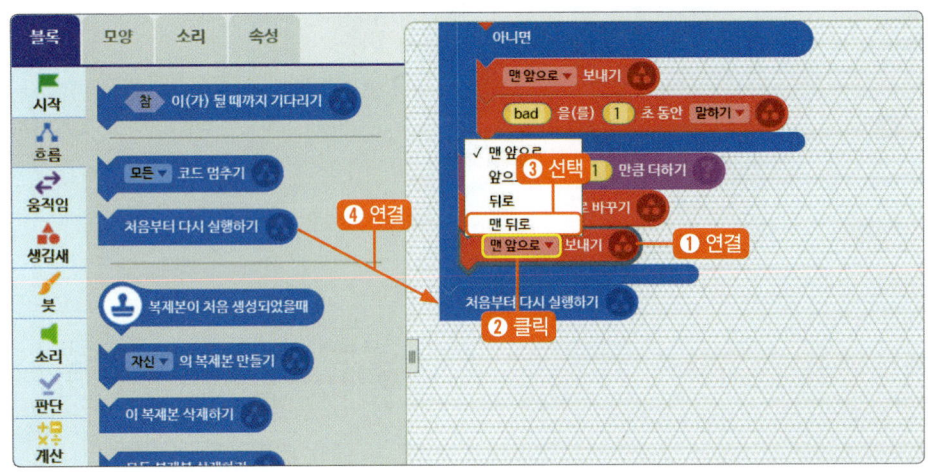

TIP

처음부터 다시 실행하기

이 블록은 변수, 리스트, 오브젝트의 위치 등 모든 것이 처음상태로 돌아간 후 다시 실행되기 때문에 프로그램을 정지시킨 후 다시 시작한 것과 같다고 생각할 수 있습니다. 모든 것이 초기화되기 때문에 사용에는 항상 주의를 기울여야 합니다.

❼ 리스트를 보이지 않도록 설정한 후 [▶]를 클릭하여 숫자 버튼이 실행화면의 무작위 위치에 순서대로 나타났다가 사라지면 실행화면에 오브젝트가 나타났던 위치를 클릭하여 'good' 또는 'bad'를 말하는지 확인해봅시다.

※ 리스트를 보이지 않게 하려면 [속성]-[리스트]-리스트의 수정버튼(✏️)클릭-리스트 보이기 항목 체크 해제합니다.

스스로 해결하기

01 철훈이는 동생이 집에 있으면 동생과 레고를 조립하고, 그렇지 않으면 친구와 만나려고 합니다. <보기>를 참고하여 <문제>의 빈 칸을 채워봅시다.

보기

- 동생과 레고 조립하기
- 집에서 쉬기
- 친구와 만날 수 있는가?
- 동생이 집에 있는가?
- 친구와 놀기
- 친구에게 연락하기

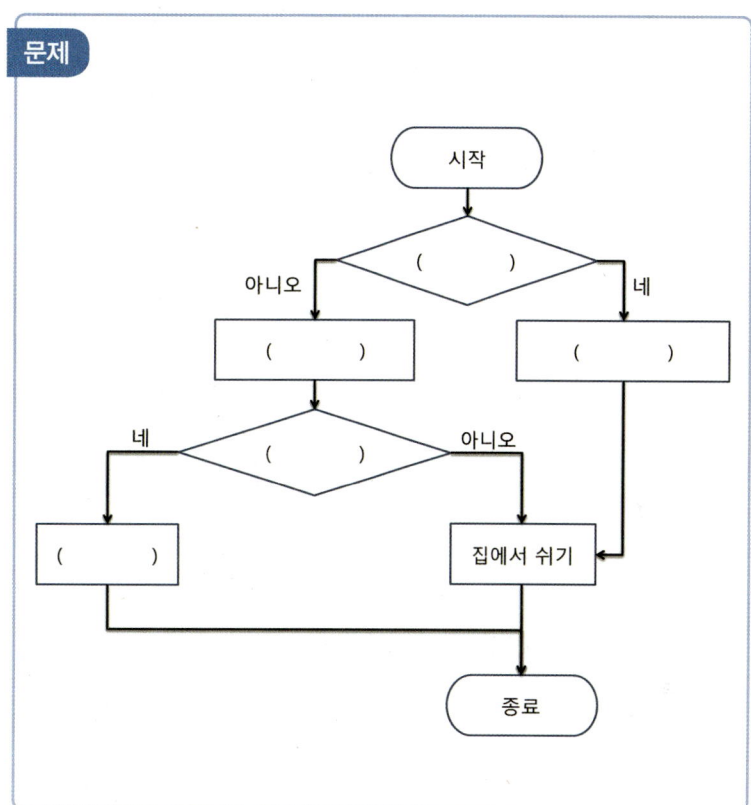

02 [농구공] 오브젝트가 마우스를 피해 움직이고, 오브젝트를 마우스로 클릭하면 모든 코드를 멈춥니다. 그리고 벽에 닿으면 실행화면의 가운데 위치로 이동하도록 아래 <조건>에 맞게 코딩해봅시다.

📁 **불러올 파일** : 20차시-2 불러올 파일.ent   📄 **완성된 파일** : 20차시-2 완성된 파일.ent

조건

- [블록 조립소]에 주어진 블록만을 모두 사용합니다.
- 시작하기 버튼을 클릭했을 때 ①~④ 항목을 반복합니다.
  ① 마우스포인터 쪽을 바라봅니다.
  ② 방향을 '180°' 만큼 회전합니다.
  ③ 이동 방향으로 '3' 만큼 움직입니다.
  ④ 만일 벽에 닿았다면 x좌표 '0', y좌표 '0'으로 이동합니다.
- 오브젝트를 클릭했을 때 모든 코드를 종료합니다.

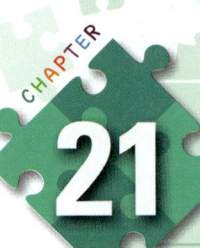

CHAPTER 21 중복되지 않는 숫자 리스트에 넣기

| 학습목표 |
- 부정형 조건을 사용할 수 있습니다.
- 리스트에 중복되지 않는 무작위 수를 넣을 수 있습니다.

📂 불러올 파일 : 21차시 불러올 파일.ent   📗 완성된 파일 : 21차시 완성된 파일.ent

※ 실행 방법 : ▶ 버튼을 클릭하여 리스트에 중복되지 않는 숫자를 추가합니다.

🧩❓ 오늘 배울 블록

블록	설명
참 (이)가 아니다	해당 판단이 참이면 거짓, 거짓이면 참으로 만듭니다.
10 항목을 리스트▼ 에 추가하기	입력한 값이 선택한 리스트의 마지막 항목으로 추가됩니다.
리스트▼ 항목 수	선택한 리스트가 보유한 총 항목의 개수입니다.
리스트▼ 에 10 이 포함되어 있는가?	선택한 리스트에 입력한 값을 가진 항목이 포함되어 있는지 확인합니다.

퀴즈 풀어보기!

아래 그림의 숫자들은 특정 규칙을 가지고 나열되어 있습니다. 해당 규칙을 찾아내어 '?'가 들어있는 칸의 숫자를 적어봅시다.

※ 노란색 네모 칸 안에 있는 숫자들을 잘 살펴보고 규칙을 찾아봅시다.

1	2	3					
2	3	5					
3	5	8					
			13				
				34			
					89		
						233	
							610	?

정답

CHAPTER 21 중복되지 않는 숫자 리스트에 넣기 **147**

오브젝트 소개하기

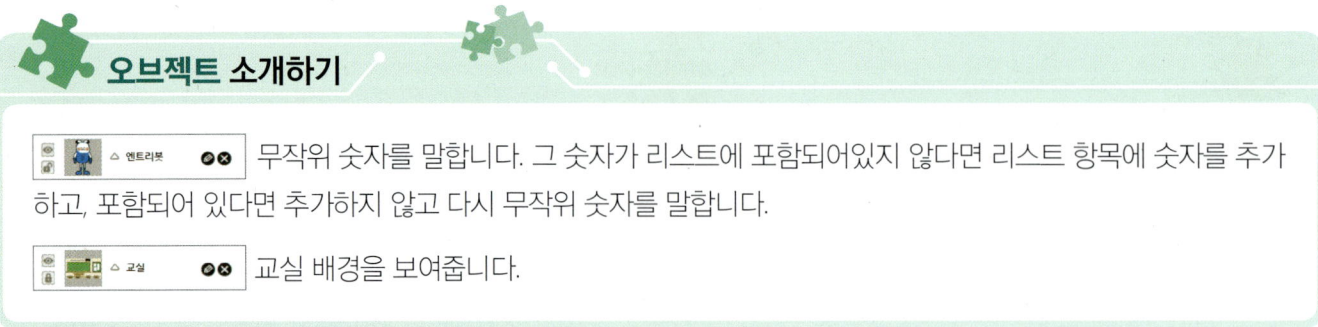

무작위 숫자를 말합니다. 그 숫자가 리스트에 포함되어있지 않다면 리스트 항목에 숫자를 추가하고, 포함되어 있다면 추가하지 않고 다시 무작위 숫자를 말합니다.

교실 배경을 보여줍니다.

01 ▶ 변수와 리스트 만들기

❶ [불러올 파일]-'21차시 불러올 파일.ent' 파일을 불러옵니다. 이어서, 속성 - 변수 - +변수 추가 를 클릭한 후 변수 이름을 '랜덤 숫자'로 입력하고 확인 버튼을 선택합니다.

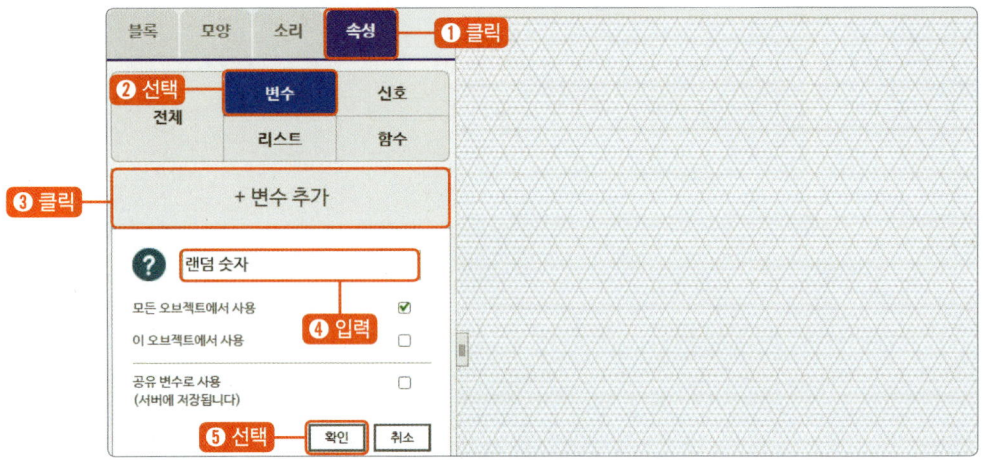

❷ 리스트 - +리스트 추가 를 클릭한 후 리스트 이름을 '숫자 목록'으로 입력하고 확인 버튼을 선택합니다. 이어서, 아래 그림처럼 실행화면에 보이는 리스트의 크기를 조절한 후 위치를 변경합니다.

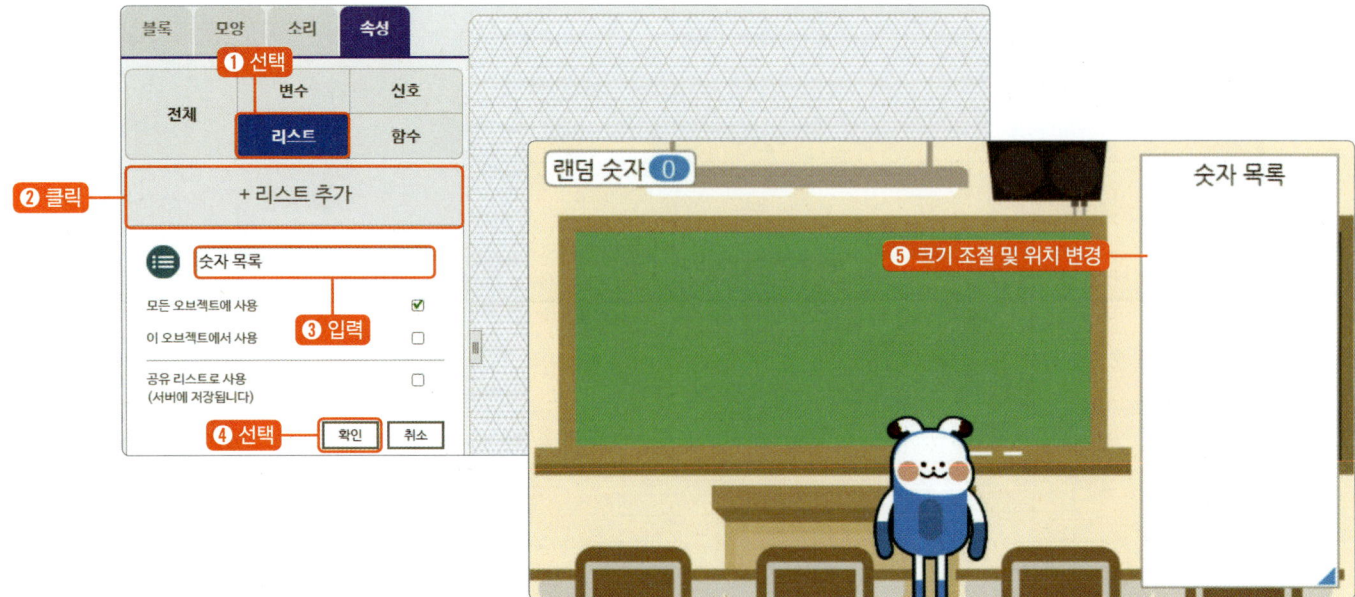

02 무작위 숫자 말하기

❶ 변수와 리스트가 추가되면 [오브젝트 목록]에서 오브젝트가 선택되어 있는지 확인한 후 `블록`을 클릭합니다. 이어서, `시작` 블록 꾸러미에서 `시작하기 버튼을 클릭했을 때`를 [블록 조립소]로 가져다 놓습니다.

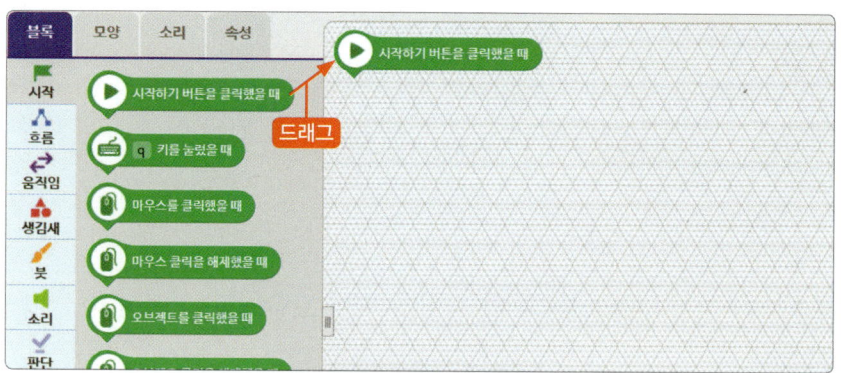

❷ `흐름` 블록 꾸러미에서 `참 이 될 때까지 반복하기`를 연결합니다. 이어서, `판단` 블록 꾸러미에서 `10 = 10`을 '참'의 위치에 끼워 넣습니다.

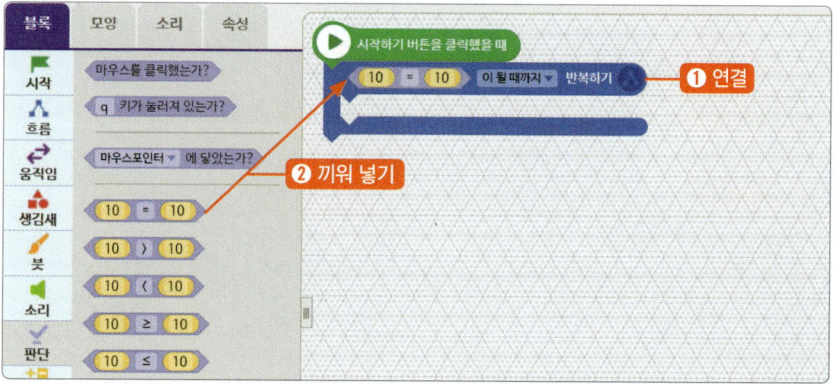

❸ `자료` 블록 꾸러미에서 `숫자 목록 항목 수`를 첫 번째 '10'의 위치에 끼워 넣은 후 두 번째 '10'을 '7'로 변경합니다.

> **코딩풀이** '숫자 목록' 리스트의 개수가 '7'개가 될 때까지 반복합니다.

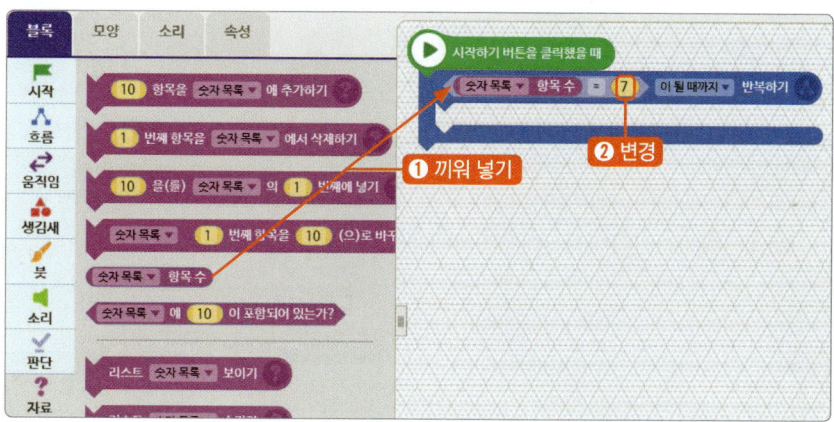

CHAPTER 21 중복되지 않는 숫자 리스트에 넣기 **149**

❹ [?자료] 블록 꾸러미에서 `랜덤 숫자▼ 를 10 로 정하기` 를 연결합니다.

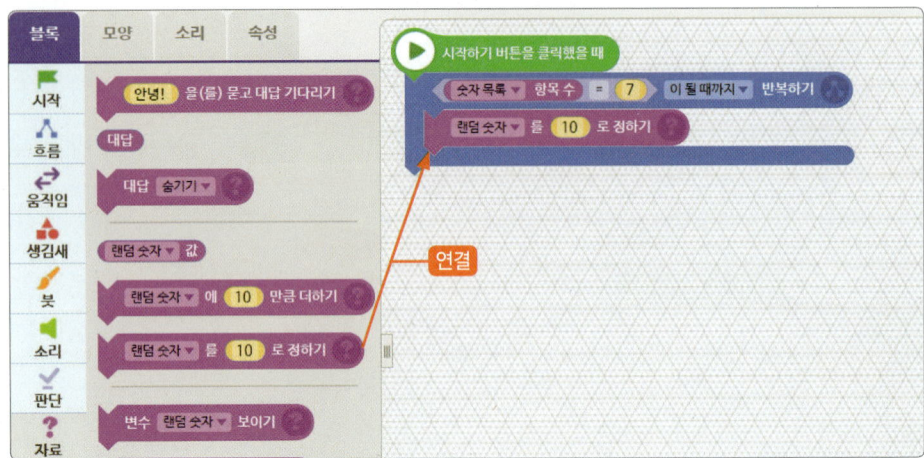

❺ [계산] 블록 꾸러미에서 `0 부터 10 사이의 무작위 수` 를 '10'의 위치에 끼워 넣습니다. 이어서, '0'을 '1'로, '10'을 '7'로 각각 변경합니다.

코딩풀이 무작위 숫자(1~7)를 리스트에 저장된 다른 값과 비교하고 중복되지 않으면 비교했던 값을 추가하기 위해 '랜덤 숫자' 변수에 무작위 숫자를 저장합니다.

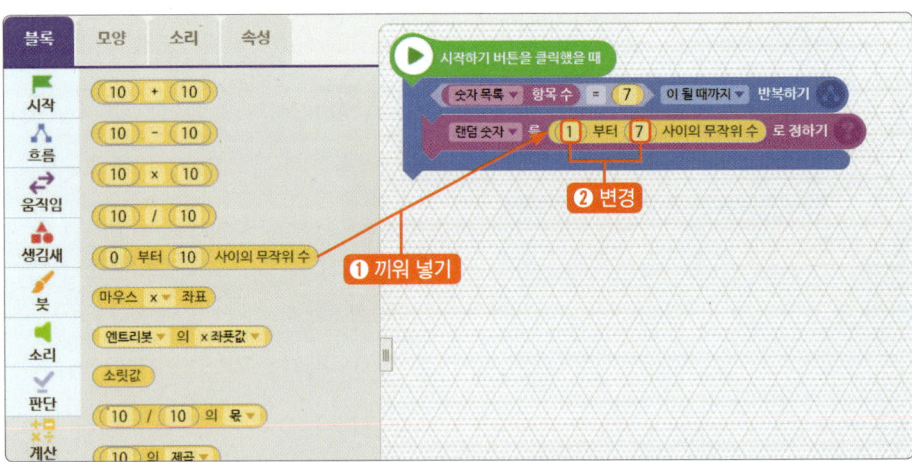

❻ [생김새] 블록 꾸러미에서 `안녕! 을(를) 4 초 동안 말하기` 를 연결한 후 '4'를 '1'로 변경합니다. 이어서, [?자료] 블록 꾸러미에서 `랜덤 숫자▼ 값` 을 '안녕!'의 위치에 끼워 넣습니다.

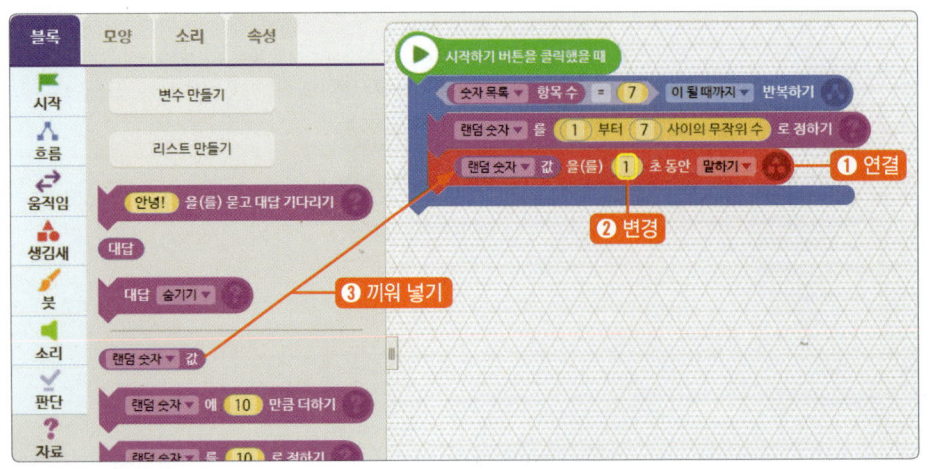

창의력 UP

'숫자 목록' 리스트에 '랜덤 숫자' 변수의 값을 추가하도록 코드를 수정해봅시다.

사용할 블록 :

`10 항목을 숫자 목록▼ 에 추가하기`

`랜덤 숫자▼ 값`

03 중복되지 않는 숫자를 리스트에 추가하기

❶ `흐름` 블록 꾸러미에서 `만일 참 이라면 / 아니면` 을 연결한 후 `판단` 블록 꾸러미에서 `참 (이)가 아니다` 를 '참'의 위치에 끼워 넣습니다.

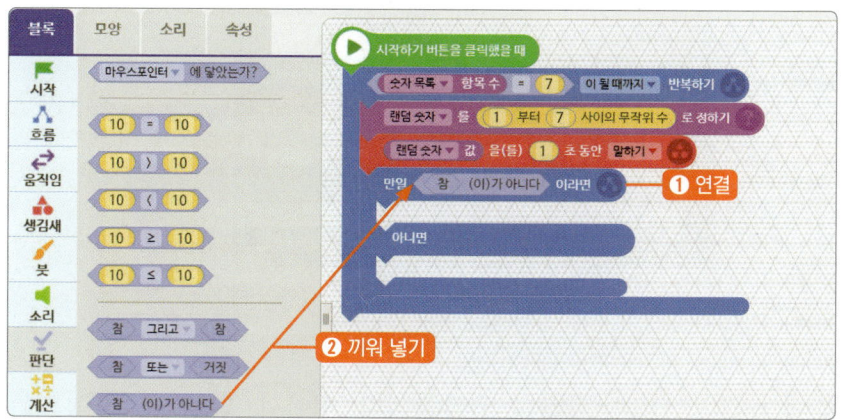

❷ `자료` 블록 꾸러미에서 `숫자 목록▼ 에 10 이 포함되어 있는가?` 를 '참'의 위치에 끼워 넣은 후 `랜덤 숫자▼ 값` 을 '10'의 위치에 끼워 넣습니다.

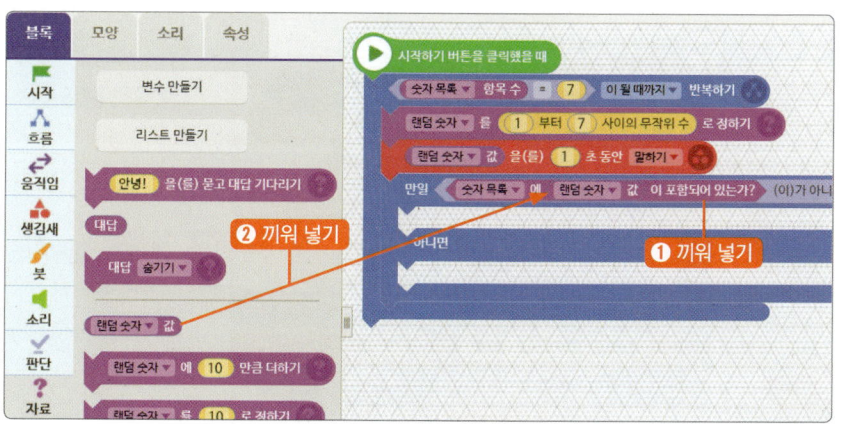

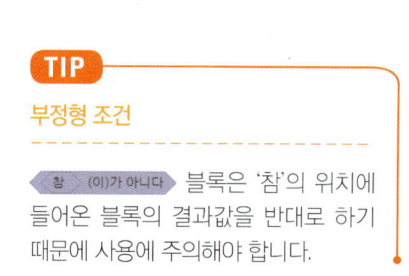

TIP

부정형 조건

`참 (이)가 아니다` 블록은 '참'의 위치에 들어온 블록의 결과값을 반대로 하기 때문에 사용에 주의해야 합니다.

❸ `생김새` 블록 꾸러미에서 `안녕! 을(를) 4 초 동안 말하기▼` 를 연결합니다. 이어서, '안녕!'을 '중복되는 항목이 없으니 추가'로, '4'를 '1'로 각각 변경합니다.

코딩풀이 '랜덤 숫자' 변수의 값과 같은 값이 '숫자 목록' 리스트에 포함되어 있지 않으면 변수의 값을 리스트에 추가합니다.

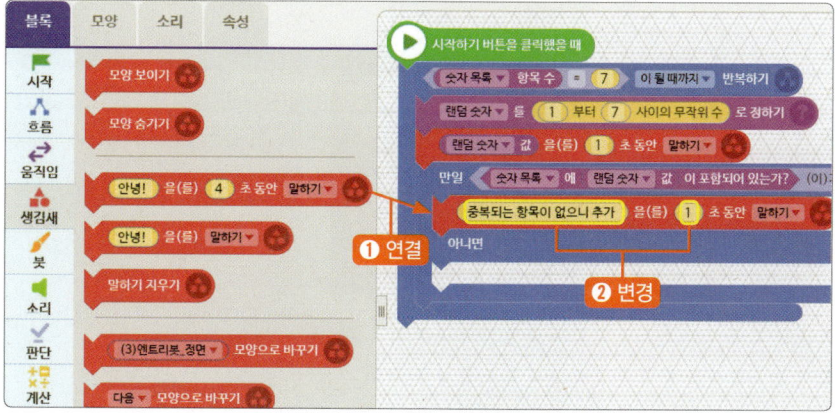

❹ [?자료] 블록 꾸러미에서 `10 항목을 숫자 목록▼ 에 추가하기` 를 연결합니다. 이어서, `랜덤 숫자▼ 값` 을 '10'의 위치에 끼워 넣습니다.

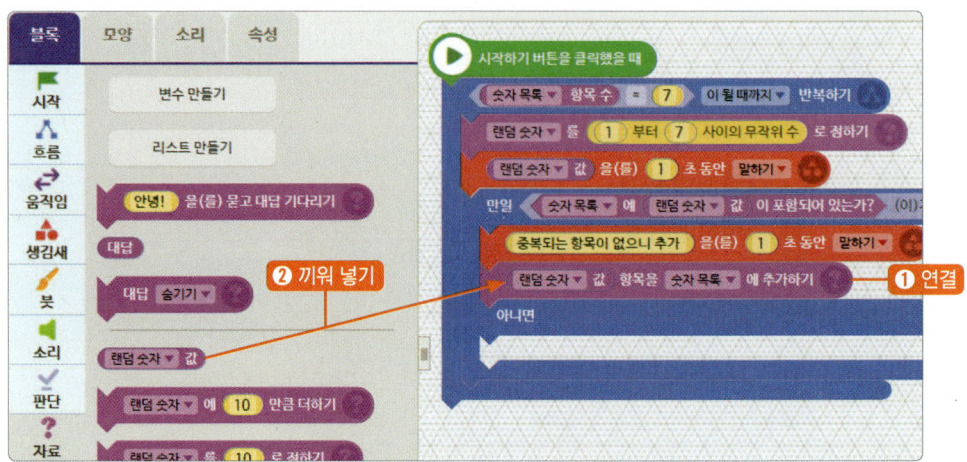

❺ [생김새] 블록 꾸러미에서 `안녕! 을(를) 4 초 동안 말하기▼` 를 연결합니다. 이어서, '안녕!'을 '중복되는 항목이 있으니 다시'로, '4'를 '1'로 각각 변경합니다.

코딩풀이 '숫자 목록' 리스트에 저장된 값 중에서 '랜덤 숫자' 변수의 값과 같은 항목이 있으면 '랜덤 숫자' 변수의 값을 추가하지 않고 새로운 무작위 수를 말합니다.

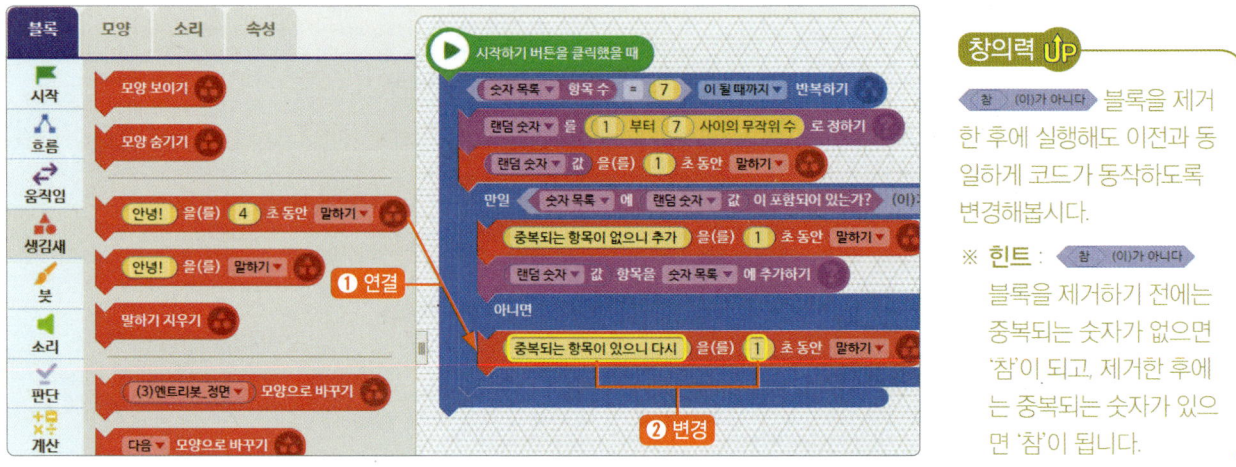

창의력 UP

`참 (이)가 아니다` 블록을 제거한 후에 실행해도 이전과 동일하게 코드가 동작하도록 변경해봅시다.

※ **힌트** : `참 (이)가 아니다` 블록을 제거하기 전에는 중복되는 숫자가 없으면 '참'이 되고, 제거한 후에는 중복되는 숫자가 있으면 '참'이 됩니다.

❻ 코딩이 끝나면 ▶ 를 클릭하여 엔트리봇이 무작위 숫자들을 말하고 그 중에 '숫자 목록' 리스트에 포함되어 있지 않은 숫자를 리스트에 추가하는지 확인해봅시다.

스스로 해결하기

01 민희는 친구들과 삼육구 게임을 하려고 합니다. <보기>를 참고하여 <문제>의 빈 칸을 채워봅시다.

보기

- 누군가 틀릴 때까지
- 내가 말할 숫자에 '3'이 포함되어 있는가?
- 내 차례 기다리기
- 박수 치기
- 숫자 말하기

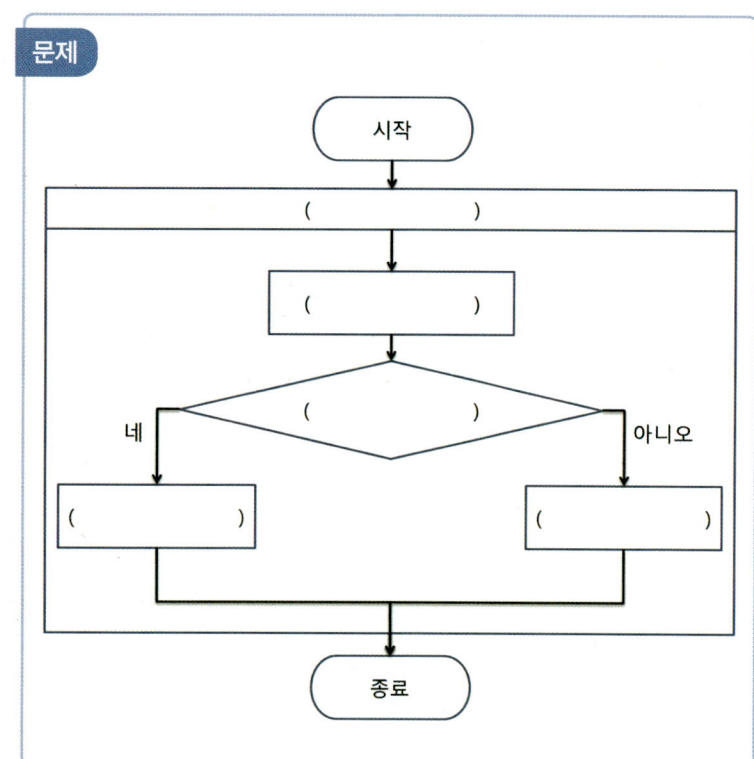

02 [가스레인지] 오브젝트를 클릭하여 불을 켰다 껐다 할 수 있도록, 아래 <조건>에 맞게 코딩해 봅시다.

📁 **불러올 파일 :** 21차시-2 불러올 파일.ent　　📄 **완성된 파일 :** 21차시-2 완성된 파일.ent

조건

- [블록 조립소]에 주어진 블록만을 모두 사용합니다.
- [불] 오브젝트에서 '켜기' 신호를 받았을 때 모양을 보이고, ①~② 항목을 계속 반복합니다.
  ① 다음 모양으로 바꾸기
  ② '0.05'초 기다리기
- '끄기' 신호를 받았을 때 모양을 숨깁니다.
- '불(2)_1' 모양으로 바꿉니다.
- 자신의 코드를 멈춥니다.

CHAPTER 21 중복되지 않는 숫자 리스트에 넣기 **153**

CHAPTER 22
화면에 가득찬 복제본을 무작위 위치로 이동시키기 ①

| 학습목표 |
- 화면에 복제본을 가득 채울 수 있습니다.
- 리스트에 복제본의 위치를 순서대로 저장할 수 있습니다.

 불러올 파일 : 22차시 불러올 파일.ent    완성된 파일 : 22차시 완성된 파일.ent

오늘 배울 블록

블록	설명
자신▼ 의 복제본 만들기	선택한 오브젝트의 복제본을 생성합니다.
자신▼ 의 x좌푯값▼	선택한 오브젝트 또는 자신의 각종 정보값(x좌표, y좌표, 방향, 이동방향, 크기, 모양번호, 모양이름)입니다.
리스트▼ 1 번째 항목을 10 (으)로 바꾸기	선택한 리스트에서 입력한 순서에 있는 항목의 값을 입력한 값으로 바꿉니다.
변수▼ 를 10 로 정하기	선택한 변수의 값을 입력한 값으로 정합니다.
변수▼ 에 10 만큼 더하기	선택한 변수에 입력한 값을 더합니다.

154 상상력을 키우는 엔트리

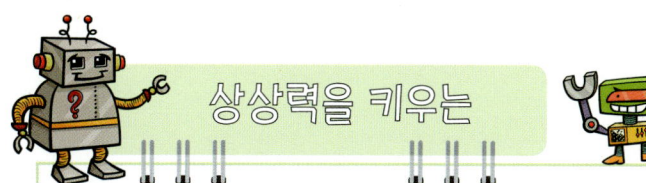

순서도 알아보기!

아래 순서도를 참고하여 복제본이 몇 개가 만들어질지 생각해본 후 아래 표에 복제본이 만들어지는 순서대로 숫자를 적어봅시다.

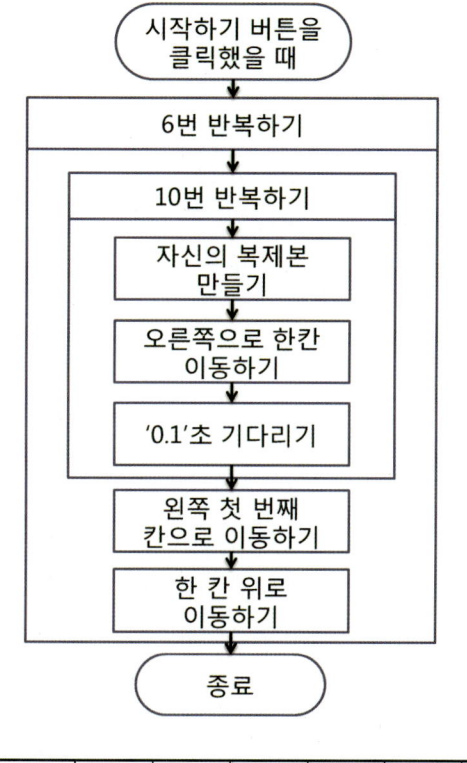

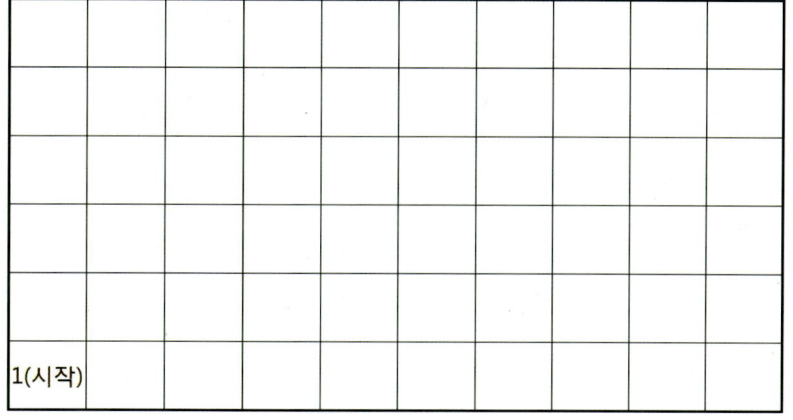

9차시에서 비슷한 코드를 만들었지만 이번에는 복제본을 만들 때 모양을 바꿔 복제본의 모양을 전부 다르게 만들 것입니다. 해당 모양 번호는 복제본들에게 각각 다르게 부여된 ID로 복제본들을 개별적으로 컨트롤할 수 있게 해줍니다. 이번 차시에서는 복제본까지만 만들고 다음 차시에서 복제본들이 움직이도록 코딩합니다.

오브젝트 소개하기

  실행 화면에 전부 다른 모양의 복제본으로 가득 채우고 리스트에 복제본이 만들어진 순서대로 위치를 지정합니다.

※ 변수와 리스트, 함수 소개하기

'시작' 변수	복제본이 전부 만들어지기 전까지 값을 '0'으로 유지하다가 복제본이 다 만들어지면 '1'로 바꿔 복제본들이 움직일 수 있게 합니다.
'증감변수' 변수	① 처음 복제본이 만들어질 때 '위치Y', '위치X' 리스트들에 이 변수의 값 번째 항목에 복제본 자신의 좌푯값을 저장합니다. ② 무작위 수 만들기 함수에서 랜덤 숫자를 저장하고 '무작위 수' 리스트에 저장된 값과 비교하여 중복되는 값이 없으면 이 변수의 값을 저장합니다. ③ '무작위 수' 리스트에 저장된 항목을 삭제할 때 이 변수의 값을 '무작위 수' 리스트의 항목 수로 정하여 리스트에서 이 변수의 값 번째 항목을 삭제하고 변수를 '1'씩 감소시켜 리스트의 뒤쪽부터 삭제합니다.
'무작위 수' 리스트	중복되지 않는 '1'부터 '60'까지의 수가 무작위 순서로 저장되고 이 리스트에 저장된 값을 이용하여 [네모상자] 오브젝트에 복제본들이 이동할 위치를 선택합니다.
'위치Y' 리스트 '위치X' 리스트	[네모상자] 오브젝트의 복제본들이 처음 만들어질 때 y좌표, x좌표를 저장합니다.
무작위 수 만들기 10	'1'부터 '60'까지의 숫자를 무작위 순서로 '무작위 수' 리스트에 저장합니다.

01 화면에 복제본 가득 채우기

❶ [불러올 파일]-'22차시 불러올 파일.ent' 파일을 불러옵니다. 이어서, 시작 블록 꾸러미에서 시작하기 버튼을 클릭했을 때 를 [블록 조립소]로 가져다 놓습니다.

※ 이번 차시는 코딩할 양이 많아서 변수와 리스트를 미리 추가하였습니다.

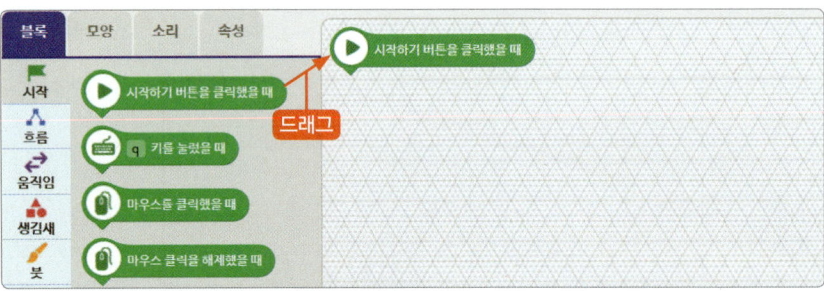

❷ 흐름 블록 꾸러미에서 10 번 반복하기 를 연결한 후 '10'을 '6'으로 변경합니다. 이어서, 10 번 반복하기 를 안쪽에 중첩하여 연결합니다.

코딩풀이 실행화면을 오브젝트의 복제본으로 가득 채우려면 가로로 '10'칸, 세로로 '6'줄로 총 '60'개의 복제본을 만들면 됩니다.

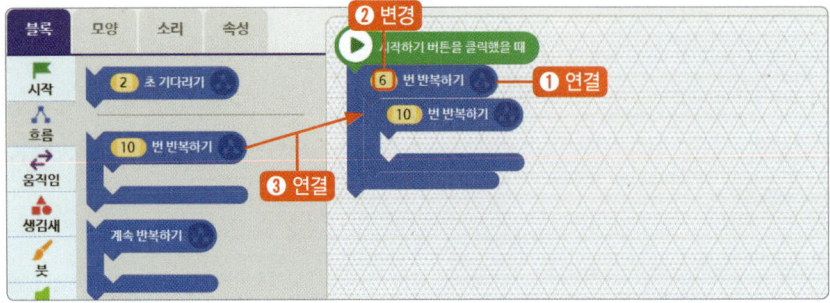

❸ 　흐름　블록 꾸러미에서 　자신▼ 의 복제본 만들기　를 연결한 후 　생김새　블록 꾸러미에서 　다음▼ 모양으로 바꾸기　를 연결합니다.

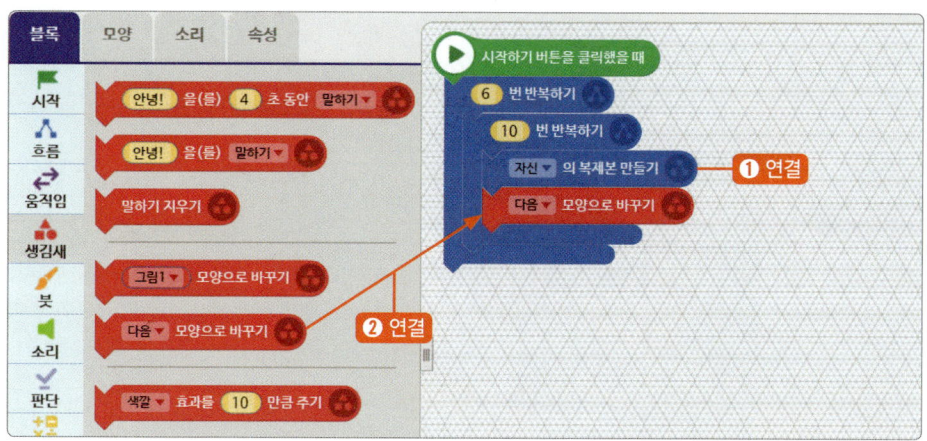

TIP 모양 번호

만들어진 복제본은 전부 　복제본이 처음 생성되었을때　블록 아래 연결된 코드를 동일하게 실행합니다. 하지만 복제본을 개별적으로 조종하기 위해 복제본의 모양을 다르게 설정하여 모양 번호를 이용합니다.

❹ 　움직임　블록 꾸러미에서 　x좌표를 10 만큼 바꾸기　를 연결한 후 '10'을 '48'로 변경합니다. 이어서, 　흐름　블록 꾸러미에서 　2 초 기다리기　를 연결한 후 '2'를 '0.01'로 변경합니다.

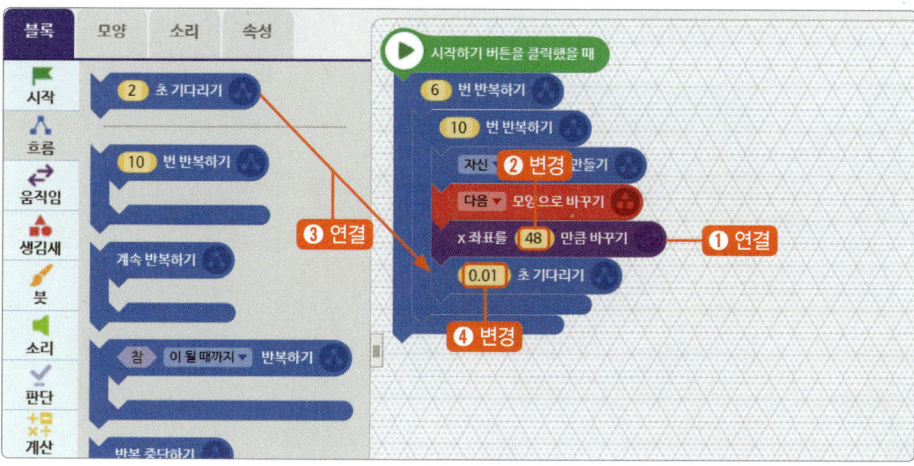

창의력 UP

　x좌표를 48 만큼 바꾸기　블록에서 '48'을 다른 값(30, 70)으로 변경하여 실행한 후 왜 '48'로 정했는지 적어봅시다.

❺ 　자료　블록 꾸러미에서 　시작▼ 에 10 만큼 더하기　를 연결한 후 　시작▼　을 클릭하여 목록이 나오면 '**증감변수**'를 선택하고 '10'을 '1'로 변경합니다. 이어서, 　움직임　블록 꾸러미에서 　x: 10 위치로 이동하기　를 연결한 후 '10'을 '-216'으로 변경합니다.

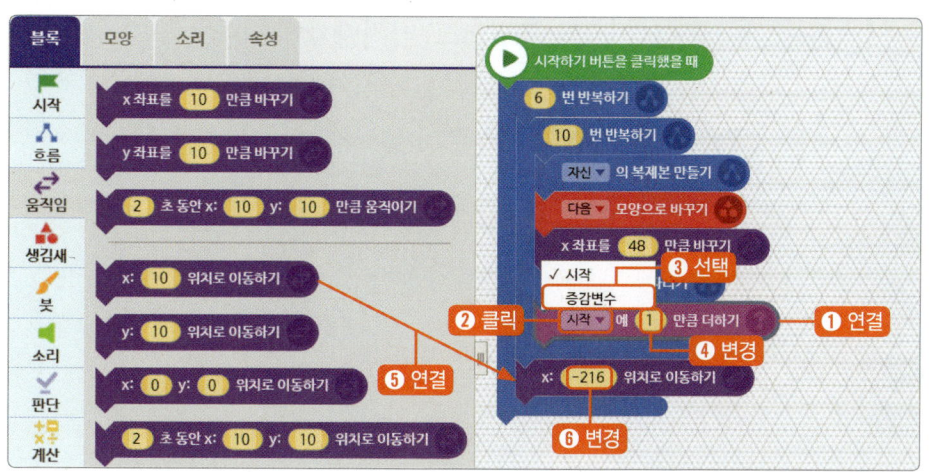

TIP 주의하기

중첩 반복하기 블록에 코딩하기 때문에 　x: 10 위치로 이동하기　블록이 연결되는 위치를 주의합니다.

CHAPTER 22 화면에 가득찬 복제본을 무작위 위치로 이동시키기 ① **157**

❻ 움직임 블록 꾸러미에서 `y좌표를 10 만큼 바꾸기`를 연결한 후 '10'을 '-48'로 변경합니다. 이어서, 자료 블록 꾸러미에서 `시작▼을 10 로 정하기`를 연결한 후 `시작▼`을 클릭하여 목록이 나오면 **'증감변수'**를 선택하고 '10'을 '1'로 변경합니다.

코딩풀이 → 복제본이 오른쪽 끝까지 이동하여 한 줄을 다 채우면 y좌표를 '-48'만큼 바꿔 아래로 한 칸 이동합니다. '증감변수' 변수를 다른 코드에서 사용할 수도 있기 때문에 '1'로 초기화 시켜줍니다.

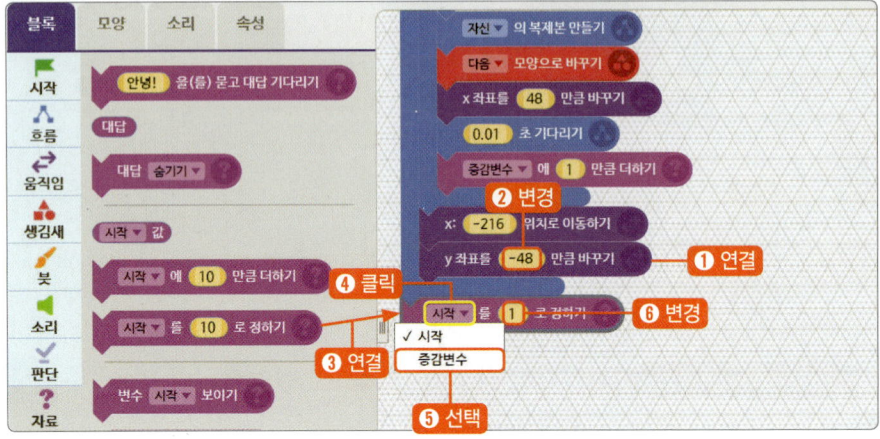

창의력 UP

복제본을 가로로 채우는 것이 아니라 세로로 채우도록 코드를 변경해봅시다.

※ **힌트** : ① 반복하기 블록의 값 변경 ② x좌표 바꾸기 블록 y좌표 바꾸기로 변경 ③ x위치로 이동하기 블록 y위치로 이동하기로 변경 ④ y좌표 바꾸기 블록 x좌표 바꾸기로 변경

❼ 자료 블록 꾸러미에서 `시작▼을 10 로 정하기`를 연결한 후 '10'을 '1'로 변경합니다.

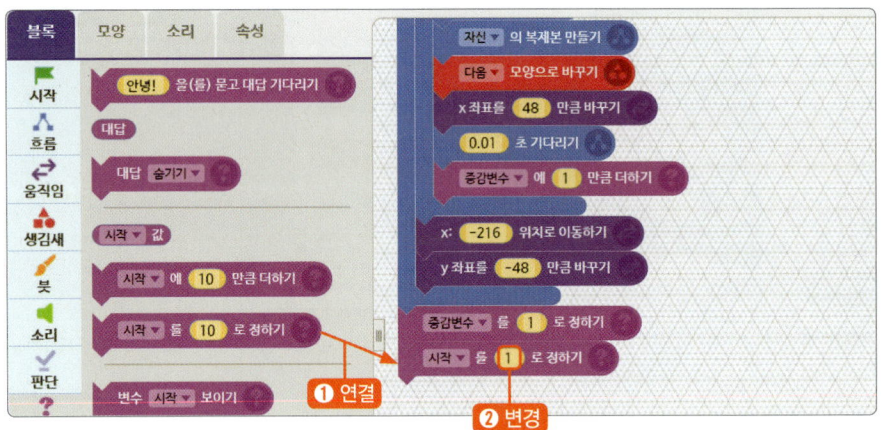

TIP

'시작' 변수

'시작' 변수는 다음 차시에서 사용할 변수입니다. 해당 변수 복제본이 화면을 가득 채우기 전에 다른 작업을 하지 못하게 하기 위해 사용할 예정입니다.

02 복제본이 만들어진 순서대로 위치 저장하기

❶ 흐름 블록 꾸러미에서 `복제본이 처음 생성되었을때`를 [블록 조립소]로 가져다 놓습니다.

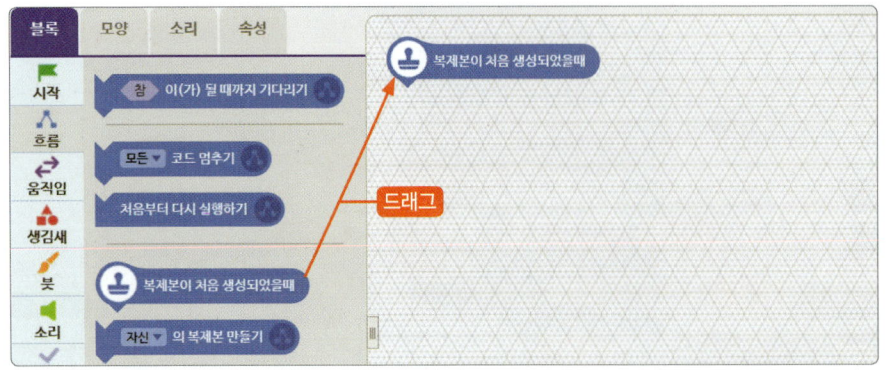

❷ [자료] 블록 꾸러미에서 `무작위 수 ▼ 1 번째 항목을 10 (으)로 바꾸기`를 연결합니다. 이어서, `무작위 수 ▼`를 선택하여 목록이 나오면 '**위치X**'를 선택합니다.

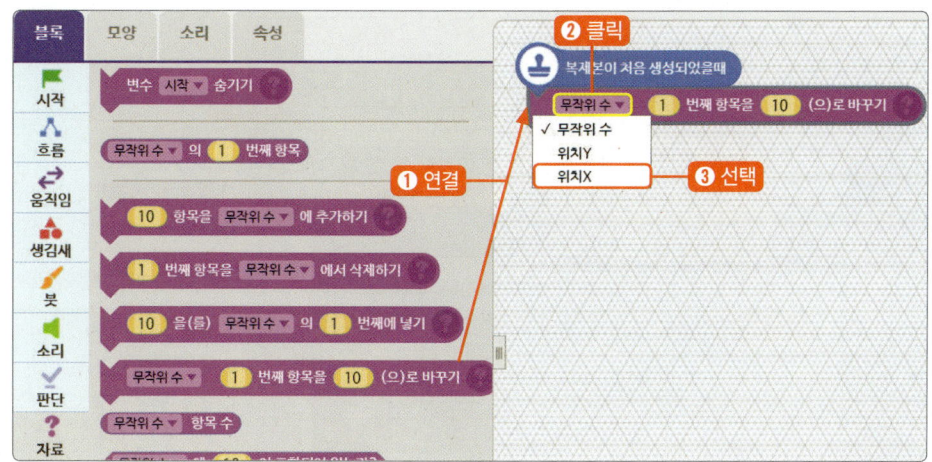

TIP
리스트의 항목 수 변경

속성 꾸러미 [리스트] 탭에서 항목을 추가할 리스트 위에 마우스포인터를 올린 후 ⚙ 을 클릭합니다. 이어서, '리스트 항목 수'의 '0'을 원하는 값으로 바꾸면 리스트의 항목 수가 바뀝니다.

❸ [자료] 블록 꾸러미에서 `시작 ▼ 값`을 '1'의 위치에 끼워 넣습니다. 이어서, `시작 ▼`을 클릭하여 목록이 나오면 '**증감변수**'를 선택합니다.

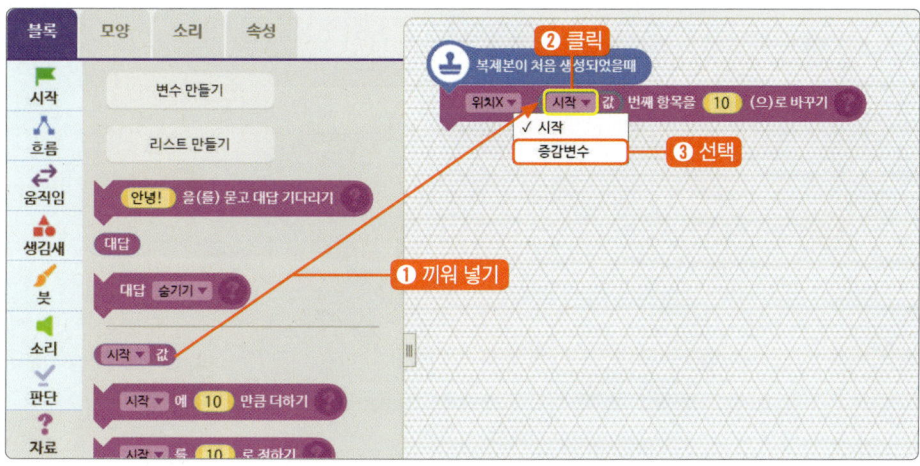

TIP
리스트의 항목 바꾸기

리스트의 항목을 바꿀 때 존재하지 않는 항목을 지정하여 바꾸려면 에러가 발생하기 때문에 주의해야 합니다.

❹ [계산] 블록 꾸러미에서 `네모상자 ▼ 의 x좌푯값 ▼`을 '10'의 위치에 끼워 넣습니다. 이어서, `네모상자 ▼`를 클릭하여 목록이 나오면 '**자신**'을 선택합니다.

코딩풀이 → 복제본이 생성되었을 때 복제본 자신의 x 좌푯값을 '위치X' 리스트에 저장합니다. 리스트에 저장되는 순서는 '증감변수'의 값에 따라서 저장됩니다.

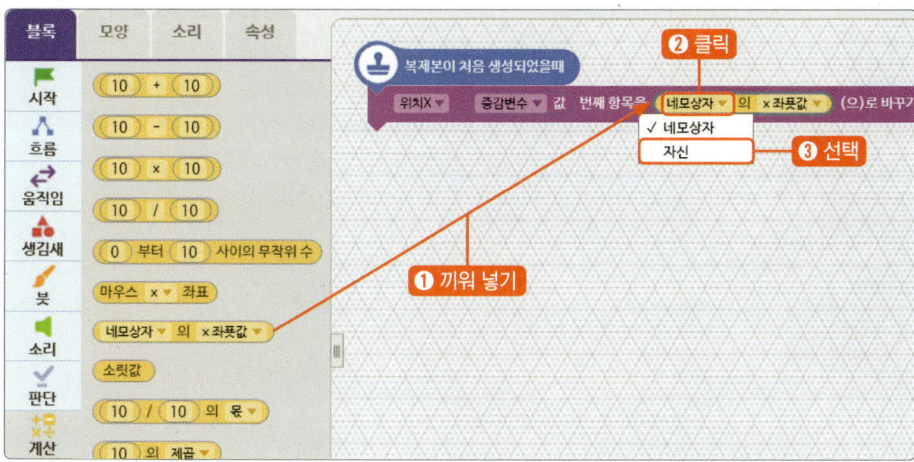

CHAPTER 22 화면에 가득찬 복제본을 무작위 위치로 이동시키기 ① **159**

❺ `위치X▼ 증감변수▼ 값 번째 항목을 자신▼ 의 x좌푯값▼ (으)로 바꾸기` 위에서 마우스 오른쪽 버튼을 눌러 [**코드 복사 & 붙여 넣기**]를 선택합니다. 이어서, 코드가 복사되면 아래쪽에 연결합니다.

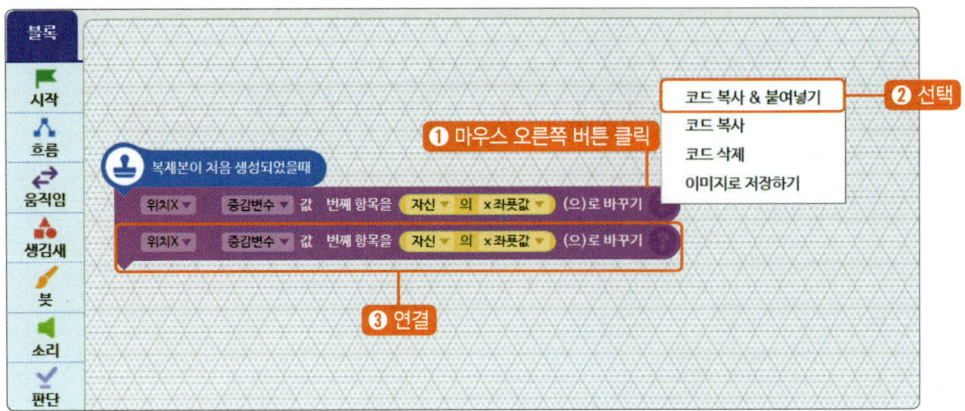

❻ 복사된 블록에서 '**위치X**'를 '**위치Y**'로, '**x 좌푯값**'을 '**y 좌푯값**'으로 변경합니다.

코딩풀이 복제본이 처음 만들어질 때 '위치X' 리스트에 '증감변수' 변수의 값 번째 항목을 복제본 자신의 'x 좌푯값'으로, '위치Y' 리스트에 '증감변수' 변수의 값 번째 항목을 복제본 자신의 'y 좌푯값'으로 각각 바꿉니다.

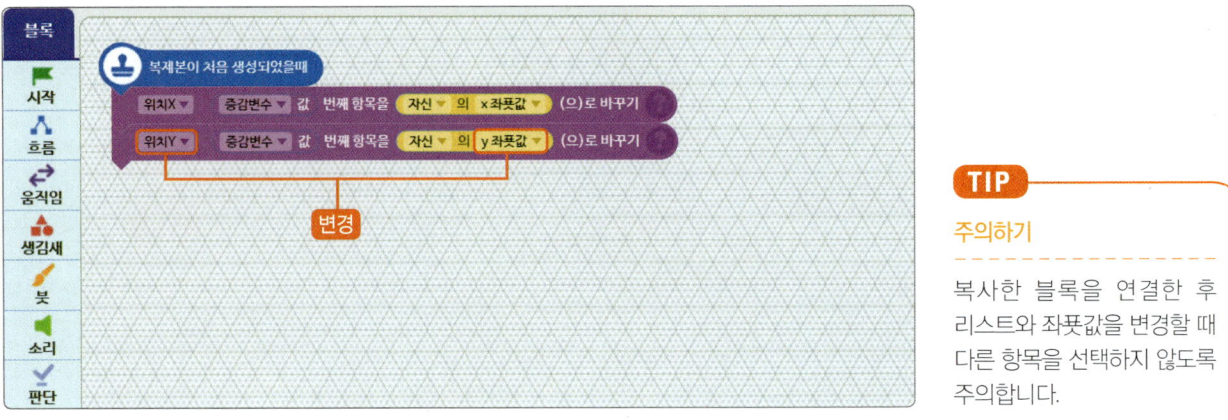

TIP

주의하기

복사한 블록을 연결한 후 리스트와 좌푯값을 변경할 때 다른 항목을 선택하지 않도록 주의합니다.

❼ 코딩이 끝나면 ▶ 를 클릭하여 복제본이 모양을 바꾸며 실행화면을 가득 채우는지 '위치X' 리스트에 복제본의 x좌표가 '위치Y' 리스트에 복제본의 y좌표가 저장되는지 확인해봅시다.

※ 리스트를 보이지 않게 하려면 속성 - 리스트 - 리스트의 수정버튼(⚙)클릭 - '리스트 보이기' 항목을 체크 해제합니다.

스스로 해결하기

01 철훈이는 버스를 타려고 합니다. <보기>를 참고하여 <문제>의 빈 칸을 채워봅시다.

보기

- 요금을 지불하고 자리로 가서 앉기
- 버스에서 내리기
- 지갑 꺼내기
- 교통카드에 잔액이 충분한가?
- 버스에 탑승하기
- 지갑에 버스 요금만큼의 현금이 있는가?

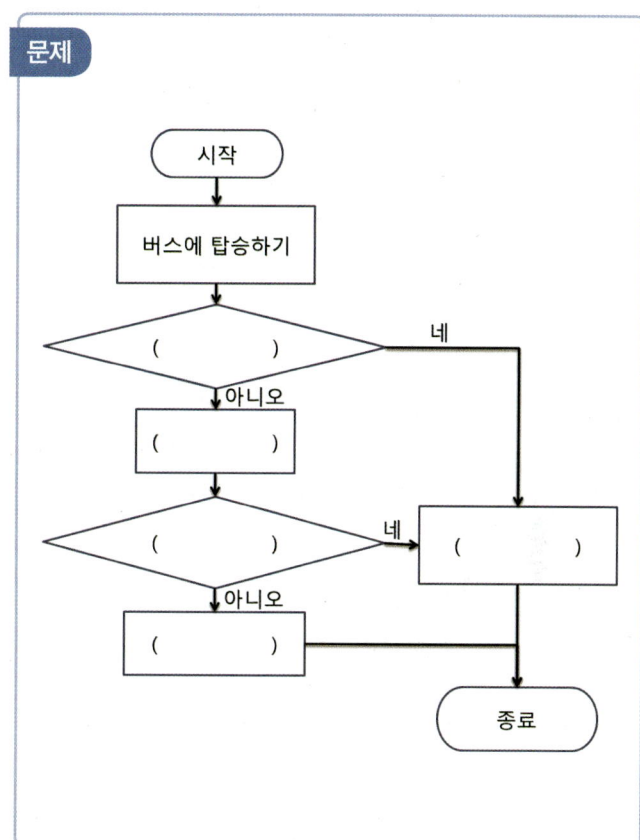

02 [네모상자] 오브젝트가 마우스포인터를 따라다니며 복제본을 만들도록, 아래 <조건>에 맞게 코딩해봅시다.

📁 **불러올 파일 :** 22차시-2 불러올 파일.ent   💾 **완성된 파일 :** 22차시-2 완성된 파일.ent

조건

- 엔트리 프로그램 화면 [블록 꾸러미]에서 필요한 블록을 가져다 사용합니다.
- 시작하기 버튼을 클릭했을 때 ①~④ 항목을 계속 반복합니다.
  ① 네모상자가 마우스포인터 쪽을 바라보도록 합니다.
  ② 이동 방향으로 '4' 만큼 움직입니다.
  ③ 다음 모양으로 바꿉니다.
  ④ 자신의 복제본을 만듭니다.
- 복제본이 처음 생성되었을 때 '2'초 기다린 후 이 복제본을 삭제합니다.

CHAPTER 23
화면에 가득찬 복제본을 무작위 위치로 이동시키기 ②

| 학습목표 |

- 복제본이 서로 겹치지 않는 무작위 위치로 이동시키기
- 리스트의 항목을 전부 삭제하기

 **불러올 파일** : 23차시 불러올 파일.ent    **완성된 파일** : 23차시 완성된 파일.ent

※ 실행 방법 : ▶ 버튼을 클릭하여 [네모상자] 오브젝트가 실행화면에 가득 찬 후 Space Bar 키를 눌러 복제본들의 위치를 변경합니다.

오늘 배울 블록

블록	설명
참 이(가) 될 때까지 기다리기	판단이 참이 될 때까지 실행을 멈추고 기다립니다.
리스트▼ 의 1 번째 항목	선택한 리스트에서 선택한 값의 순서에 있는 항목 값을 의미합니다.
1 번째 항목을 리스트▼ 에서 삭제하기	선택한 리스트의 입력한 순서에 있는 항목을 삭제합니다.
리스트▼ 항목 수	선택한 리스트가 보유한 총 항목의 개수입니다.

코딩 파헤치기!

아래 순서도를 참고하여 리스트의 어떤 항목부터 삭제될지 생각해본 후 삭제 순서 칸에 숫자를 순서대로 적어봅시다.

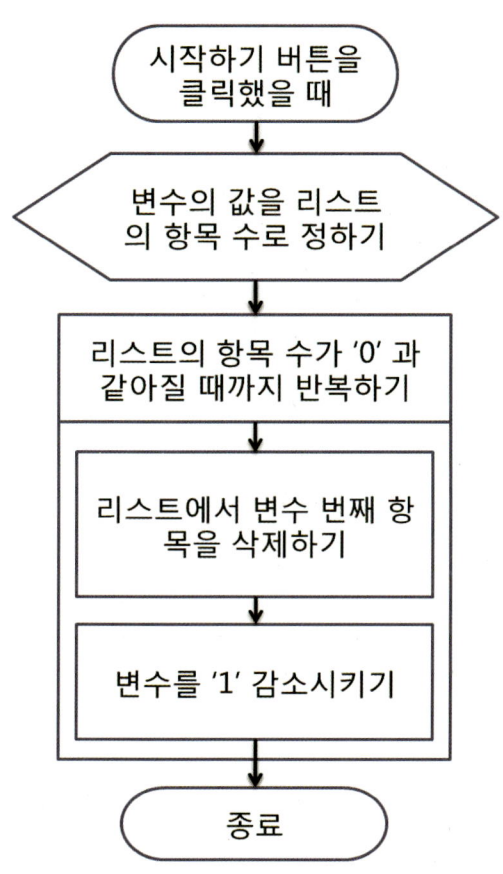

리스트		
항목	값	삭제 순서
①	8	
②	7	
③	6	
④	9	
⑤	4	
⑥	2	
⑦	5	
⑧	1	
⑨	10	

리스트는 첫 번째 항목부터 열 번째 항목까지 저장된 값이 있을 때 만일 첫 번째 항목을 삭제한다면 두 번째 항목이 첫 번째 항목이 되고, 세 번째 항목이 두 번째 항목이 되고, …, 열 번째 항목이 아홉 번째 항목이 되어 항목의 순서가 달라집니다. 하지만 뒤에서부터 삭제한다면 항목의 순서는 변하지 않고 리스트를 삭제할 수 있습니다.

오브젝트 소개하기

  화면에 복제본이 가득 만들어진 후 Space Bar 키를 누르면 서로 무작위 위치로 자리를 이동합니다.

※ 변수와 리스트, 함수에 대한 설명은 156p 오브젝트 소개하기를 참고하세요!

01 무작위 숫자를 '무작위 수' 리스트에 저장하기

❶ [불러올 파일] - '23차시 불러올 파일.ent' 파일을 불러옵니다. 이어서, 흐름 블록 꾸러미에서 `참 이(가) 될 때까지 기다리기`를 연결한 후 판단 블록 꾸러미에서 `10 = 10`을 '참'의 위치에 끼워 넣습니다.

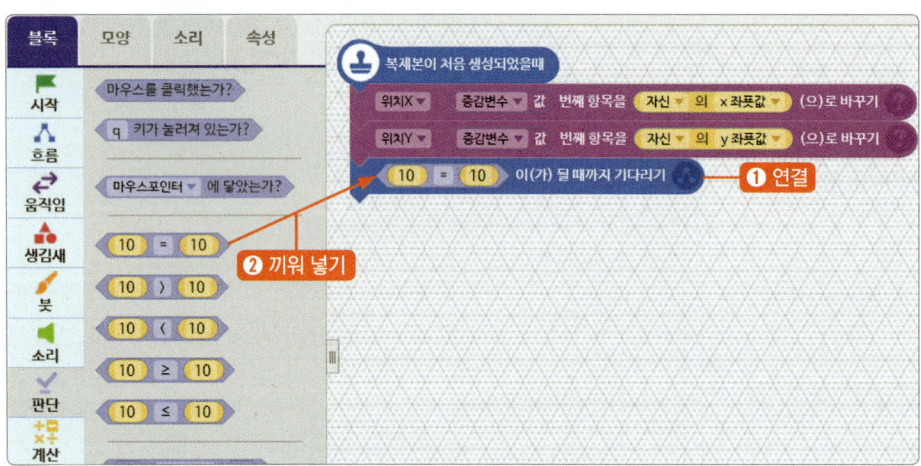

❷ 자료 블록 꾸러미에서 `시작 값`을 첫 번째 '10'의 위치에 끼워 넣습니다. 이어서, 두 번째 '10'을 '1'로 변경합니다.

코딩풀이 [네모상자] 오브젝트가 실행화면에 가득 차기 전에 Space Bar 키를 눌러 무작위 위치로 이동시키는 것을 제어하기 위한 코드로 '시작' 변수는 복제본이 화면에 가득차면 그 때 값이 '1'로 바뀝니다.

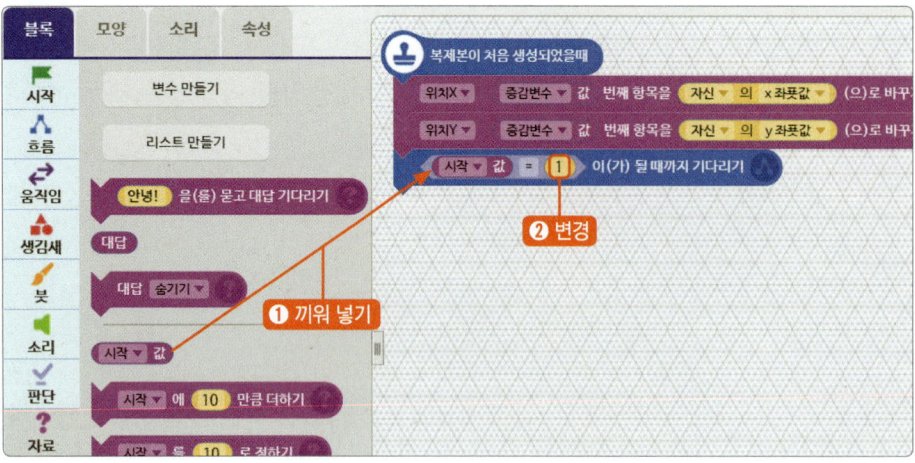

❸ 흐름 블록 꾸러미에서 계속 반복하기 와 만일 참 이라면 을 중첩하여 연결합니다.

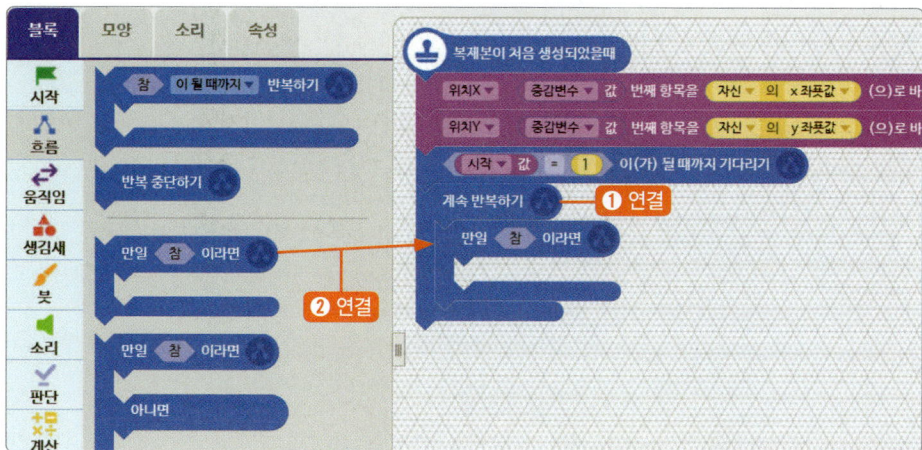

❹ 판단 블록 꾸러미에서 q 키가 눌러져 있는가? 를 '참'의 위치에 끼워 넣습니다. 이어서, q 를 클릭하여 키보드 모양의 이미지가 나오면 Space Bar 키를 누릅니다.

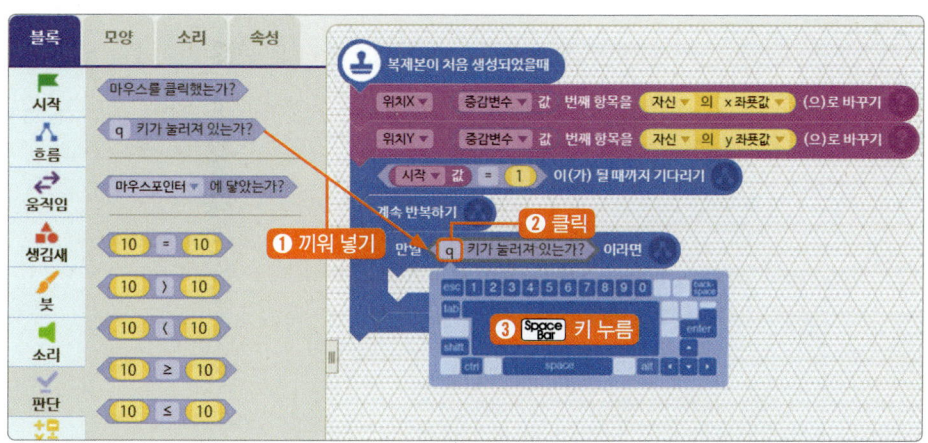

❺ 함수 블록 꾸러미에서 무작위 수 만들기 10 을 연결한 후 '10'을 '60'으로 변경합니다. 이어서, 움직임 블록 꾸러미에서 2 초 동안 x: 10 y: 10 위치로 이동하기 를 연결한 후 '2'를 '1'로 변경합니다.

코딩풀이 Space Bar 키를 누르면 무작위 수 만들기 함수를 실행하여 '무작위 수' 리스트에 '1'부터 '60'까지의 숫자를 무작위 순서로 저장합니다.

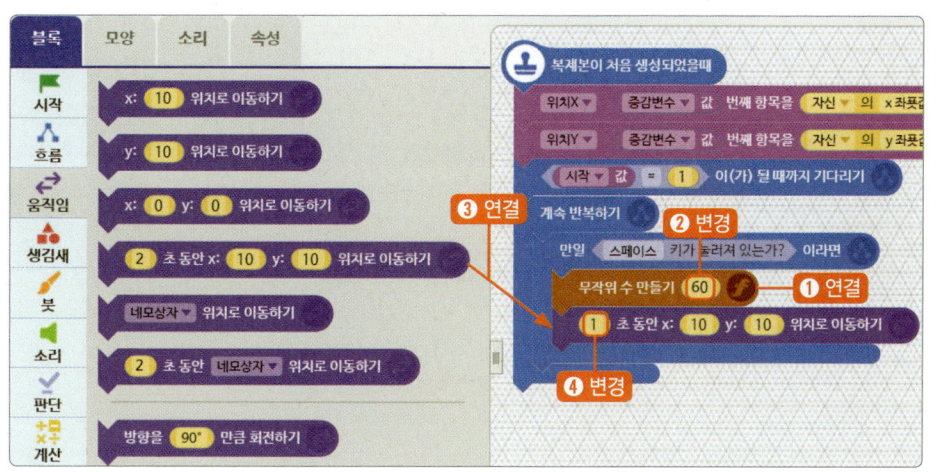

TIP

이 함수의 코드는 21차시에서 만든 코드와 비슷합니다. '무작위 수' 리스트의 항목 수가 매개변수와 같아질 때까지 '1'부터 매개변수까지의 무작위 숫자를 리스트에 중복되지 않게 저장하는 것을 반복합니다.

CHAPTER 23 화면에 가득찬 복제본을 무작위 위치로 이동시키기 ② **165**

02 오브젝트를 무작위 위치로 이동시키기

❶ 　블록 꾸러미에서 `무작위 수의 1 번째 항목`을 첫 번째 '10'의 위치에 끼워 넣은 후 `무작위 수 ▼`를 클릭하여 목록이 나오면 '**위치X**'를 선택합니다.

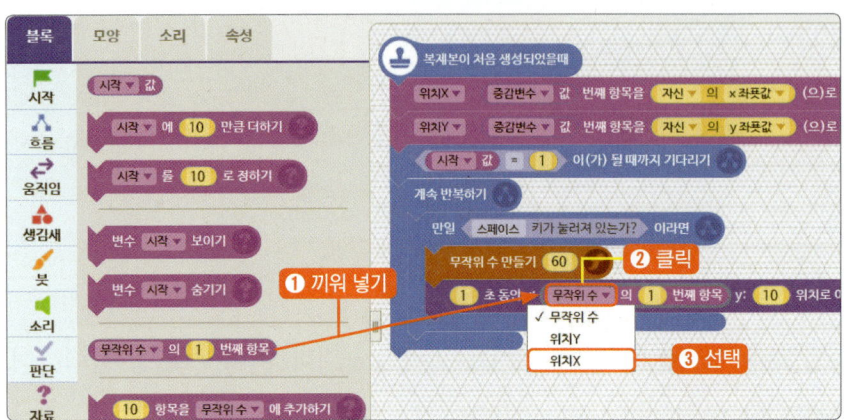

❷ 　블록 꾸러미에서 `무작위 수의 1 번째 항목`을 `위치X의 1 번째 항목`의 '1'의 위치에 끼워 넣습니다. 이어서, 　블록 꾸러미에서 `네모상자의 x좌푯값`을 `무작위 수의 1 번째 항목`의 '1'의 위치에 끼워 넣습니다.

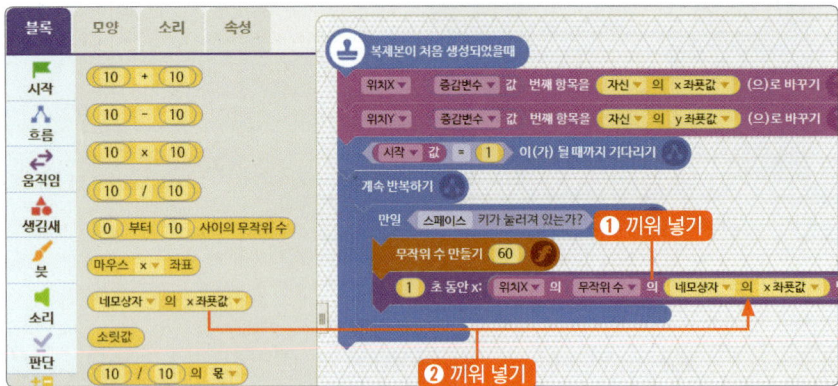

❸ `네모상자 ▼`를 클릭하여 목록이 나오면 '**자신**'을 선택합니다. 이어서, `x좌푯값 ▼`을 클릭하여 목록이 나오면 '**모양 번호**'을 선택합니다.

> **코딩풀이** ─ '위치X' 리스트에서 복제본이 이동할 x좌표가 저장된 항목은 '무작위 수' 리스트에 자신의 모양 번호 번째 항목에 저장된 무작위 값 번째 항목입니다.

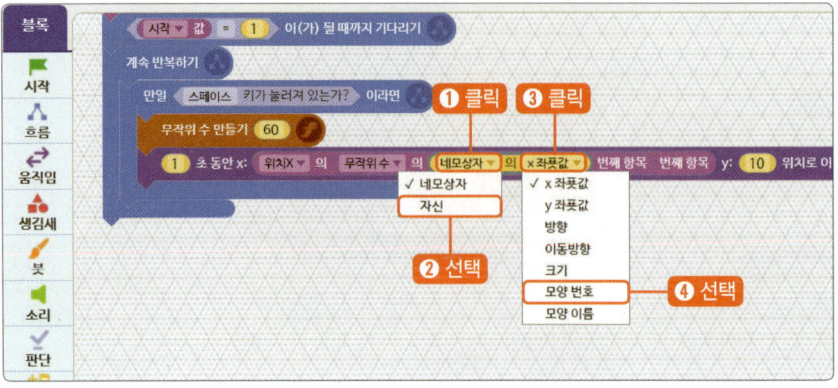

※ 모양 번호가 '2'라면 이번에 이동할 x좌표는 '-72'입니다.

무작위 수		위치X	
항목	값	항목	값
1	23	33	-120
2	34	34	-72
3	21	35	-24
4	45	36	24
…	…	…	…

❹ `위치X의 무작위 수의 자신의 모양 번호 번째 항목 번째 항목` 블록 위에서 마우스 오른쪽 버튼을 눌러 [**코드 복사 & 붙여넣기**]를 선택합니다. 이어서, '10'의 위치에 끼워 넣습니다.

❺ 복사된 코드의 '**위치X**'를 '**위치Y**'로 변경합니다.

03 ｜ '무작위 수' 리스트의 항목을 전부 제거하기

❶ `자료` 블록 꾸러미에서 `시작을 10으로 정하기`를 연결한 후 `시작`을 클릭하여 목록이 나오면 '**증감변수**'를 선택합니다. 이어서, `무작위 수 항목 수`를 '10'의 위치에 끼워 넣습니다.

> **코딩풀이** 리스트의 마지막 항목의 번호는 리스트 항목 수 블록의 값과 같습니다. '무작위 수' 리스트의 마지막 항목부터 삭제하기 위해 '증감변수' 변수의 값을 리스트 항목 수 블록으로 정합니다.

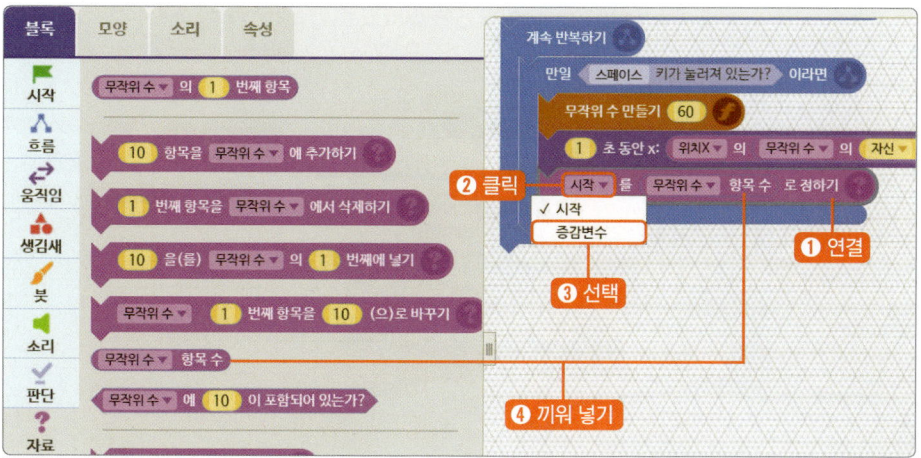

❷ ![흐름] 블록 꾸러미에서 [참 이 될 때까지 반복하기] 를 연결한 후 ![판단] 블록 꾸러미에서 <10 = 10> 을 '참'의 위치에 끼워 넣습니다. 이어서, ![자료] 블록 꾸러미에서 [무작위 수▼ 항목 수] 를 첫 번째 '10'의 위치에 끼워 넣은 후 두 번째 '10'을 '0'으로 변경합니다.

코딩풀이 ― '무작위 수' 리스트의 항목을 전부 삭제해야 다시 Space Bar 키를 눌렀을 때 '1'부터 '60'까지의 항목에 새로운 숫자가 저장되어 복제본들이 다른 위치로 움직일 수 있습니다.

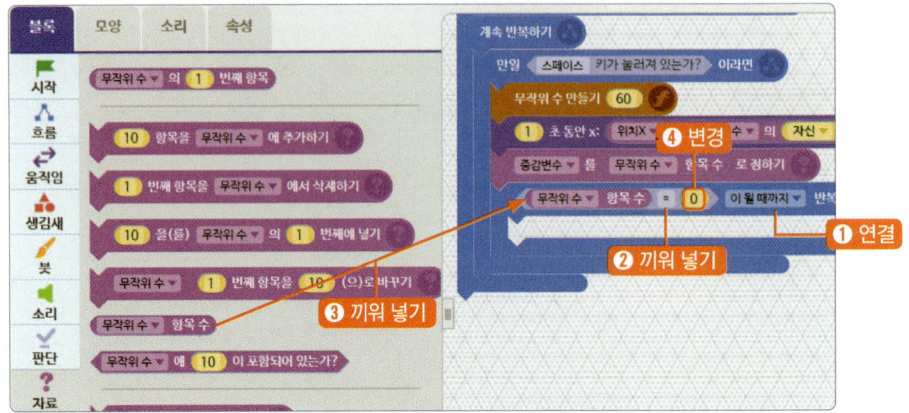

❸ ![자료] 블록 꾸러미에서 [1 번째 항목을 무작위 수▼ 에서 삭제하기] 를 연결합니다. 이어서, ![자료] 블록 꾸러미에서 [시작▼ 값] 을 '1'의 위치에 끼워 넣은 후 [시작▼] 을 클릭하여 목록이 나오면 **'증감변수'**를 선택합니다.

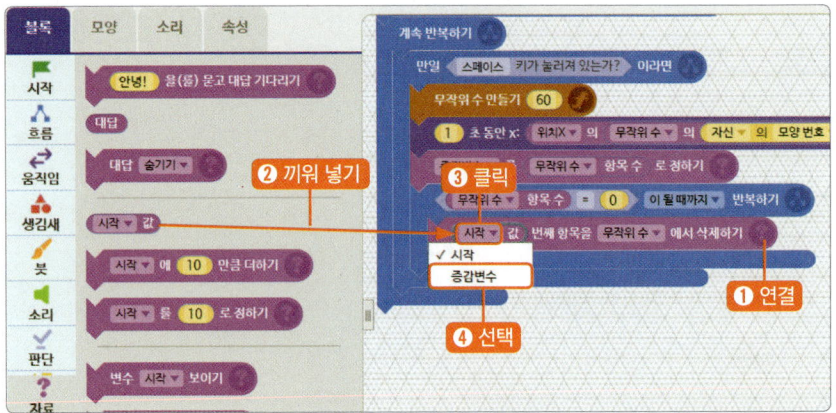

❹ ![자료] 블록 꾸러미에서 [시작▼ 에 10 만큼 더하기] 를 연결한 후 [시작▼] 을 클릭하여 목록이 나오면 **'증감변수'**를 선택하고 '10'을 '-1'로 변경합니다. 이어서, ▶ 를 클릭하여 실행화면에 복제본이 가득 만들어진 후 Space Bar 키를 눌러 위치가 무작위로 바뀌는지 확인해봅시다.

코딩풀이 ― 항목이 전부 삭제된 '무작위 수' 리스트는 '무작위 수 만들기' 함수에서 다시 항목을 새로운 무작위 수로 채워 넣습니다.

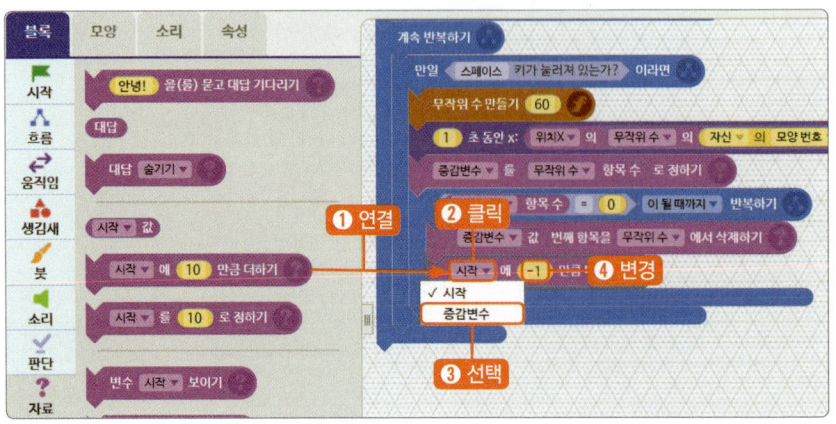

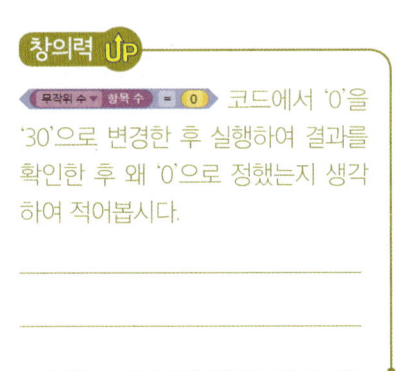

창의력 UP

[무작위 수▼ 항목 수 = 0] 코드에서 '0'을 '30'으로 변경한 후 실행하여 결과를 확인한 후 왜 '0'으로 정했는지 생각하여 적어봅시다.

168 상상력을 키우는 엔트리

스스로 해결하기

01 민희는 영어단어를 외우려고 합니다. <보기>를 참고하여 <문제>의 빈 칸을 채워봅시다.

보기

- 영어단어 읽기
- 영어단어 외우기
- 영어단어 준비
- 다음 영어단어로
- 오늘 외운 영어단어 테스트하기
- 10번 반복하기
- 5번 반복하기

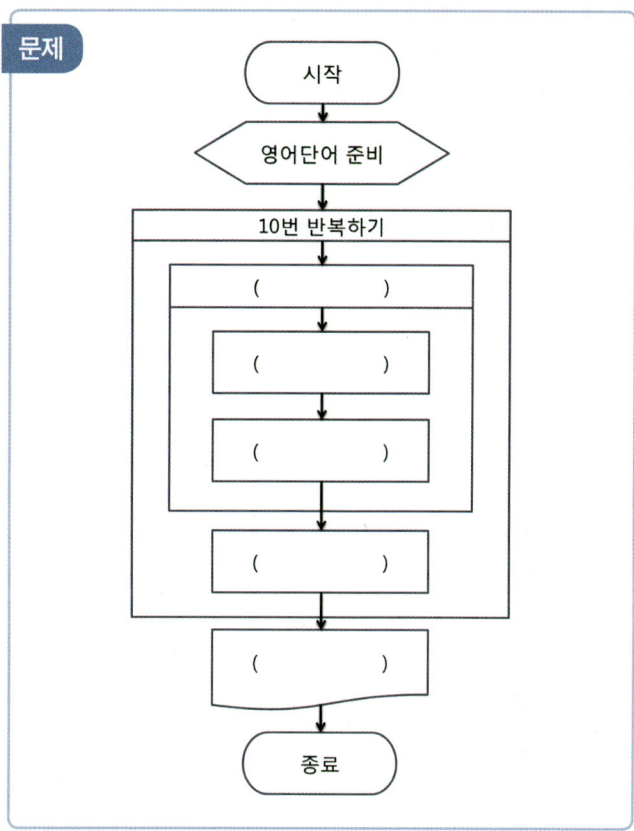

02 [네모상자] 오브젝트가 화면에 무작위 위치에 제자리에서 회전하고 사라지는 복제본을 만들도록, 아래 <조건>에 맞게 코딩해봅시다.

📁 **불러올 파일 :** 23차시-2 불러올 파일.ent　　📄 **완성된 파일 :** 23차시-2 완성된 파일.ent

조건

- 엔트리 프로그램 화면 [블록 꾸러미]에서 필요한 블록을 가져다 사용합니다.
- 시작하기 버튼을 클릭했을 때 ①~④ 항목을 계속 반복합니다.
  ① x좌표를 '-220'부터 '220' 사이의 무작위 수 위치로 이동합니다.
  ② y좌표를 '-120'부터 '120' 사이의 무작위 수 위치로 이동합니다.
  ③ '0.2'초 기다린 후 다음 모양으로 바꿉니다.
  ④ 자신의 복제본을 만듭니다.
- 복제본이 처음 생성되었을 때 ①~② 항목을 '40'번 반복합니다.
  ① 방향을 '18°' 만큼 회전합니다.
  ② 이 복제본을 삭제합니다.

24 지금까지 배운 내용 확인하기

01 민희는 양치를 하려고 합니다. <보기>를 참고하여 <문제>의 빈 칸을 채워봅시다.

보기

- 윗니 닦기
- 아랫니 닦기
- 입안 헹구기
- 30번 반복하기
- 깨끗이 닦았는가?
- 칫솔, 치약 준비

문제

시작
↓
칫솔, 치약 준비
↓
( )
  ↓
  ( )
↓
30번 반복하기
  ↓
  ( )
↓
( ) —아니오→ (루프백)
↓ 네
( )
↓
종료

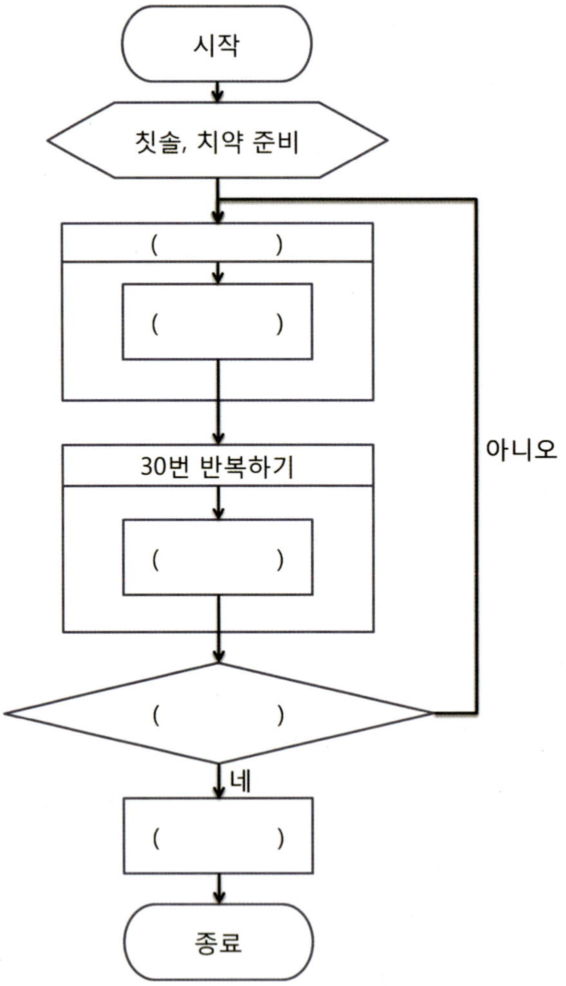

지금까지 배운 내용 확인하기

02 [엔트리봇] 오브젝트가 마우스포인터를 향해 움직이고 복제본은 마우스포인터를 향해 회전하다가 사라지도록, 아래 <조건>에 맞게 코딩해봅시다.

📁 **불러올 파일** : 24차시-2 불러올 파일.ent   📄 **완성된 파일** : 24차시-2 완성된 파일.ent

조건
- [블록 조립소]에 주어진 블록만을 모두 사용합니다.
- 시작하기 버튼을 클릭했을 때 ①~③ 항목을 계속 반복합니다.
  ① 마우스포인터 쪽을 바라봅니다.
  ② 이동 방향으로 '5' 만큼 움직입니다.
  ③ 자신의 복제본을 만듭니다.
- 복제본이 처음 생성되었을 때 마우스포인터를 '100'번 바라봅니다.
- 이 복제본을 삭제합니다.

03 [엔트리봇] 오브젝트가 점프하도록, 아래 <조건>에 맞게 코딩해봅시다.

📁 **불러올 파일** : 24차시-3 불러올 파일.ent   📄 **완성된 파일** : 24차시-3 완성된 파일.ent

조건
- [블록 조립소]에 주어진 블록만을 모두 사용합니다.
- 시작하기 버튼을 클릭했을 때 ①~② 항목을 계속 반복합니다.
  ① '엔트리봇_걷기1' 모양으로 바꾸고 '0.1'초 기다립니다.
  ② '엔트리봇_걷기2' 모양으로 바꾸고 '0.1'초 기다립니다.
- Space Bar 키를 눌렀을 때 '점프 엔트리봇_1' 모양으로 바꿉니다.
- '10'번 반복하며 y좌표를 '5' 만큼 바꿉니다.
- '10'번 반복하며 y좌표를 '-5' 만큼 바꿉니다.

04 [점] 오브젝트가 삼각형을 그리도록, 아래 <조건>에 맞게 코딩해봅시다.

📁 **불러올 파일** : 24차시-4 불러올 파일.ent   📄 **완성된 파일** : 24차시-4 완성된 파일.ent

조건
- [블록 조립소]에 주어진 블록만을 모두 사용합니다.
- 마우스를 클릭했을 때 그리기를 시작합니다.
- 이동 방향으로 '1'만큼 '100'번 이동합니다.
- 방향을 '120°' 만큼 회전합니다.
- 이동 방향으로 '1'만큼 '100'번 이동합니다.
- 방향을 '120°' 만큼 회전합니다.
- 이동 방향으로 '1'만큼 '100'번 이동합니다.
- 방향을 '120°' 만큼 회전합니다.

지금까지 배운 내용 확인하기

05 [사나운 호랑이] 오브젝트가 마우스를 클릭하면 [엄마양] 오브젝트를 향해 이동하고 [엄마양] 오브젝트는 '도망' 신호를 받으면 도망가도록, 아래 <조건>에 맞게 코딩해봅시다.

📁 **불러올 파일** : 24차시-5 불러올 파일.ent   📄 **완성된 파일** : 24차시-5 완성된 파일.ent

조건
- 엔트리 프로그램 화면 [블록 꾸러미]에서 필요한 블록을 가져다 사용합니다.
- 호랑이는 마우스를 클릭했을 때 만일 '뒤돌아보기' 변수의 값이 '정면'이라면 '0.1'초 기다린 후 다음 모양으로 바꾸고, 이동 방향으로 '4' 만큼 움직입니다.
- 아니면 '도망' 신호를 보냅니다.
- 엄마양은 '도망' 신호를 받았을 때 자신의 다른 코드를 멈추고 좌우 모양을 뒤집습니다.
- 이동 방향으로 '4' 만큼 '60'번 반복합니다.
- 모든 코드를 멈춥니다.

06 [축구공] 오브젝트의 복제본이 골대를 향하도록, 아래 <조건>에 맞게 코딩해봅시다.

📁 **불러올 파일** : 24차시-6 불러올 파일.ent   📄 **완성된 파일** : 24차시-6 완성된 파일.ent

조건
- 엔트리 프로그램 화면 [블록 꾸러미]에서 필요한 블록을 가져다 사용합니다.
- 복제본이 처음 생성되었을 때 모양을 보이게 합니다.
- 벽에 닿을 때까지 ①~③ 항목을 반복합니다.
   ① 이동 방향으로 '-6' 만큼 이동합니다.
   ② 만약 [엔트리봇] 오브젝트에 닿으면 방향을 '100'부터 '140' 사이의 무작위 수 만큼 회전합니다.
   ③ 만약 [골대] 오브젝트에 닿으면 모든 코드를 종료합니다.
- 반복이 끝나면 복제본을 삭제합니다.

07 마우스를 클릭하면 [동전] 오브젝트를 팅기도록, 아래 <조건>에 맞게 코딩해봅시다.

📁 **불러올 파일** : 24차시-7 불러올 파일.ent   📄 **완성된 파일** : 24차시-7 완성된 파일.ent

조건
- 엔트리 프로그램 화면 [블록 꾸러미]에서 필요한 블록을 가져다 사용합니다.
- 복제본이 처음 생성되었을 때 모양을 보이게 합니다.
- '높이' 변수의 값을 '5'로 정해줍니다.
- '높이' 변수가 '-5'보다 작아질 때까지 ①~③ 항목을 반복합니다.
   ① y좌표를 '높이값' 만큼 바꿉니다.
   ② '높이' 변수에 '-0.1'을 더합니다.
   ③ 다음 모양으로 바꿉니다.
- '높이' 변수의 값을 '5'로 정해줍니다.
- 이 복제본을 삭제합니다.